W. Jordan · D. Sahlmann · H. Urban

Strukturierte Programmierung

Einführung in die Methode
und ihren praktischen Einsatz
zum Selbststudium

Zweite, überarbeitete Auflage

Springer-Verlag
Berlin Heidelberg New York Tokyo 1984

Wolfgang Jordan
Siemens AG, Bereich Datentechnik, München

Dipl.-Ing. Diedrich Sahlmann
Siemens AG, Bereich Datentechnik, München

Dipl.-Kfm. Heinz Urban
Professor, Fachhochschule Kempten

Mit zahlreichen unnumerierten Abbildungen

CIP-Kurztitelaufnahme der Deutschen Bibliothek. Jordan, Wolfgang: Strukturierte Programmierung:
Einf. in d. Methode u. ihren prakt. Einsatz zum Selbststudium / W. Jordan; D. Sahlmann; H. Urban. –
2., überarb. Aufl. – Berlin; Heidelberg; New York; Tokyo: Springer, 1984.

ISBN-13: 978-3-540-13095-6   e-ISBN-13: 978-3-642-88312-5
DOI: 10.1007/978-3-642-88312-5

NE: Sahlmann, Diedrich:; Urban, Heinz.

Vorwort

Der über mehrere Jahre unverändert zügige Absatz der ersten Auflage dieses Buches hat die Richtigkeit der 1978 formulierten Zielsetzung der Autoren bestätigt: Es sollte eine Einführung zum Selbststudium angeboten werden, die den Leser in leicht faßbarer Weise mit der Methode der Strukturierten Programmierung vertraut macht.

Der Schwerpunkt lag damals wie heute bei der Entwicklung der praktischen Fähigkeit, eigene Aufgabenstellungen nach dieser Methode zu lösen. Dazu ist der Stoff betont praxisnah ausgewählt und eine Vielzahl von Übungen beigegeben worden.

Nachdem die Herren W. Jordan und H. Urban seit längerem beruflich mit anderen Aufgaben befaßt sind, habe ich die Überarbeitung der Neuauflage übernommen. Damit bleibt auch die Aussage im Vorwort der ersten Auflage gültig, daß das Werk die Erfahrungen bei der Einweisung von Programmierern, Organisatoren und Informanden in die Strukturierte Programmierung berücksichtigt, die an der Siemens-Schule für Datentechnik gemacht worden sind.

Als neuer Mitarbeiter am vorliegenden Buch danke ich meinen Vorgängern für ihre vorzügliche Aufbauarbeit, die mir die Aktualisierung leicht gemacht hat.

München, im März 1984   D. Sahlmann

Inhaltsverzeichnis

Hinweise zum Selbststudium

Was ist das Ziel dieses Buches?

Das vorliegende Buch befaßt sich mit einer der zur Zeit leistungsfähigsten Methoden der Software-Entwicklung, der Strukturierten Programmierung (im folgenden kurz SP genannt). Projekte, die nach dieser Methode realisiert werden, ergeben bessere Produkte als bei den bisher üblichen Vorgehensweisen. Die Entwicklungskosten werden spürbar gesenkt und die Entwicklungszeit verringert.

Ziel dieses Buches ist deshalb, den Leser anhand einfacher praktischer Beispiele und Aufgaben in die SP einzuführen. Nach der Durcharbeit dieser Unterlage wird er sich ein Grundwissen und praktische Fertigkeiten für den Einsatz dieser Methode erworben haben. Im einzelnen wird der Leser dann

kennen: die Ziele der SP,
die Methode der SP,
die Darstellungsmittel, die die methodische Anwendung unterstützen;
können: einfache Aufgabenstellungen nach der Methode der SP lösen,
Struktogramme als Darstellungsmittel einsetzen.

An wen richtet es sich?

Die SP kann von jedem, der mit der Organisation und Entwicklung von Programmen beschäftigt ist, wirksam eingesetzt werden. Die Unterlage richtet sich daher vor allem an Datenverarbeitungsorganisatoren, Programmentwickler, Programmierer und Berater. Weiter ist sie bestimmt für alle, die die Software-Entwicklung steuern oder fertige Programme prüfen, wie z.B. DV-Revisoren. Schließlich ist sie eine nützliche Information für Führungskräfte, Weiterbildungsbeauftragte, Lehrkräfte, Studenten und Schüler. Spezielle fachliche Kenntnisse sind für das Verständnis des Buches nicht erforderlich, jedoch wird ein Grundwissen in der Datenverarbeitung vorausgesetzt.

Das Kapitel „Umsetzung des Entwurfs in Primärcode" ist nur für die Leser interessant, die bereits eine der Programmiersprachen COBOL, FORTRAN oder Assembler kennen. Dieses Kapitel kann aber auch übergangen werden, ohne daß dadurch das Verständnis für den Gesamtzusammenhang verlorengeht.

Was bieten die einzelnen Kapitel?

Der Stoff ist in Kapitel und diese sind in Abschnitte gegliedert. Jeder Abschnitt setzt sich zusammen aus:

Informationen: gekennzeichnet durch ein I im Seitenkopf,
Aufgaben: gekennzeichnet durch ein A im Seitenkopf,
Lösungen zu
diesen Aufgaben: gekennzeichnet durch ein L im Seitenkopf.

Weiterhin wird bei den Informationen zwischen Präsenz- und Katalogwissen unterschieden.

Bei dem Präsenzwissen handelt es sich um Informationen, die der Studierende ohne Hilfsmittel aus dem Gedächtnis wiedergeben soll. Dies beschränkt sich auf verhältnismäßig wenige Grundzusammenhänge. Im Text sind sie durch grau unterlegte Flächen gekennzeichnet.

Unter Katalogwissen versteht man Begriffe und Sachverhalte, die vom Verständnis her grob eingeordnet werden können, deren Detailerklärung jedoch nur unter Heranziehung von weiteren Unterlagen sinnvoll ist.

Die meisten Abschnitte enden mit Fragen und Aufgaben, die der Studierende selbständig lösen soll. Zur Kontrolle können die gegebenen Antworten verglichen werden mit vorgegebenen Lösungen; beide sollten sinngemäß übereinstimmen. Darüber hinaus enthalten die vorgegebenen Lösungen häufig ergänzende Informationen.

Wieviel Zeit ist für das Durcharbeiten erforderlich?

Das Durcharbeiten sollte möglichst zügig geschehen und nicht durch mehrtägige Pausen unterbrochen werden. Bei einer durchschnittlichen Aufnahmebereitschaft von etwa fünf Stunden täglich beansprucht das Studium des gesamten Stoffes vier bis fünf Tage.

Selbst wenn alle gestellten Aufgaben richtig gelöst werden, darf aber nicht übersehen werden, daß es sich hier um die ersten — noch von einem Lehrbuch begleiteten — Schritte in ein umfangreiches neues Wissensgebiet handelt. An die Durcharbeit sollte sich die Lösung eigener Aufgaben anschließen zur Festigung des Wissens und der neu erworbenen Fertigkeiten.

Wenn die ersten ohne Hilfe erstellten Entwürfe mehr Zeit in Anspruch nehmen als die bisherigen konventionellen Lösungen, ist dies kein Grund zur Beunruhigung. Erst nach etwa zehn selbst erarbeiteten Lösungen in der neuen Methode stellt sich die Sicherheit und Schnelligkeit ein, die die vollen Vorteile der Strukturierten Programmierung vom Entwurf über den jetzt erheblich verkürzten Test bis zum Einsatz hin zeigen.

1 Einführung

Die Datenverarbeitung unterstützt uns heute in vielen Bereichen des täglichen Lebens. Probleme, die noch vor einigen Jahren unlösbar erschienen oder nur mit sehr großem Aufwand bewältigt werden konnten, bearbeitet eine Datenverarbeitungsanlage heute in kurzer Zeit. Dabei ist noch kein Ende der Entwicklung abzusehen: Neue Fertigungstechniken, ständig fortschreitende Miniaturisierung der Bauelemente, Erhöhung der Speicherkapazitäten und der Verarbeitungsgeschwindigkeiten, neue Softwaretechnologien usw. eröffnen immer weitere Einsatzgebiete.

Die Kosten für solche Datenverarbeitungssysteme wurden am Anfang wesentlich durch den maschinellen Aufwand — die Hardware — bestimmt. Bald jedoch nahm die Erstellung, Pflege und Weiterentwicklung von Programmen — die Software — einen solchen Umfang an, daß ihre Kosten die der Hardware in vielen Fällen weit übertrafen.

Wodurch wurde diese Entwicklung beeinflußt? Heute erstellte Programme weisen einen viel größeren Funktionsumfang auf als die Software früherer Jahre. Die Probleme, die durch die Datenverarbeitung gelöst werden, sind umfangreicher und komplexer. So sind durch den Einsatz dialogfähiger Systeme, der Datenfernverarbeitung, der Datenbanken und komfortabler Dialogsprachen integrierte Gesamtlösungen für ganze Funktionsbereiche im Unternehmen realisierbar. Die Bedienung der Systeme wurde komfortabler und einfacher. Umfangreiche Hilfs-, Sicherungs- und Schutzvorrichtungen gewährleisten einen reibungslosen Programmablauf.

All dieser Fortschritt machte allerdings quantitativ und qualitativ einen erheblich höheren Programmieraufwand erforderlich, so daß bei der Entwicklung und Wartung und beim Einsatz mancher Produkte Probleme und Schwierigkeiten, bezogen auf die Kriterien Qualität, Kosten und Zeit, auftraten. Die entstandenen Softwareprodukte entsprachen häufig nicht den ursprünglich gestellten Forderungen. Eine allgemeine Übersicht der Softwareprobleme, ihrer Symptome und Ursachen ist in der Tabelle auf der folgenden Seite dargestellt.

Diese Probleme, die den Fachleuten schon längere Zeit bekannt sind, überraschen immer wieder Außenstehende und führen oftmals zu ungerechtfertigter Kritik. Für das Auftreten der gezeigten Mängel gibt es jedoch begründete Argumente:

— Softwareentwicklung ist ein neuartiges Gebiet und hat erst seit kurzer Zeit große wirtschaftliche Bedeutung erlangt.

Softwareprobleme, Symptome und Ursachen (Tagungsbericht aus „The High Cost of Software", Naval Postgraduate School, Monterey/Cal. 1973)

Problem	Symptome	Ursachen
Qualität	Unzuverlässig, benutzerunfreundlich, inkompatibel, nicht anpaßbar, nicht übertragbar, keine Gewährleistung.	Unzulängliche Formulierung der Anforderungen durch den Benutzer, unzureichende Test- und Abnahmepraktiken, Mangel an Maßstäben für die Effizienzmessung, unzulängliche Dokumentation, fehlende Aufmerksamkeit durch das Management und fehlende Kontrolle, ungeeignete Verwendung der vorhandenen Technologie, unzulänglicher Kenntnisstand der Programmierer, falsches Verhältnis von Software- zu Hardware-Investitionen, Mangel an geeigneter Support-Software.
Kosten	Hohe Entwicklungskosten, hohe Einsatz- und Wartungskosten, schlechte Ausnutzung der Maschinenkapazität, hohe Änderungskosten, hohe Kosten für die Dokumentation.	Schlechte Schätzung der Herstellungskosten, schlechte Beschaffungspraktiken, schlechte Entwicklungspraktiken, mangelnde Automatisierung der Entwicklung, ungeeignete oder keine Verwendung vorhandener Entwicklungen, mangelhafte Hardware, unzureichender Kenntnisstand der Programmierer, mangelhafte Systemanforderungen und Spezifikationen, keine Managementkontrolle über die Kosten, hohes Gehaltsniveau für Programmierer, Unsicherheit in der Kostenerfassung und -zuordnung, unzureichende Aufmerksamkeit im Hinblick auf Systemintegration und Test, schlechte Dokumentationspraktiken.
Zeit	Überschreitung des Auslieferungstermins, lange Entwicklungszeit, verspätete Fertigstellung der Dokumentation.	Schlechte Schätzpraktiken, unzureichende Definition und/oder falsche Auffassung der Aufgabe, stark streuende Fähigkeiten, Kenntnisse und Produktivität der Programmierer, mangelhafte Steuerung und Kontrolle durch das Management, unrealistische Zwischentermine, ungeeignete Nutzung vorhandener Entwicklungen, zu lange Beschaffungszeiten, ungenügende Support-Software, Mangel an automatisierter Entwurfstechnik, ungenügende Aufmerksamkeit im Hinblick auf die Dokumentation.

- Das Gebiet ist wesentlich schwieriger, als zunächst allgemein angenommen wurde. Eine Erarbeitung von wissenschaftlichen Grundlagen konnte sich fast nirgendwo auf bewährte traditionelle Wissenszweige stützen.
- Die notwendige Qualifikation der Programmierer fehlte oft. Eine den gestellten Aufgaben entsprechende Ausbildung war häufig nicht sichergestellt.

In den letzten Jahren hat sich nun aufgrund der wirtschaftlichen Bedeutung und der Probleme bei der Entwicklung und Wartung von Programmen eine Disziplin herausgebildet, die „Software Engineering" genannt wird. Ihr Ziel besteht in der „Anwendung von Prinzipien, Methoden und Werkzeugen für die Technik und das Management der Softwareentwicklung und -wartung auf der Basis wissenschaftlicher Erkenntnisse und praktischer Erfahrungen sowie unter Berücksichtigung des jeweiligen ökonomisch-technischen Zielsystems"[1].

---

[1] Grundlagen und Techniken einer rationellen Programmentwicklung sind hier — nicht nur bezogen auf die Strukturierte Programmierung — umfassend dargestellt. Nach Gewald, K.; Haake, G.; Pfadler, W.: Software Engineering, Grundlagen und Technik rationeller Programmentwicklung. 3. Aufl. München, Wien: Oldenbourg 1982.

Software Engineering: Definition und Erläuterung

Definition	Erläuterung
Anwendung von Prinzipien, Methoden und Werkzeugen	Prinzip: allgemein gültiger Grundsatz des Denkens und Handelns im Sinne einer Norm (z.B. Modularisierung) Methode: nach Sache und Ziel planmäßiges Vorgehen aufgrund eines Modells (z.B. Strukturierte Programmierung) Werkzeug: mit Hilfe des Rechners ganz oder teilweise automatisierte Methode (z.B. Generator)
für Technik und das Management der Software-Entwicklung	Grundfunktionen Technik: Entwerfen, Implementieren, Testen, Dokumentieren, Verwalten, Messen, Bewerten, Konvertieren Hauptaufgaben Management: Planen, Kontrollieren, Anleiten
auf der Basis wissenschaftlicher Erkenntnisse und praktischer Erfahrungen	Informatik, Mathematik, Elektro-, Nachrichtentechnik Betriebswirtschaft, Psychologie, Arbeitswissenschaften Erfahrungsberichte von Projekten
sowie unter Berücksichtigung des jeweiligen ökonomisch-technischen Zielsystems	Qualität: Funktionsumfang, Bedienungs- und Benutzungskomfort, Effizienz, Zuverlässigkeit, Änderbarkeit, Portabilität Kosten: Entwicklungs-, Wartungs- und Einsatzkosten Zeit: Entwicklungs- und Einsatzdauer

Auch wenn diese Disziplin noch nicht voll eingeführt ist, so zeigen doch bereits praktische Erfahrungen, daß der eingeschlagene Weg und die schon entwickelten Methoden spürbare Verbesserungen in der Softwareproduktion bringen.

Die Strukturierte Programmierung (SP) stellt innerhalb des Software Engineering eine der wichtigsten Methoden dar. Sie ist auf keinen speziellen Anwendungsfall beschränkt. Bei den heute wegen des Umfangs und der Komplexität der Aufgabenstellungen notwendig werdenden Programmen gehört das Wissen um sie und die Fähigkeit, sie praktisch einzusetzen, zum Rüstzeug des Programmierers. Sie wird in den folgenden Kapiteln näher erklärt.

2 Methode der Strukturierten Programmierung

In diesem Kapitel werden die einzelnen Regeln der SP behandelt. Sie stellen das Produkt mehrerer, teilweise voneinander unabhängiger Entwicklungen bei Herstellern von Datenverarbeitungsanlagen und in den Wissenschaftszweigen der Informatik und Mathematik dar. Das zur Zeit verfügbare Methodenwissen und die Darstellungsmittel werden laufend erweitert und den Anforderungen der verschiedenen Problemkreise angepaßt. Für die Methode der SP bedeutet diese ständige Anpassung an reale Gegebenheiten, daß sie heute unter zwei sich ergänzenden Gesichtspunkten betrachtet wird:

— strukturierter Entwurf und
— strukturierte Implementierung (Coding).

Unter strukturiertem Entwurf sind alle Entwicklungsschritte zu verstehen, die mit der Beschreibung der Gesamtfunktion einsetzen und mit der Beschreibung einer Funktion eines Programms enden.

Unter strukturierter Implementierung werden alle Schritte zusammengefaßt, die mit der Funktionsbeschreibung eines Programms beginnen und mit der Übergabe des ausgetesteten Programms enden. Da jede Änderung eines strukturierten Programms einen Eingriff in bestehenden Code bedeutet, fallen auch alle Wartungs- und Änderungsarbeiten von Programmen unter den Begriff des strukturierten Implementierens.

Am Anfang der SP stand der Wunsch, mit dieser Methode die Korrektheit von Programmen beweisbar zu machen. Unter diesem Hintergrund wurden u.a. Steuerflußkonstruktionen gesucht, die aus mathematischen Beweisverfahren abgeleitet sind. Diese Steuerflußkonstruktionen sind heute bekannt unter dem Begriff „Strukturblock". Mit sechs zugelassenen Strukturblöcken ist eine Prüfung auf korrekten Steuerfluß möglich.

Neben dem Aufbau und der Handhabung der Strukturblöcke schreibt die SP die Einhaltung einiger weiterer Konventionen mit dem Ziel vor, lesbare und damit zuverlässige Programme zu erstellen.

Durch spezielle, für den Anwender geschaffene Software wird erreicht, daß aus der Niederschrift des Programmtextes maschinell ein Ablaufdiagramm erzeugt wird. COLUMBUS[1] stellt ein solches Software-Hilfsmittel zur Unterstützung der

---

[1] Ein softwaretechnologisches Werkzeug, entwickelt von der Firma Siemens AG. Näheres siehe Hertel, D.: Strukturiertes Programmieren mit COLUMBUS. Berlin, München: Siemens 1981.

SP in den Sprachen Assembler und COBOL dar. Es erstreckt sich über alle Schritte der strukturierten Implementierung. Der Einsatz von Software dieser Art ist empfehlenswert, da mit ihnen eine stets aktuelle Dokumentation erreichbar ist. Die manuellen Hilfsmittel (z.B. Baumdiagramme und Struktogramme) sind überwiegend bei Entwürfen/Skizzen einzusetzen.

Das Erstellen strukturierten Codes und die dafür erforderlichen Hilfsmittel bilden den Hauptinhalt dieses Buches.

Der SP vorausgegangen sind bereits Verfahren, von denen die Normierte Programmierung und die Entscheidungstabellentechnik am häufigsten eingesetzt werden. Diese Verfahren lassen sich widerspruchsfrei als spezielle Lösungstechniken in das Konzept der SP einfügen.

2.1 Ziele der Strukturierten Programmierung

Die vorausgegangenen Erläuterungen weisen bereits darauf hin, daß durch geeignete Methoden und Werkzeuge die Lesbarkeit und damit die Zuverlässigkeit von Programmen stark erhöht werden kann. Methoden wie die SP sollen den Software-Ersteller wirksam unterstützen und problemunabhängig einsetzbar sein. Folgende Kriterien sollten bei der Software-Erstellung grundsätzlich beachtet werden:

— Aus der statischen Niederschrift des Primärprogramms (Übersetzungsprotokoll) muß klar der dynamische Ablauf des geladenen Programms erkennbar sein.

— Der Aufbau des Programms ist so verständlich zu gestalten, daß auch ein anderer als der Ersteller ihn ohne übermäßigen Aufwand nachvollziehen kann. Dazu zählt auch eine ausreichende und aktuelle Dokumentation.

— Die Aufgabe, die das Programm löst, ist so in Teilaufgaben zu zerteilen, daß diese unabhängig voneinander erstellt werden können.

— Das Programm ist so zu strukturieren, daß zu erwartende Änderungen, Anpassungen und Erweiterungen sicher und schnell eingebaut werden können.

— Das Programm ist so aufzubauen, daß seine Funktionstüchtigkeit in hohem Maße bereits aus dem Primärprogrammcode, und nicht erst aus den Testergebnissen, erkennbar ist.

Eine Methode, die alle diese Forderungen berücksichtigt, kann verschieden beschaffen sein. Am zuverlässigsten wäre ein eindeutiger, strenger Lösungsalgorithmus entsprechend mathematischen Verfahren. Wegen der Vielfalt und Komplexität der Probleme in der Praxis gibt es aber bisher solche Lösungen nur in Ansätzen oder nur für Teilbereiche, z.B. die Entscheidungstabellentechnik.

Die SP bietet für die Erstellung von Software mehrere aufeinander abgestimmte und bewährte Regeln an, die einzuhalten sind. Der Benutzer wird dabei aber nicht in ein enges „Methodenkorsett" gezwängt, sondern kann bei Bedarf und zwingender Notwendigkeit auch einmal von einer Regel abweichen, ohne daß das ganze System unbrauchbar und technisch nicht mehr einsetzbar wird.

Diese Regeln, deren Beachtung zu strukturierten Programmen führt, sollen hier zunächst durch Schlagworte überschrieben werden:

— Schrittweise Verfeinerung der Problemstellung,
— Beschränkung der Strukturblockarten beim Aufbau von Steuerflußkonstruktionen,
— Abbildung der Aufgaben nach dem Blockkonzept.

Bei Beachtung dieser drei Regeln ergeben sich lesbare Programme.

— Disziplinierung der Datenstruktur durch Beschränkung der Datenverfügbarkeit (da dies heute nicht in allen Sprachen realisiert ist, soll dieser Teil nur kurz angesprochen werden).

Programme, die nach diesen Regeln entwickelt werden, weisen im allgemeinen folgende Eigenschaften auf:

— klare Abgrenzung und übersichtliche Hierarchie der Programmteile,
— übersichtlicher, dynamischer, leicht verfolgbarer Ablauf des Programms,
— austauschbare Programmteile,

- kontrollierbare Datenmanipulationen in den einzelnen Programmteilen; der Programmablauf wird weniger als bisher durch undefinierte, fehlerhaft überschriebene oder anderweitig irrtümlich geänderte Daten gefährdet,
- lesbare, wartungsfreundliche Programme,
- kostengünstiger, schnell erstellter und mit geringem Aufwand geänderter Primärprogrammcode,
- aktuelle, d.h. dem letzten Stand entsprechende, automatisch erstellte Dokumentation durch Software-Hilfsmittel.

Die Strukturierte Programmierung kann deshalb zusammengefaßt beschrieben werden als eine Methode zur Erstellung lesbarer Software. Lesbare Programme sind zuverlässig und wartbar.

Ziele der Strukturierten Programmierung

① Welche Kriterien sind bei der Software-Erstellung grundsätzlich zu berücksichtigen?

② Welche Überlegungen liegen der Methode der SP schlagwortartig zugrunde?

③ Welche Eigenschaften weisen Programme auf, die nach den Regeln der SP entwickelt wurden?

④ Welches Ziel verfolgt die Methode der SP?

Ziele der Strukturierten Programmierung

① Bei der Erstellung von Software, sei es unter Zuhilfenahme einer Methode oder bei freiem Vorgehen, sind folgende Kriterien zu beachten:

— Das Coding des Primärprogramms soll dem dynamischen Ablauf des Programms entsprechen, d.h. in der Reihenfolge, in der die Anweisungen eines Programms niedergeschrieben sind, soll das Programm ablaufen. Sprünge sind daher nur bedingt erlaubt.

— Auch ein anderer als der Programmersteller soll ohne übermäßigen Aufwand ein Programm nachvollziehen können, d.h. es muß eine ausreichende und aktuelle Dokumentation bestehen, die einen verständlichen Aufbau eines Programms ergänzt.

— Ein Programm soll aus überschaubaren Programmteilen zusammengesetzt sein. Als überschaubare Programmteile können je nach Programmiersprache 50 bis 100 Anweisungen gelten. Eine überschaubare Zusammensetzung kann durch ein hierarchisches Konzept herbeigeführt werden.

— Zu erwartende Änderungen, Anpassungen und Erweiterungen sollen in einem Programm bereits soweit eingeplant werden, daß sie später sicher und schnell eingefügt werden können.

— Programme sind so aufzubauen, daß sie ihre Funktionstüchtigkeit in hohem Maße aus dem Primärprogrammcode beweisen und nicht erst aus deren Testergebnissen.

② Folgende Schlagworte kennzeichnen die Überlegungen, die der Methode der SP zugrundeliegen:

— schrittweise Verfeinerung,
— Beschränkung der Strukturblockarten,
— Blockkonzept.

Die Lesbarkeit ergibt sich als Folge der vorstehend angewandten Überlegungen.

— Datenverfügbarkeit (bedingt realisierbar in Abhängigkeit von der verwendeten Programmiersprache).

③ Die Eigenschaften von Programmen, die nach den Regeln der SP erstellt wurden, können wie folgt beschrieben werden:

— klare Abgrenzung der Programmteile zueinander, dadurch leichte Austauschbarkeit von Programmteilen;
— der Ablauf eines Programms ist übersichtlich und daher leicht verfolgbar;
— die Kosten für Änderungs- und Wartungsarbeiten sind geringer als bei freier Programmerstellung;
— Datenmanipulationen werden, soweit die Programmiersprache dies zuläßt, kontrollierbar;
— Software-Hilfsmittel ermöglichen jederzeit die kurzfristige Erstellung der aktuellen, dem letzten Stand entsprechenden Dokumentation.

④ Oberstes Ziel der Methode der SP ist die Erstellung lesbarer und damit zuverlässiger Programme. Selbst Speicherökonomie und Laufzeitverhalten werden diesem Ziel untergeordnet, was nicht bedeutet, daß sich nicht eine Programmoptimierung anschließen kann.

2.2 Schrittweise Verfeinerung

Kostspielige und zeitaufwendige Arbeiten werden im allgemeinen notwendig, wenn während der Umsetzung eines Problems in ein Programm die Aufgabenstellung geändert wird. Ähnliches passiert, wenn zu früh an die Lösung einer Aufgabe herangegangen wird, da sie dann ungenügend zergliedert und damit nur ungenau beschrieben ist. Die Beschreibung der Aufgaben besagt, „was gelöst werden soll". Die Erfahrung zeigt aber, daß man bei „scheinbar" überschaubaren Aufgaben oder Teilaufgaben eher geneigt ist, sich sofort mit dem „wie kann die Anlage es lösen" zu beschäftigen. Man denkt also weniger in Funktionen als vielmehr in möglichen Realisierungen. Die ersten logischen Tests zeigen dann sehr häufig, daß wohl Teilbereiche ablauffähig sind, daß jedoch, um die gesamte Funktionstüchtigkeit zu erreichen, zumindest Nacharbeiten nötig sind. Daher gilt generell:

> Jedes Programm muß, bevor es entworfen wird, durch eine Beschreibung seiner Funktion — nicht seiner Arbeitsweise — bestimmt werden.

Die Forderung nach der schrittweisen Verfeinerung bezieht sich auf die systematische Entwicklung einer klaren, funktional deutlich abgrenzbaren Programmstruktur. Hierbei wird die Funktionsfähigkeit des Programms nicht erst nach Abschluß aller Komponenten, sondern beginnend mit den ersten Entwürfen schrittweise nachgewiesen. Die Gesamtaufgabe unterliegt zunächst einer Funktionszergliederung, aus der sich in einem weiteren Schritt die Abgrenzung von Programmteilen herleitet.

Diese Abgrenzung beginnt mit der funktionalen Beschreibung aller von einem Programm zu lösenden Probleme. Dazu gehört

— die Beschreibung aller Eingangsdaten,
— die Beschreibung aller Ausgangsdaten,
— die Beschreibung aller zusätzlichen Bedingungen, die den Lösungsweg beeinflussen.

Aus der funktionalen Beschreibung eines Programms entsteht dann in den weiteren Schritten der Programmentwurf. Er zeigt letztlich den Weg auf, der zur Lösung beschritten werden soll. Das Herleiten geschieht schrittweise, die Darstellungsform ist dabei frei:

> Die Programmentwicklung geschieht in deutlich unterschiedenen Schritten.
>
> Erster Schritt — als Voraussetzung — ist die funktionale Beschreibung der Gesamtaufgabe.
>
> Jeder weitere Schritt besteht in der Erarbeitung und Beschreibung eines vollständigen Programmentwurfes, d.h. in der Festlegung des Lösungsweges zur Erfüllung der vorgegebenen Funktion oder Teilfunktion.
>
> Die auf diese Weise in aufeinanderfolgenden Entwicklungsschritten entstehenden Gesamtentwürfe unterscheiden sich nur durch wachsende Detailtiefe.
>
> Jede aus einem Entwicklungsschritt entstandene logische Einheit wird Funktionsblock genannt.

> Alle aus einem Entwicklungsschritt neu entstandenen Funktionsblöcke bilden eine Entwicklungsebene. Sie werden zunächst nur funktional beschrieben und sind mit dem nächsten Entwicklungsschritt so zu planen, daß ihre innere Arbeitsweise unabhängig ist von der inneren Arbeitsweise aller Funktionsblöcke gleicher Ebene.
>
> Ist eine Ebene implementiert und ausgetestet, so ist sofort die Dokumentation zu aktualisieren.

Man löst eine vorgegebene Aufgabe in mehreren Arbeitsgängen, beginnend mit der Funktionsbeschreibung der Gesamtaufgabe bis hin zur Ausarbeitung der letzten Detailfunktion. Dies ist ein deduktives Verfahren, d.h. es schreitet vom Allgemeinen zum Besonderen fort. Das Hauptaugenmerk wird auf die möglichst vollständige Durchdringung der gestellten Aufgabe und der damit erreichten Auflösung der Komplexität gerichtet. Dabei hat man sich möglichst frei von Überlegungen zur technischen Realisierung zu halten.

Für jeden Funktionsblock einer Ebene werden Lösungsvarianten gesucht, die die jeweils gestellte Aufgabe voll erfüllen. Unter Berücksichtigung der Zusatzbedingungen und von Qualitätsmerkmalen wird aus diesen Varianten der optimalste Lösungsweg bestimmt. Zeigt sich, daß ein Lösungsweg noch sehr komplex und/oder sehr umfangreich ist, so werden seine Elemente wiederum als Funktionsblöcke aufgefaßt und nach dem gleichen Prinzip weiter aufgegliedert. Somit entstehen fortlaufend tiefere Ebenen, bis eine weitere Aufgliederung nicht mehr sinnvoll erscheint, weil als Funktionsblöcke kleine, überschaubare Elemente entstanden sind. Üblicherweise enthalten die Funktionsblöcke der höheren Ebenen mehr Steuerstrukturen; dagegen sind reine Verarbeitungsstrukturen eher in den unteren Ebenen zu finden.

Ein Beispiel soll dieses Vorgehen verdeutlichen:
Eine Datei X wird gelesen, ihre Sätze enthalten ein Verarbeitungskennzeichen. Entsprechend diesem Merkmal sind unterschiedliche Bearbeitungen anzusteuern. Diese Beschreibung, normalerweise noch um die Eingangsdaten, Ausgangsdaten und die Zusatzbedingungen ergänzt, stellt bereits den 1. Entwicklungsschritt dar. In der schematischen Darstellung sieht das folgendermaßen aus (das Listensymbol verkörpert hier die funktionale Beschreibung!):

1. Schritt

Gesamtaufgabe

Der zweite Schritt besteht in der Entwicklung des Lösungsweges für die Funktion „Gesamtaufgabe" in der Ebene 1.

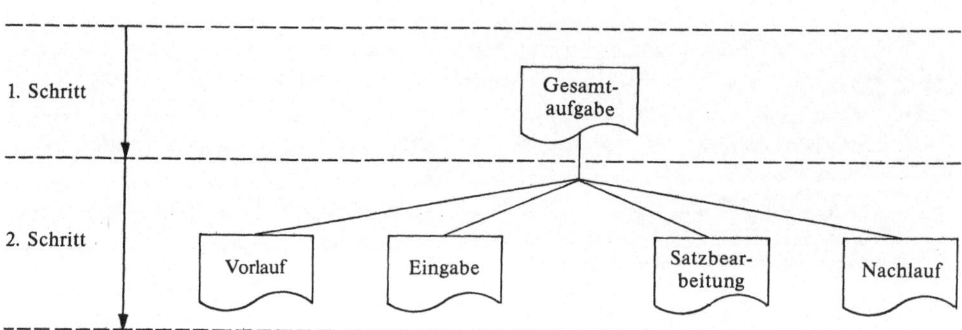

Im vorgenannten Fall besteht der Lösungsweg nur im Aufruf von weiteren Unterfunktionen, zeigt also eine typische Steuerstruktur. Bei der Bewertung stellt man fest, daß die Funktionsblöcke „Vorlauf", „Eingabe" und „Nachlauf" bereits überschaubare Elemente sind, deren weitere Aufgliederung nicht mehr sinnvoll ist.

Es folgt der dritte Schritt: die Satzbearbeitung. Innerhalb dieser Aufgabe sind unterschiedliche Satzarten zu bearbeiten, daher entstehen zwei Funktionsblöcke „Satzart A bearbeiten" und „Satzart B bearbeiten".

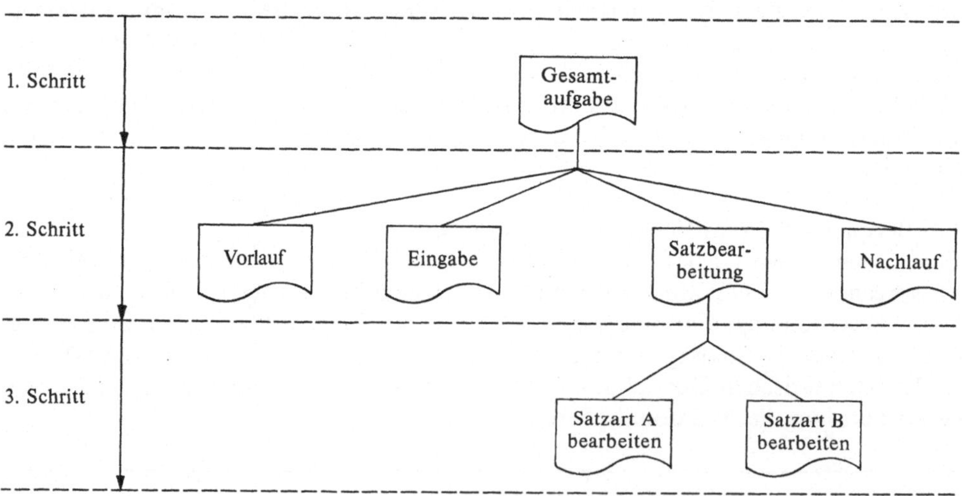

Im vierten Schritt werden die beiden Funktionsblöcke der 3. Ebene untersucht. Dabei stellt sich heraus, daß nur bei der Satzart A in einer umfangreichen Tabelle Änderungsarbeiten anfallen, bei der Satzart B dagegen nicht. Folglich ist der Funktionsblock „Tabelle ändern" nur an den Funktionsblock „Satzart A bearbeiten" in der nächst tieferen Ebene anzufügen.

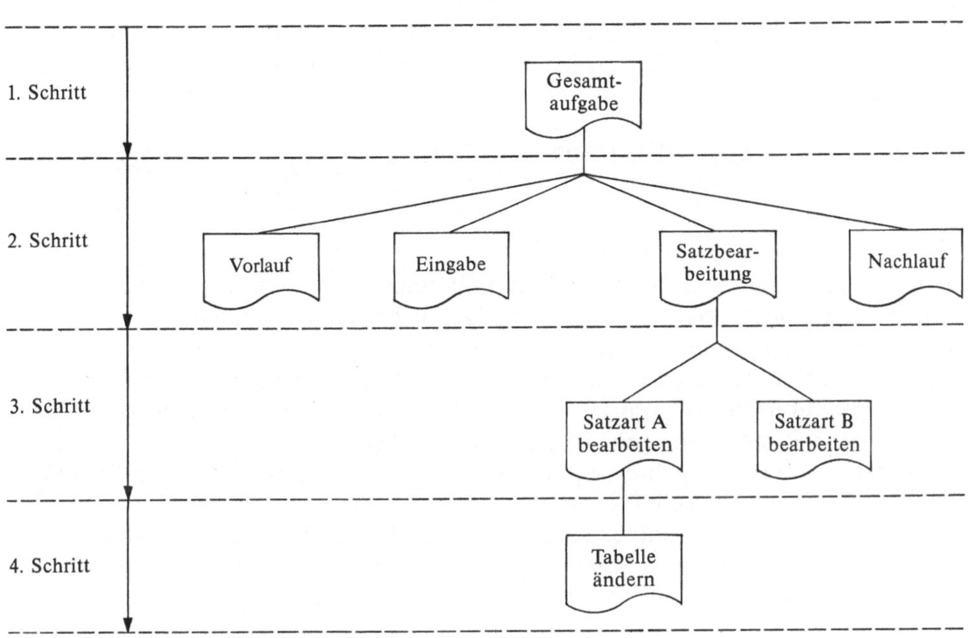

In dem aufgezeigten Beispiel haben sich 4 Hierarchie-Ebenen ergeben, in denen
alle Funktionen dargestellt sind.

Die Übersicht ist wie folgt zu lesen:
— Die Teilfunktionen „Vorlauf", „Eingabe", „Satzbearbeitung" und „Nachlauf"
  bilden zusammen die Funktion „Gesamtaufgabe".
— Die Funktion „Satzbearbeitung" enthält die Teilfunktionen „Satzart A bearbeiten" und „Satzart B bearbeiten".
— Die Funktion „Satzart A bearbeiten" enthält die Teilfunktion „Tabelle ändern".

Bei diesem sehr einfachen Beispiel konnte die schrittweise Verfeinerung praktisch
in einem Zuge bis zum Endergebnis durchgeführt werden. Bei sehr großen und
komplexen Aufgabenstellungen wird dieser Prozeß dagegen nicht nur einmal, sondern in aller Regel öfters ablaufen müssen, bis alle Funktionsblöcke erkannt und
beschrieben sind. Wird dieses Verfahren nicht ernst genommen, so sind grundle-
gende Fehler nicht zu vermeiden, die jedoch erst wesentlich später (meist erst in
der Testphase!) bemerkbar werden, sehr schwierig zu beseitigen sind und im
Extremfall zum Gesamtabbruch des Programmes führen.

Doch zurück zum Beispiel:

Die schrittweise Verfeinerung der Gesamtaufgabe ist jetzt abgeschlossen, die **Kenntnis** aller Funktionsblöcke liegt vor, jedoch ist das Programm so noch nicht ablauffähig. Zunächst werden alle Funktionsblöcke in den richtigen zeitlich-logischen Zusammenhang gebracht, was bei dem einfachen Beispiel bereits geschehen ist. So-
dann werden für jeden Funktionsblock die entsprechenden Ablaufkonstruktionen
mit den zugehörigen Befehlsfolgen entwickelt. Erst bei diesem Umsetzungsprozeß
erhält man Kenntnis über den jeweiligen technischen Aufwand eines jeden Funktionsblockes.

Jeder Funktionsblock wird also durch einen „Block aus Befehlen" realisiert. Wenn dieser zum Ablauf gebracht werden soll, muß er ein aufrufbares Programmstück darstellen.

> **Ein für sich aufrufbares Programmstück heißt „Prozedur".**

Unter pragmatischen Gesichtspunkten faßt man auch mehrere, in sich einfach aufgebaute Funktionsblöcke zu einer einzigen Prozedur zusammen.
Bezogen auf das Beispiel ist folgendes denkbar:
- Der Funktionsblock „Gesamtaufgabe" enthält nur einfache Aufrufbefehle.
- Die Funktionsblöcke „Vorlauf", „Eingabe" und „Nachlauf" sind so einfach, daß sie mit den wenigen Aufrufbefehlen des Funktionsblockes „Gesamtaufgabe" zusammengefaßt werden können. Dadurch entsteht eine Prozedur, die den Namen „HAUPT" erhält.
- Die übrigen Funktionsblöcke sollen dagegen 1:1 als Prozeduren realisiert werden. Diese erhalten ebenfalls Namen, die aber von denen der Funktionsblöcke bewußt abweichen, damit keine Verwechslung auftritt.

In der schematischen Darstellung zeigt sich dann folgende Struktur (das Verarbeitungssymbol verkörpert hier eine ablauffähige Prozedur!):

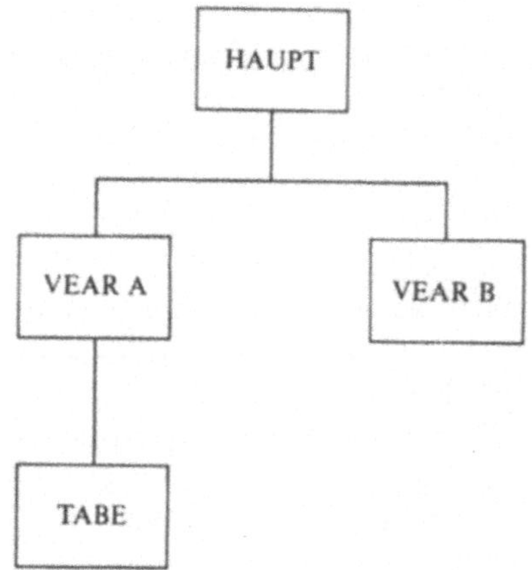

In dem aufgezeigten Beispiel haben sich 3 Hierarchie-Ebenen ergeben, in denen **alle Prozeduren** dargestellt sind.
Diese Übersicht ist wie folgt zu lesen:
- Die Prozedur „HAUPT" ruft zuerst die Prozedur „VEAR A" auf.
- Die Prozedur „VEAR A" ruft ihrerseits die Prozedur „TABE" auf.
- Erst wenn die Prozedur „VEAR A" voll beendet ist, wird von der Prozedur „HAUPT" die Prozedur „VEAR B" aufgerufen.
- Die Prozedur „HAUPT" wird vom übergeordneten Betriebsystem aktiviert.

Vergleicht man beide Darstellungen, nämlich die Funktionsstruktur und die Prozedurstruktur, so fällt folgendes auf:
— Nicht jede Funktion stellt automatisch eine Prozedur dar.
— Die Funktionsstruktur zeigt keine Aufrufstruktur.
— Die Prozedurstruktur enthält nur 3 Hierarchie-Ebenen gegenüber deren 4 bei der Funktionsstruktur.

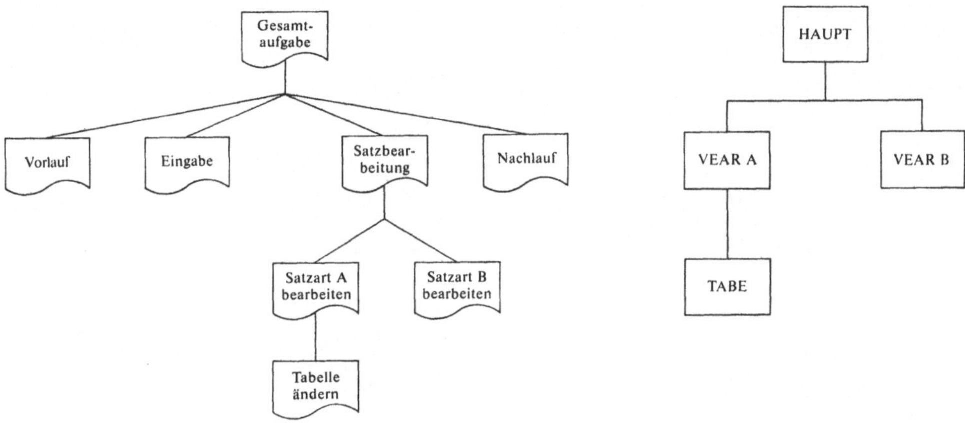

Die Prozedurstruktur ist ebenfalls streng hierarchisch. Prozeduren einer Ebene können nur von der hierarchisch übergeordneten Prozedur aufgerufen werden. Es ist nicht möglich, über mehrere Ebenen hinweg eine Prozedur direkt anzusprechen. Ebensowenig dürfen sich Prozeduren gleicher Ebene gegenseitig direkt aktivieren, sondern nur über den Weg der gemeinsamen, übergeordneten Prozedur.

Ruft eine Prozedur eine untergeordnete auf, so beginnt die Bearbeitung mit der ersten Anweisung der Unterprozedur; nach Abarbeitung der Unterprozedur wird zur übergeordneten aufrufenden Prozedur zurückgegangen und mit der Anweisung fortgefahren, die dem Prozeduraufruf folgt.

Bei der schrittweisen Verfeinerung kommt es häufig vor, daß sich Prozeduren ergeben, die innerhalb eines Programms von mehreren Ebenen aus gleichermaßen benötigt werden, z.B. Ein-/Ausgabe- und Fehlerbehandlungsprozeduren. Nach den bisherigen Erläuterungen müßten solche Prozeduren so häufig vorhanden sein, wie sie im Programm aufgerufen werden. Das ist unzweckmäßig, und deshalb wird in diesem Fall die Prozedur nur einmal, nämlich bei ihrem ersten Erscheinen, entworfen und implementiert. Solche Prozeduren sind nicht unmittelbar einer Ebene des hierarchischen Konzepts zuzuordnen.

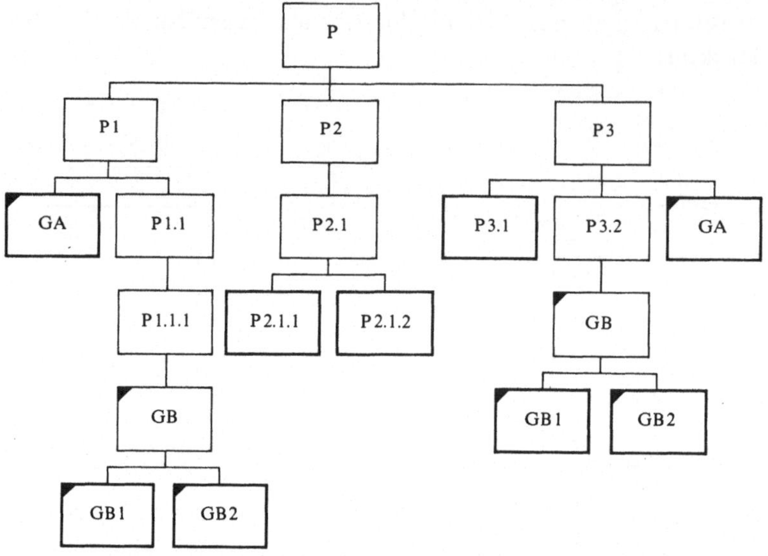

Bei der Darstellung von gemeinsamen Prozeduren in einem strengen Hierarchie-Konzept gibt es Schwierigkeiten, die nur durch Kompromisse umgangen werden können. Einer davon ist die Einführung einer „Ebene für gemeinsame Prozeduren".

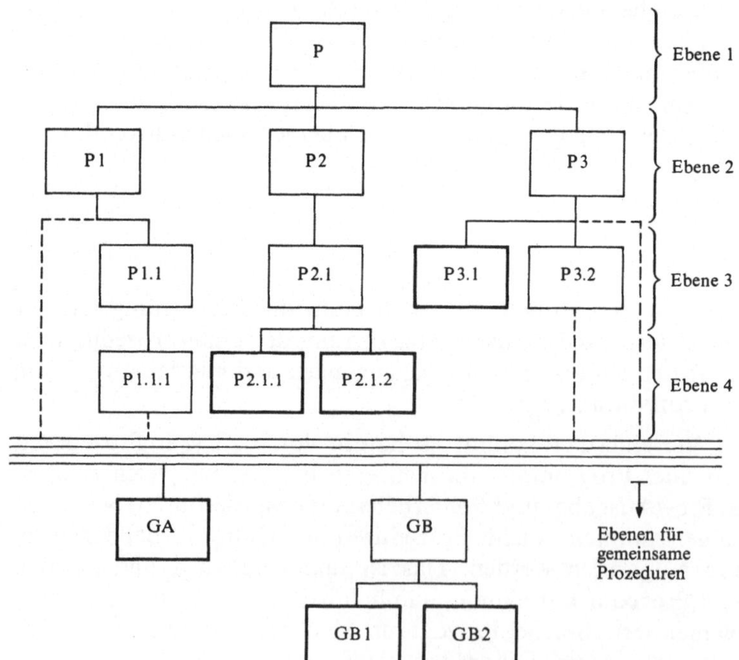

Durch die Vorgehensweise nach der schrittweisen Verfeinerung des Programmentwurfs entstehen also Prozeduren, deren Beziehungen zueinander über die vorstehenden Darstellungsformen aufgezeigt werden können. Durch das ebenenweise Vorgehen, d.h. Entwerfen einer Ebene, dann Implementieren, Testen und Dokumentieren, wird weitgehend vermieden, daß sich Prozeduren funktional überschneiden. Fehler werden deshalb bei der schrittweisen Entwicklung recht schnell erkannt, häufig bereits in der folgenden Entwicklungsebene. Durch Zurückgehen und Neuentwurf der aufrufenden Ebene kann der Fehler korrigiert werden, ohne daß umfangreiche Neuentwicklungen notwendig sind. Damit unterscheidet sich dieses Verfahren sehr stark vom konventionellen Vorgehen, bei dem Fehler oder Funktionsmängel oft erst während des Integrationstests der Einzelprozeduren erkannt werden. Eine Korrektur bedeutet dann sehr aufwendige Neuentwürfe, Implementierungen und neue Tests.

Schrittweise Verfeinerung

① Welche Arbeiten umfaßt ein „Entwicklungsschritt" bei der Vorgehensweise der schrittweisen Verfeinerung?

② Was ist ein Funktionsblock, und was kann er enthalten?

③ Was ist eine Prozedur, und wie unterscheidet sie sich von einem Funktionsblock?

④ Wann werden Prozedur-Entwurfsfehler erkannt, und wie sind sie zu korrigieren?

⑤ Können mehrere Teilfunktionen an verschiedene Programmiergruppen übergeben werden mit dem Ziel, daß eine parallele Bearbeitung nach den Regeln der SP durchgeführt wird?

⑥ Welche Vorteile bieten Programme, die nach der Vorgehensweise der schrittweisen Verfeinerung entworfen wurden? Sind Nachteile denkbar?

Schrittweise Verfeinerung

① Ein Entwicklungsschritt besteht in der Umsetzung einer beschriebenen Funktion in einen Lösungsweg. Die oberen Ebenen weisen hauptsächlich Steuerstrukturen auf, während auf den unteren Ebenen die Verarbeitung überwiegt. Sobald eine Ebene implementiert ist, wird nach einem Funktionstest und dem Aktualisieren der Dokumentation mit dem nächsten Entwicklungsschritt fortgefahren.

② Ein Funktionsblock ist eine logische Einheit. Er enthält die Beschreibung einer Funktion.

③ Eine Prozedur ist ein Block, der als geschlossene Folge von Anweisungen aufgerufen werden kann. Programmtechnisch kann eine Prozedur verschieden realisiert sein: als externer oder interner Modul, Programmabschnitt, eigenständiger Lademodul usw.

④ Prozedur-Entwurfsfehler werden durch die schrittweise Verfeinerung viel früher als bisher erkannt. In der Regel treten sie bereits bei dem Entwurf von Prozeduren der nächstfolgenden Ebene auf, die den Planungsfehler enthält. Durch einen Neuentwurf dieser Ebene ist der Fehler zu beheben.

⑤ Teilfunktionen können parallel von verschiedenen Gruppen entwickelt werden, da durch die hierarchische Vorgehensweise eine gute Funktionsabgrenzung besteht. Es muß jedoch ein Koordinator die Entwicklung in allen Gruppen kontrollieren, um rechtzeitig Redundanzen zu erkennen.

⑥ Programme die nach der Vorgehensweise der schrittweisen Verfeinerung entwickelt wurden, bieten folgende Vorteile:

— klarer hierarchischer Prozeduraufbau,
— einfache Verfolgung der Prozeduraufrufe bereits aus dem Entwurf,
— leichter Austausch von Prozeduren oder ganzen Prozedurbäumen ohne unerwünschte „Nebeneffekte", d.h. Fehlersuche und -beseitigung, Änderungen, Erweiterungen, Optimierungen sind viel leichter als bisher möglich.

Nachteilig ist, daß die Entwurfsphase mehr Aufwand als bisher erfordert. Als weiteres negatives Argument könnte die „umständliche" Aufrufstruktur vorgebracht werden, die beim Ablauf zeitaufwendig ist. Bei der Betrachtung der Softwareprodukte wird man jedoch jene Programme, die zeit- und platzkritisch sind, in mehreren Versionen optimieren. Die besten Voraussetzungen bietet hierbei ein lesbares und überschaubares Produkt.

2.3 Beschränkung der Strukturblockarten

Die Vorgehensweise der schrittweisen Verfeinerung zeigt, wie eine Prozedurstruktur grundsätzlich aufgebaut wird.

In den nun folgenden Überlegungen geht es darum, Verarbeitungsschritte kontrolliert zusammenzusetzen. Sonst ergäben sich Fehler, da jeder individuelle Programmstil erlaubt wäre. Es ist deshalb gerade beim Konstruieren von Arbeitsweisen notwendig, ein Maximum an Übersichtlichkeit zu erreichen, denn dadurch wird z.B. die Programmpflege und -erweiterung auf andere Personen (Nicht-Programmersteller) übertragbar.

Untersuchungen von Programm-Ablaufstrukturen haben ergeben, daß sie mit drei verschiedenen Grundstrukturen realisiert werden können:

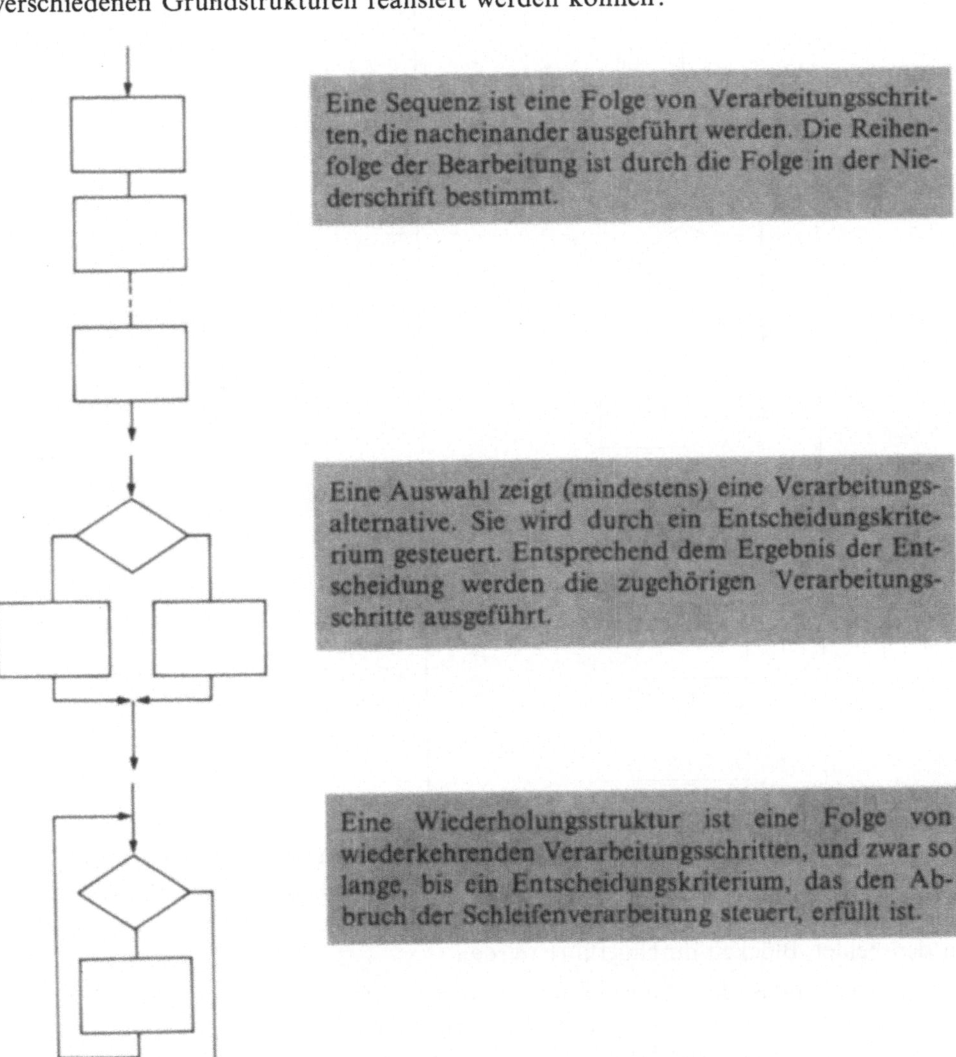

Jede Ablaufsteuerung setzt sich aus diesen drei Grundstrukturen zusammen. Eine Kombination, z.B. Aneinanderreihung solcher Grundstrukturen, ist grundsätzlich möglich, wenn dadurch ein neuer Strukturblock mit nur einem Ein- und Ausgang entsteht. Diese Strukturblöcke werden „zusammengesetzter Strukturblock" genannt.

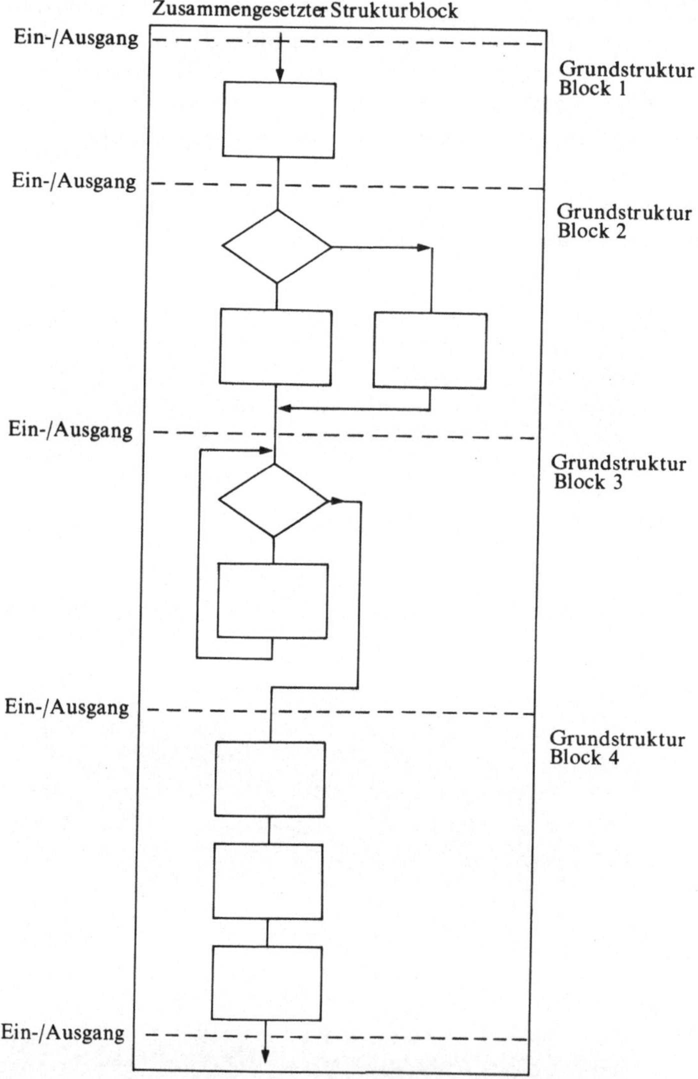

Im Beispiel wurde der zusammengesetzte Strukturblock durch die Aneinanderreihung von vier Grundstrukturen gebildet. Die Grundstruktur des Blockes 1 und des Blockes 4 sind Sequenzen, auch wenn verschieden viele Verarbeitungsschritte in den beiden Blöcken durchgeführt werden.

Um in der Praxis den Anwendungskomfort zu erhöhen, wurden aus den drei Grundstrukturen weitere drei entwickelt. Sie bilden jedoch nur Variationen der bereits beschriebenen und lassen sich auf diese zurückführen.

Im folgenden werden diese sechs Grundstrukturen bezeichnet als „elementare Strukturblöcke".

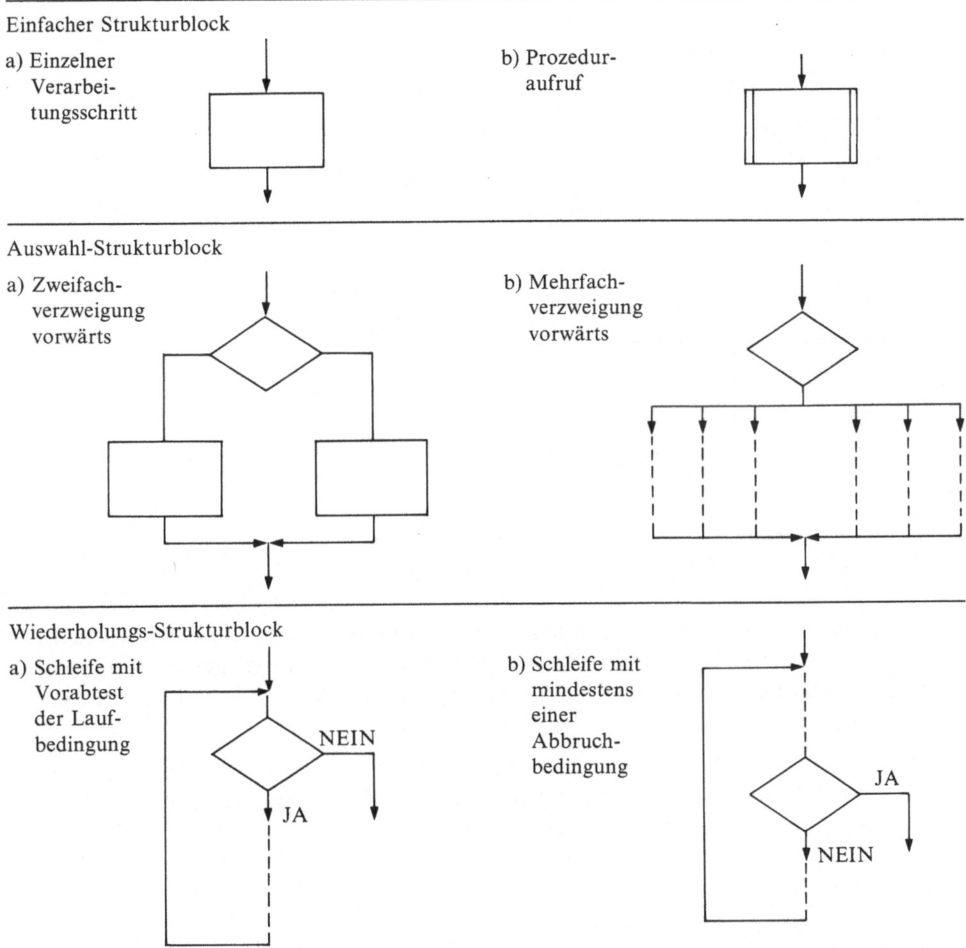

Wie sind nun die elementaren Strukturblöcke im Einzelnen zu betrachten?

Für den einfachen Strukturblock wie für den Prozeduraufruf ergeben sich keine Konstruktionsschwierigkeiten, da sie nur durch eine Anweisung realisiert werden.

Einzelner Verarbeitungsschnitt

Zur Darstellung dieses Strukturblockes darf jedes Symbol verwendet werden, das einen Verarbeitungsbefehl oder einen Makro-Aufruf beschreibt.

Aufruf einer Prozedur

Zur Darstellung dieses Strukturblockes darf jedes Symbol verwendet werden, das eine ausgelagerte Befehlsfolge aufruft (Prozeduraufruf).

Bei den Auswahlstrukturen gilt es zu beachten, daß alle Zweige am Ende des Blockes zusammenlaufen müssen, damit ein gemeinsamer Ausgang entsteht.

Zweifachverzweigung vorwärts

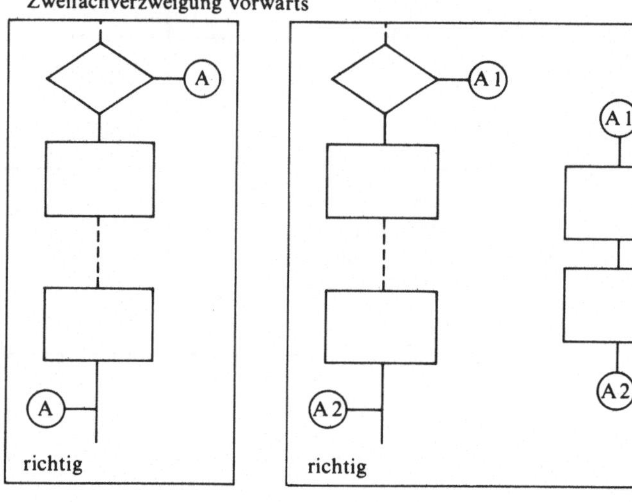

Die gezeigten Zweifachverzweigungen sind richtig entworfen. In beiden Konstruktionen werden die sich aus der Bedingung ergebenden Zweige gemeinsam fortgeführt. Im linken Beispiel ist eines ein Leerzweig, da kein Verarbeitungsschritt durchgeführt wird.

Die beiden nachstehenden Konstruktionen sind zwar Zweifachverzweigungen, entsprechen jedoch nicht den Forderungen nach Vorwärtsverzweigungen und Zusammenfassung der Zweige. Sie sind also falsch.

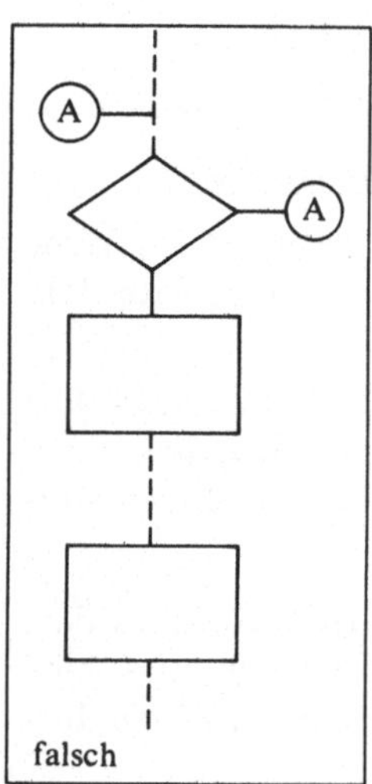

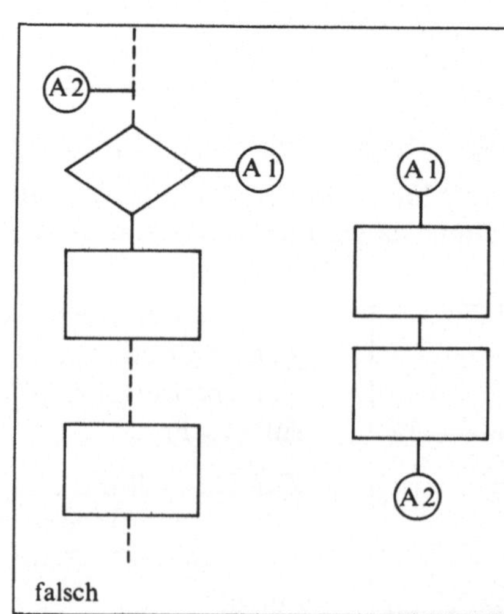

Mehrfachverzweigung vorwärts

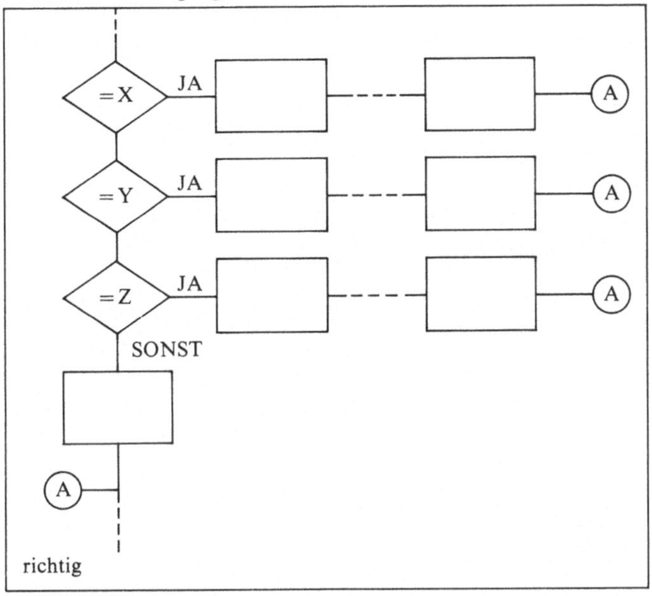

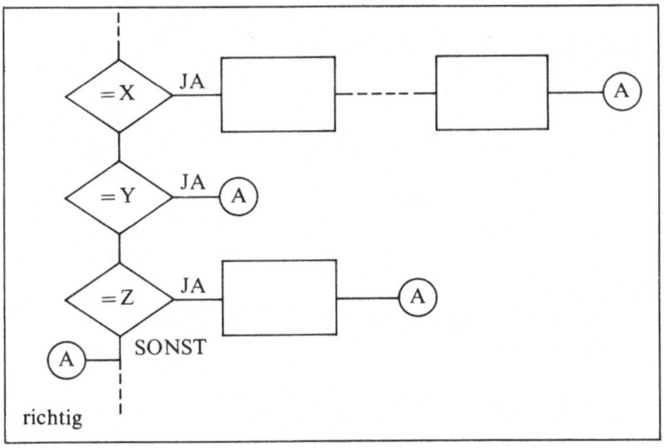

Die vorstehenden beiden Mehrfachverzweigungen vorwärts sind richtig konstruiert. Eine Variable wird auf ihren möglichen Inhalt hin überprüft. Wenn dieser gegeben ist, wird die davon abhängige Bearbeitung durchgeführt, andernfalls wird weitergeprüft. In jedem Fall wird gemeinsam nach der Prüfung des letzten möglichen Variableninhalts fortgefahren, und zwar mit der „SONST-Zweig-Fortsetzung". Der „SONST-Zweig" kann ein Leerzweig sein, ist aber üblicherweise der Fehlerzweig.

Die nachstehenden beiden Konstruktionen erfüllen die genannten Forderungen für „Mehrfachverzweigungen vorwärts" nicht und sind daher auch keine elementaren Strukturblöcke.

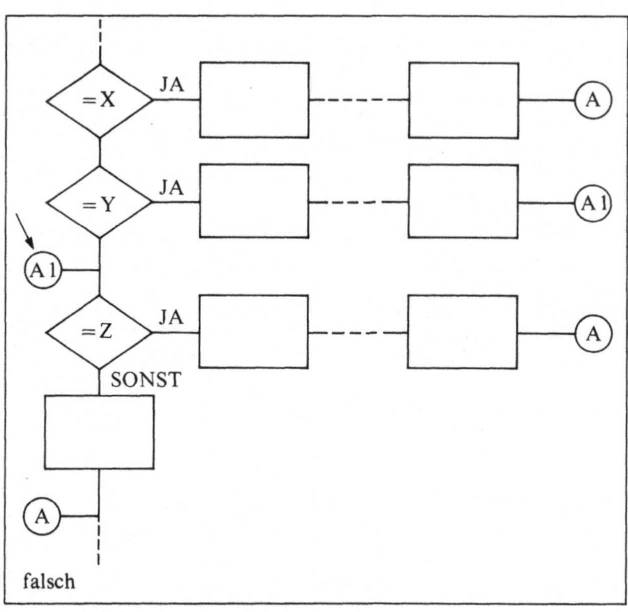

Die Verbindungspunkte (Konnektoren) mit der Bezeichnung A 1 sind in beiden Konstruktionen falsch, sie dürfen in einer ,,Mehrfachverzweigung vorwärts" nicht auftreten. Die durch Pfeil gekennzeichneten Konnektoren müssen herausgestrichen werden; bei den anderen beiden Konnektoren ist die ,,1" zu streichen, dann sind die Konstruktionen formal richtig.

Schleife mit Vorabtest der Laufbedingung

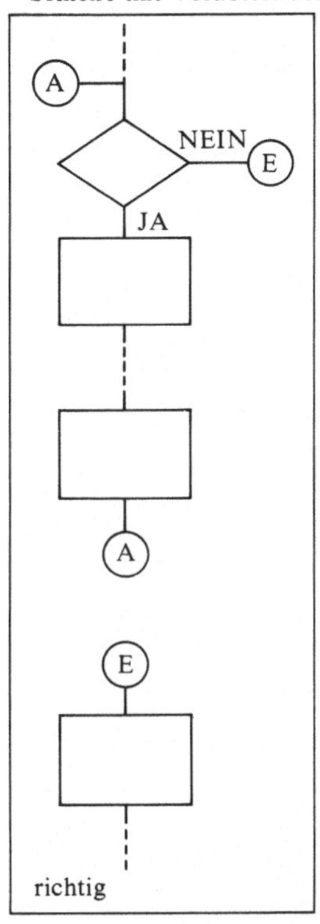

richtig

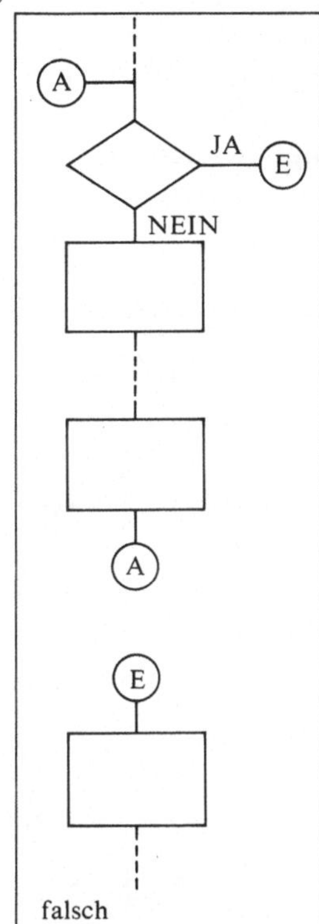

falsch

Die Wiederholungsstruktur besteht aus zwei Teilen: dem Schleifenkörper und einem Kriterium, das die Verarbeitung des Schleifenkörpers steuert. Das Kriterium kann sich am Anfang, am Ende oder in der Mitte des Schleifenkörpers befinden. Ist es erfüllt, so wird der Ablauf abgebrochen und die Wiederholungsstruktur verlassen.

Die linke Konstruktion ist gleich aufgebaut wie die rechte. Beide unterscheiden sich aber an einem entscheidenden Punkt: an den Ausgängen der Laufbedingungsprüfung. Es wird die Laufbedingung geprüft, daher muß der NEIN-Zweig zwingend aus der Schleife hinausführen. Das ist aber im rechten Zweig nicht gegeben.

In den folgenden Schleifenkonstruktionen wird nicht geprüft, ob die Schleife durchlaufen, sondern wann sie verlassen werden soll. Beide nachstehenden Konstruktionen sind richtig, denn dort darf an mehreren Stellen der Schleifendurchlauf unterbrochen werden. Ein Vertauschen der Bedingungsausgänge ist nicht erlaubt. In beiden Schleifentypen muß die Bedingung in Abhängigkeit der Ausgänge formuliert werden.

Schleife mit mindestens einer Abbruchbedingung

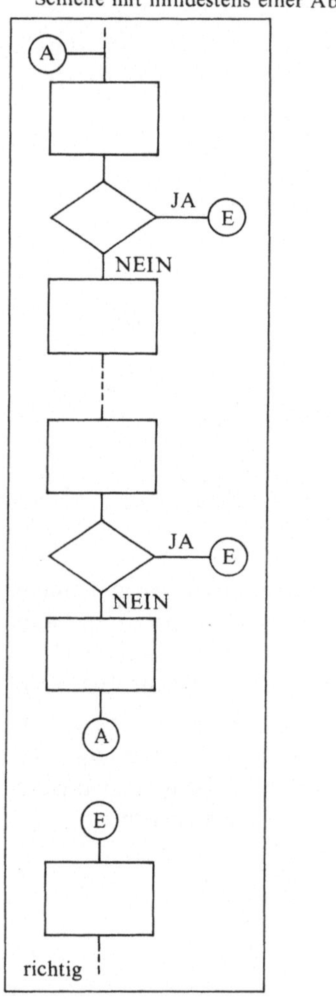

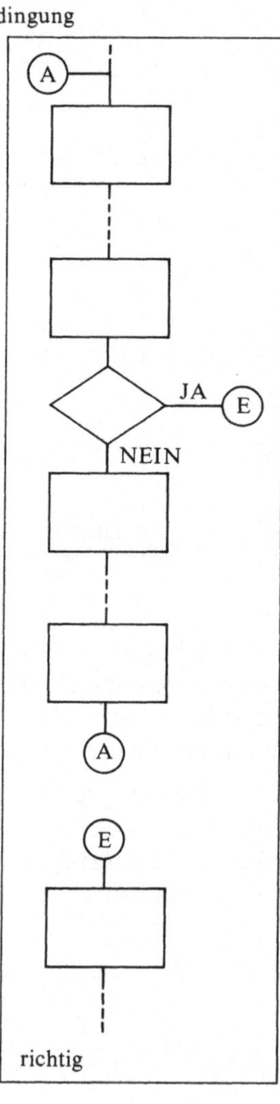

Beschränkung der Strukturblockarten

① Aus welchen drei Grundstrukturen wurden die sechs zugelassenen Strukturblöcke entwickelt?

② Was versteht man unter einem zusammengesetzten Strukturblock?

③ Auswahlstrukturen können durch zwei Strukturblöcke dargestellt werden. Wie heißen sie?

④ Was ist das Merkmal einer „Schleife mit Vorab-Test der Laufbedingung"?

⑤ Was kennzeichnet den Strukturblock „Schleife mit mindestens einer Abbruchbedingung"?

Beschränkung der Strukturblockarten

① Die drei zugelassenen Grundstrukturen, mit denen eine Programmablaufstruktur gebildet werden darf, sind:

— Sequenz: eine Folge von Verarbeitungsschritten, die nacheinander ausgeführt werden. Die Reihenfolge der Bearbeitung ist bestimmt durch die Folge ihrer Niederschrift.
— Auswahl: mindestens eine Verarbeitungsalternative, die durch ein Entscheidungskriterium gesteuert wird. Dem Auswahlkriterium entsprechend werden die zugehörigen Verarbeitungsschritte ausgeführt.
— Wiederholung: eine Folge von Verarbeitungsschritten, die fortlaufend wiederholt wird, bis ein Entscheidungskriterium erfüllt ist, das den Schleifenabbruch steuert.

② Ein zusammengesetzter Strukturblock entsteht, wenn mehrere elementare Strukturblöcke aneinandergereiht werden (neben der Reihung gibt es noch die Schachtelung, die später behandelt wird). Seine Ablaufstruktur ist eine Sequenz.

③ Auswahlstrukturen können dargestellt werden als:

— Zweifachverzweigung vorwärts mit Zusammenführung beider Zweige,
— Mehrfachverzweigung vorwärts mit Zusammenführung aller Zweige.

Die Zusammenführung der Zweige ist in beiden Strukturblöcken notwendig, damit ein einziger Ausgang aus diesen Auswahlstrukturblöcken hinausführt.

④ Die „Schleife mit Vorab-Test der Laufbedingung" ist ein Strukturblock der Wiederholungsstruktur. In den Schleifenkörper dieses Schleifentyps wird nur verzweigt, wenn eine Eingangsbedingung (Laufbedingung) abgefragt wird und das Abfrageergebnis die Antwort „Ja" ergibt. Würde sich die Antwort „Nein" ergeben, ist dies gleichbedeutend mit der Ausführung des nächsten Strukturblocks, der der Schleife folgt.

Dieser Schleifentyp ist nicht aus dem Schleifenkörper heraus abzubrechen, sondern nur über die Eingangsbedingung (die Laufbedingung).

⑤ Der Strukturblock „Schleife mit mindestens einer Abbruchbedingung" ist ein zweiter Schleifentyp. Der Schleifenkörper wird bedingungslos begonnen. Im Schleifenkörper wird mindestens eine Schleifenabbruchbedingung abgefragt. Ergibt das Abfrageergebnis die Antwort „Ja", so wird diese Schleife verlassen und der Strukturblock bearbeitet, der sich an diesen Schleifentyp anschließt.

In diesem Schleifenkörper dürfen mehrere verschiedene Abbruchbedingungen vorkommen. Es ist dabei aber zu beachten, daß bei Eintreten einer Abbruchbedingung zwingend in den nächsten (der Schleifenkonstruktion folgenden) Strukturblock verzweigt wird, der jeweilige Rest des Schleifenkörpers dann nicht mehr ausgeführt wird.

2.4 Blockkonzept

Soll durch die Verwendung der sechs zugelassenen Strukturblockarten ein Maximum an Lesbarkeit erreicht werden, so ist ihre Anwendung, vor allem bezogen auf ihre Kombination, zu regeln. Dazu wurde schon früher erwähnt:

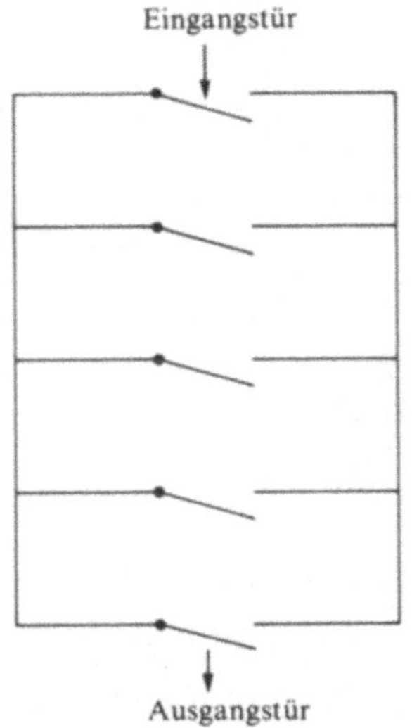

> **Jeder Strukturblock hat nur einen Eingang und nur einen Ausgang. Er ist also ein Zweipol.**

Die Darstellung veranschaulicht die Zweipoligkeit von Strukturblöcken. Sowohl elementare als auch zusammengesetzte Strukturblöcke unterliegen der Zweipoligkeit.

Weiterhin zeigt die Darstellung die Aneinanderreihung von Strukturblöcken auf. Die „Ausgangstür" des voranstehenden Strukturblockes ist identisch mit der „Eingangstür" des folgenden. Für den Programmanfang ist die Eingangstür gleichbedeutend mit der Übergabe der Ablaufsteuerung vom System an das Programm. Für das Programmende ist die Ausgangstür gleichbedeutend mit der Rückgabe der Ablaufsteuerung an das System. Es entsteht eine neue Art von Sequenz:

> **Eine Sequenz ist eine Folge von Verarbeitungsschritten, die nacheinander ausgeführt werden. Die Reihenfolge der Bearbeitung ist bestimmt durch die Folge in der Niederschrift (Reihung).**
>
> **Eine Sequenz entsteht, wenn elementare Strukturblöcke zusammengefaßt werden. Sie ist auch in den Zweigen der Auswahlstrukturen und in den Schleifenkörpern der Wiederholungsstrukturen enthalten (Schachtelung).**

Die letzte Aussage gibt einen Hinweis auf das „Innenleben" von Schleifenkörpern und Zweigen der Auswahlstrukturen. In den Auswahl- und Wiederholungsstrukturblöcken dürfen Sequenzen enthalten sein: das bedeutet, daß wiederum Auswahl- und Wiederholungsstrukturen vorkommen können.

Strukturblöcke können also beliebig oft gereiht und geschachtelt werden.

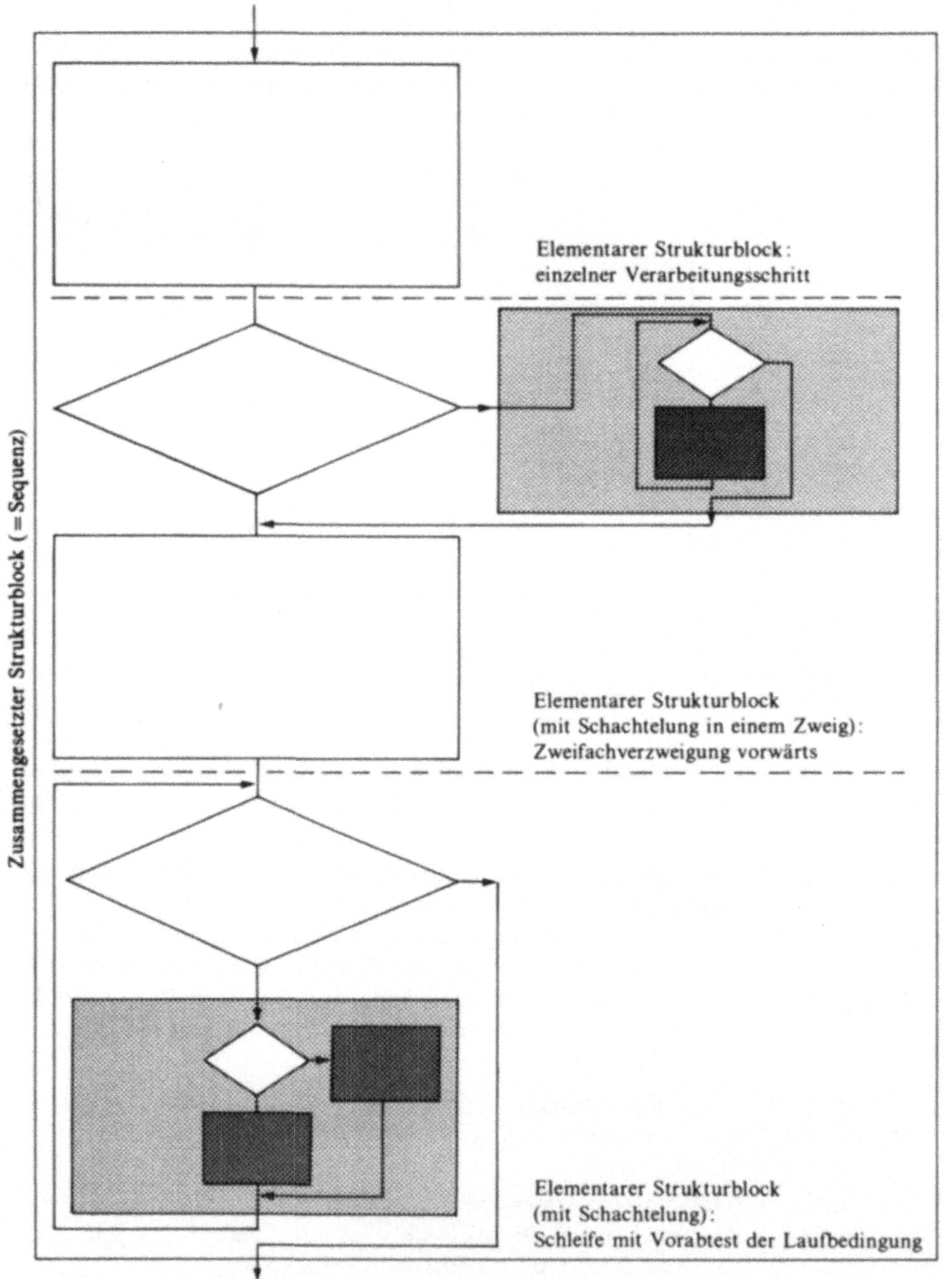

Das Beispiel zeigt, daß in die schraffierten Bereiche jede beliebige Sequenz eingefügt werden darf. Dennoch wird aber der elementare Strukturblock als solcher nicht zur Sequenz.

Eine Sequenz darf jede beliebige Folge elementarer Strukturblöcke enthalten, so daß die schraffierten Bereiche Schachtelungen von Strukturblöcken aufweisen können. Auch bei der Schachtelung gilt, daß der Ausgang eines Strukturblocks identisch ist mit dem Eingang seines Folgeblocks.

Wie soll verfahren werden, wenn innerhalb einer Sequenz aufgrund eines Entscheidungskriteriums der Programmablauf an einer „strukturblockfremden Schnittstelle" fortgesetzt werden soll?

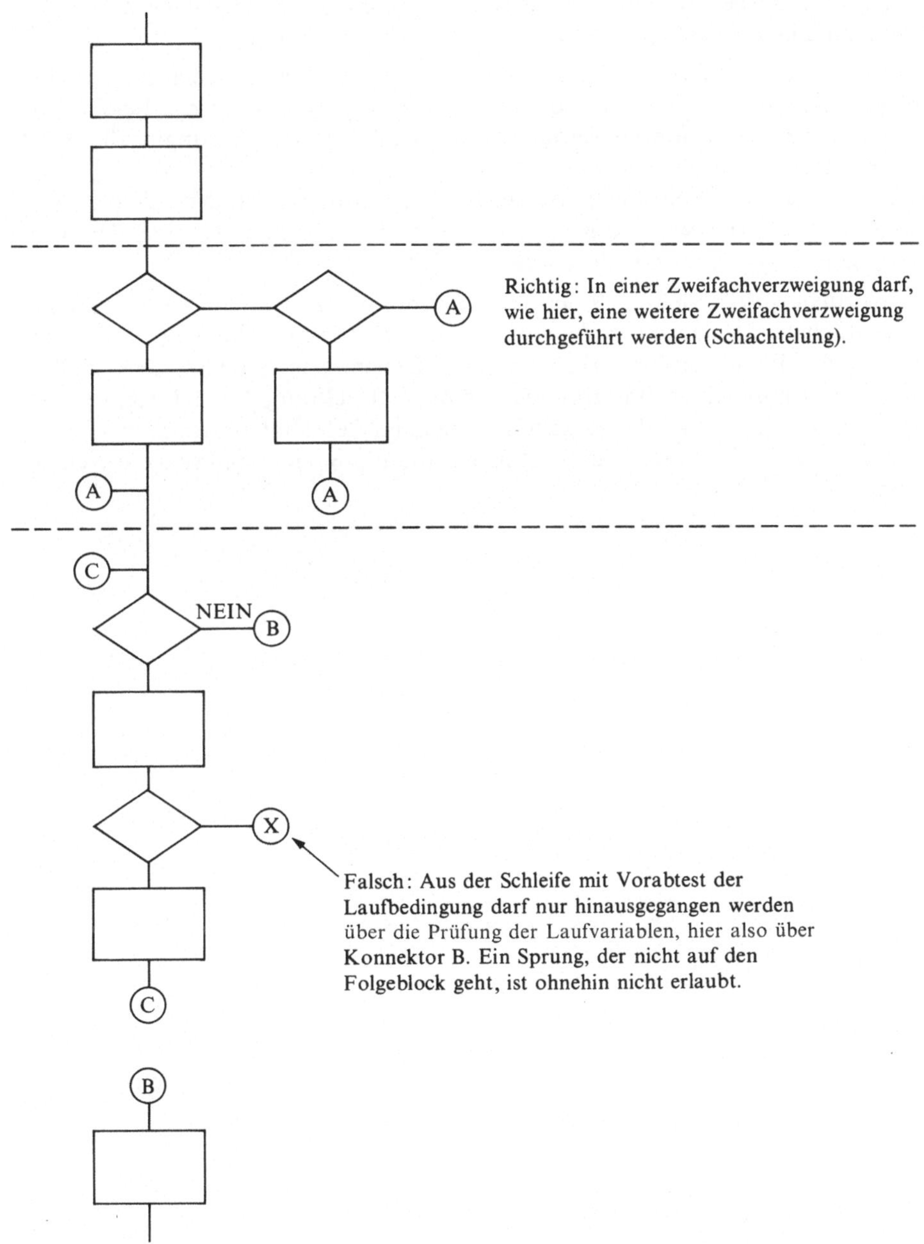

Richtig: In einer Zweifachverzweigung darf, wie hier, eine weitere Zweifachverzweigung durchgeführt werden (Schachtelung).

Falsch: Aus der Schleife mit Vorabtest der Laufbedingung darf nur hinausgegangen werden über die Prüfung der Laufvariablen, hier also über Konnektor B. Ein Sprung, der nicht auf den Folgeblock geht, ist ohnehin nicht erlaubt.

Der Programmablaufplan verdeutlicht dieses Problem. Aus einer „Schleife mit Abbruchbedingung" führen zwei Wege, nämlich zum Punkt B und zum Punkt X: ein typischer Fall der bisherigen freien Vorgehensweise, die von den augenblicklich zur Verfügung stehenden Programmiersprachen unterstützt wird, z.B. durch die Zulassung von beliebigen Sprungbefehlen. Die SP schreibt hingegen das systematische Vorgehen vor. Wären die Grundsätze der SP eingehalten worden, so könnte das geschilderte Problem nicht auftauchen.

Das Konstruktionsverbot, an einer strukturblockfremden Schnittstelle anzuknüpfen, kann zu einem Problem werden, das aber zweifach lösbar ist:

— Entweder befindet sich an der fremden Schnittstelle eine ausgelagerte Befehlsfolge, die zu durchlaufen ist, so daß nach Rückkehr aus dieser Befehlsfolge kantengerecht fortgefahren werden kann: Dann ist der Sprungbefehl durch einen Prozeduraufruf zu ersetzen.

— Oder es muß eine Änderung im Steuerfluß vorgenommen werden, die die Zweipoligkeit gewährleistet: Dann ist u.U. auch eine Neukonstruktion der übergeordneten Arbeitsweise nicht auszuschließen.

Das konsequente Vorgehen nach den Grundsätzen der SP zwingt, wie wohl inzwischen deutlich wurde, zu einer Denkweise, die die Übersichtlichkeit erhöht und damit logische Fehler früher erkennen läßt. Gleichzeitig bedeutet dies, daß es praktisch nicht möglich ist, Programme, die ohne Beachtung dieser Regeln erstellt wurden, im Nachhinein an die Regeln anzupassen. Der Umbau des Steuerflusses, die Abgrenzung der Prozeduren usw. ist meist so umfangreich, daß sich ein Neuentwurf empfiehlt.

Blockkonzept

① Was soll mit der Zweipoligkeit von Strukturblöcken erreicht werden?

② Ist es erlaubt, daß ein Strukturblock mehr als einen Ein- und Ausgang enthält?

③ Ist der folgende Strukturblock, formuliert in Umgangssprache, korrekt?

Einsprung in den Strukturblock	Lesen Daten Datei A.
	Wenn Dateninhalt vom Feld C negativ, dann Aussprung aus Strukturblock,
	sonst Felder D,E,F verarbeiten.
	Wenn Ergebnis der Verarbeitung negativ, dann Aussprung aus Strukturblock,
	sonst Felder G,H,K verarbeiten.
Ende des Strukturblocks	Aussprung aus Strukturblock.

④ Welche Bedeutung hat der Begriff Sequenz in der SP?

⑤ Was ist unter „Schachtelung von Strukturblöcken" zu verstehen?

Blockkonzept

① Durch die Zweipoligkeit von Strukturblöcken soll ein übersichtlicher Steuerfluß erreicht werden. Grundsätzlich darf jeder Strukturblock nur genau eine Ein- und Aussprungadresse bekommen. Damit kann z.B. bei einem Test einfach geprüft werden, ob, wie oft und unter welchen Bedingungen der Strukturblock angesprungen wurde.

② Nein.

③ Der Strukturblock ist nicht korrekt, da er wohl nur einen Einsprung, jedoch drei Aussprungstellen enthält. Er kann jedoch einfach der Zweipoligkeit angepaßt werden:

<table>
<tr><td>Einsprung in den Strukturblock</td><td>Lesen Datei A.</td></tr>
<tr><td></td><td>Wenn Dateninhalt von Feld C negativ,
dann Sprung nach Ende des Strukturblockes,</td></tr>
<tr><td></td><td>sonst Felder D,E,F verarbeiten.</td></tr>
<tr><td></td><td>Wenn Ergebnis der Verarbeitung negativ,
dann Sprung nach Ende des Strukturblockes,</td></tr>
<tr><td></td><td>sonst Feld G,H,K verarbeiten.</td></tr>
<tr><td>Ende des Strukturblocks</td><td>Aussprung aus Strukturblock.</td></tr>
</table>

Man kann bei diesem Beispiel zunächst einwenden, daß eine solche Formulierung nichts bringt, sondern nur zusätzlich Befehle erfordert. Dies mag bei wenigen Strukturblöcken noch gelten. Betrachten wir aber den Fall von vielen Strukturblökken, die neben mehreren Aussprungstellen auch noch viele Einsprungadressen haben, so geht die Übersichtlichkeit verloren, und ein Test wird erschwert.

④ Eine Sequenz ist:

— eine Folge von Verarbeitungsschritten, die in der aufgeführten Reihenfolge zu bearbeiten sind,

— eine Folge elementarer Strukturblöcke, die in der Folge ihrer Aneinanderreihung durchlaufen werden.

⑤ Die Schachtelung von Strukturblöcken ist nur in den elementaren Strukturblöcken der Auswahl- und Wiederholungsstruktur möglich. In diesen Strukturen entstehen aufgrund von Bedingungen mehrere Zweige bzw. Schleifenkörper, die alternativ zu durchlaufen sind. Jeder dieser Zweige bzw. Schleifenkörper darf wiederum Auswahl- und Wiederholungsstrukturen enthalten.

2.5 Lesbarkeit

Alle Aussagen zur Vorgehensweise der schrittweisen Verfeinerung, zur Beschränkung der Strukturblockarten und zum Blockkonzept sind ohne Einschränkung mit den heute verfügbaren Mitteln praktizierbar. Zahlreiche Einsatzfälle zeigen dies nicht nur auf, sondern demonstrieren die damit erreichte Wirksamkeit.

Die Methode der SP muß allerdings derzeit noch mit Hilfsmitteln arbeiten, die älter sind als sie selbst. Es müssen aber eingefahrene Gleise verlassen und die neuen Wege eingeübt werden. Diese Umgewöhnung braucht Zeit, zumal andere als die bisherigen Darstellungsmittel die Methode besser unterstützen, wie später gezeigt werden wird.

Aber auch die Programmiersprachen zwingen zum Umdenken. Die heute am häufigsten verwendeten Sprachen lassen Techniken zu, die der SP widersprechen. Als Beispiel sei die freie Verwendung des Sprungbefehls genannt, der die Konstruktion beliebiger Steuerstrukturen ermöglicht. Daneben gibt es ein paar weitere Unzulänglichkeiten, die aber sehr erfolgreich für die Programmiersprachen Assembler, COBOL und FORTRAN mit Hilfe eines Vorübersetzers (COLUMBUS) umgangen werden können. Neueste Programmiersprachen, wie PASCAL, sind nach aktuellen methodischen Erkenntnissen aufgebaut und entsprechen in vielen Punkten bereits den Forderungen der SP.

Will man Programmentwürfe implementieren, so kann es also vorkommen, daß Programmiersprachen mit ihren Konventionen der SP nicht genügen, denn:

> Programmplan und Programmtext sollen das dynamische Ablaufverhalten voraussehen lassen. Sie müssen daher so übersichtlich wie möglich gestaltet werden.

Was steckt hinter dieser Aussage? Der Programmplan, z.B. ein Ablaufdiagramm in Form eines Struktogramms, soll möglichst 1:1 in die Anweisungen einer Programmiersprache umgesetzt werden. Bei diesem Umsetzungsvorgang entsteht der Programmtext (Coding). Die Lesbarkeit ist immer dann sehr gut, wenn das dynamische Ablaufverhalten einfach verfolgbar ist aus der statischen Niederschrift, also dem Programmtext. Ein Programm dokumentiert sich dadurch weitgehend selbst.

Der Programmplan kann als Diagramm oder verbal formuliert vorliegen. Die Überführung in den Programmtext (Code) kann in verschiedenen Sprachen erfolgen. Abhängig von der verwendeten Sprache und ihrer Syntax wird dabei die Struktur des Programmplans erkennbar beibehalten oder verschleiert.

Ein Beispiel auf der nächsten Seite soll dies an einem konventionellen und einem strukturierten Programmtext verdeutlichen. In beiden Programmen ist die gleiche Funktion realisiert.
A, B... stehen für realisierte Funktionen.

Sicherlich ist die linke Darstellung „überzeichnet". Dennoch spiegelt sie etwas von der Codierweise wider, in der manche Programme noch heute erstellt werden. Die SP läßt solche Konstruktionen nicht zu. Auch die rechte Darstellung erscheint auf den ersten Blick übertrieben, ist aber korrekt nach den Konventionen der SP entstanden.

```
        IF p GOTO lq
        IF w GOTO lm
        L
        GOTO lk
lm      M
        GOTO lk
lq      IF q GOTO lt
        A
        B
        C
lr      IF NOT r GOTO ls
        D
        GOTO lr
ls      IF s GOTO lf
        E
lv      IF NOT v GOTO lk
        J
lk      K
        END
lf      F
        GOTO lv
lt      IF t GOTO la
        A
        B
        GOTO ltt
la      A
        B
        G
lu      IF NOT u GOTO ltt
        H
        GOTO lu
ltt     IF NOT t GOTO lvv
        I
lvv     IF NOT v GOTO lk
        J
        GOTO lk
```

```
IF p THEN
    A
    B
    IF q THEN
        IF t THEN
            G
            DOWHILE u
                H
            ENDDO
            I
        (ELSE)
        ENDIF
    ELSE
        C
        DOWHILE r
            D
        ENDDO
        IF s THEN
            F
        ELSE
            E
        ENDIF
    ENDIF
    IF v THEN
        J
    (ELSE)
    ENDIF
ELSE
    IF w THEN
        M
    ELSE
        L
    ENDIF
ENDIF
K
```

Wer sich in Programme hineindenken muß, die von ihm selbst vor längerer Zeit oder von anderen Personen erstellt wurden, merkt sehr bald, wie gut lesbar sie sind. Aus der Dokumentation sollten daher Programmplan und -text in aktueller, anschaulicher, übereinstimmender Form zur Verfügung stehen. Änderungen und Erweiterungen sind stets in beiden zu aktualisieren.

Die SP fordert die hierarchische Programmgliederung. Für ihre Darstellung gilt:

Die Prozeduren einer Hierarchieebene sind von links nach rechts abzuarbeiten, gesteuert von der gemeinsamen Prozedur der übergeordneten Ebene.

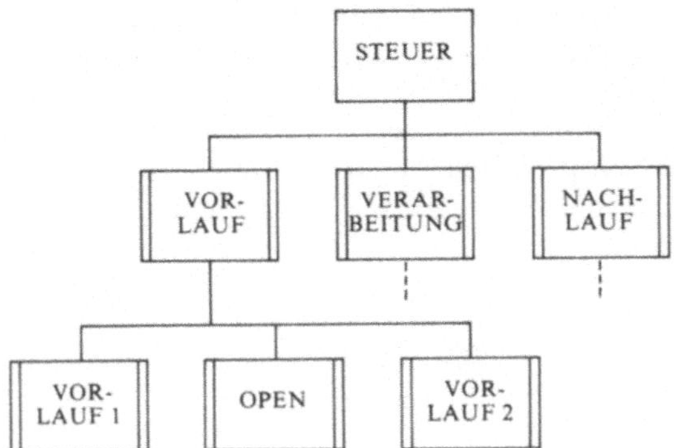

Wird entsprechend dieser Vorgabe implementiert, so bleibt das Hierarchiekonzept während des Programmablaufs erkennbar, d.h. das Ablaufverhalten entspricht der Aufrufstruktur der Hierarchie.

Bei der Implementierung der Strukturblöcke sollte ebenfalls in dieser Weise vorgegangen werden:

Strukturblöcke werden entsprechend ihrem elementaren Aufbau codiert. Liegt eine Auswahlstruktur vor, so wird sie von links nach rechts aufgelöst.

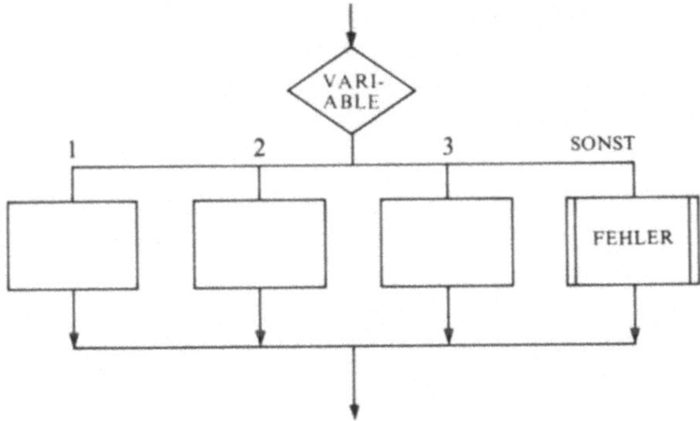

Bei einer Auswahlstruktur wird die Verständlichkeit durch eindeutige Kriterien erhöht. Dies bezieht sich ebenfalls auf die gleichbleibende Anordnung der JA-/ NEIN-Zweige.

Eine wesentliche Rolle spielt bei diesem Grundsatz die Art der grafischen Darstellung. So ist die bisher verwendete Symbolik nach DIN 66001 für die SP nur begrenzt geeignet. Neu geschaffene Mittel, wie z.B. Strukturbäume und Struktogramme, zeigen den hierarchischen Aufbau, die Zweipoligkeit und den dynamischen Ablauf innerhalb der Strukturblöcke viel deutlicher. Sie werden im folgenden Kapitel genauer behandelt.

Wurden die Regeln der schrittweisen Verfeinerung, der Beschränkung der Strukturblockarten und des Blockkonzepts beachtet, stimmen Programmplan und Programmtext klar erkennbar überein. Lassen sie auf einfache Weise das dynamische Ablaufverhalten erkennen, so spricht man von einem „wohlstrukturierten Programm".

Erreicht wird dies aber nur, wenn alle beschriebenen Aussagen zur SP eingehalten, geeignete Darstellungsmittel eingesetzt und SP-konforme Programmiersprachen oder Programmbefehle verwendet werden.

Lesbarkeit

① Welche Grundforderung ist zu erheben, damit Programme als „lesbar" eingestuft werden?

② Welche Konventionen der SP führen zu „lesbaren Programmen"?

③ Welche Darstellungsmittel erhöhen die Lesbarkeit?

Lesbarkeit

①   Die Lesbarkeit von Programmen erfordert eine deutlich sichtbare Übereinstimmung von Programmplan, Programmtext und dynamischem Ablaufverhalten. Ziel dieser Forderung ist es, eine größtmögliche Übersichtlichkeit herzustellen. Damit wird die Korrektheit praktisch aus dem Code nachgewiesen, und die Testphase reduziert sich auf ein Minimum.

②   Die Lesbarkeit wird vor allem durch folgende Konventionen erreicht:
— schrittweise Verfeinerung (hierarchisches Konzept),
— Beschränkung der Strukturblockarten,
— Blockkonzept (Zweipoligkeit/Prinzip der Schachtelung).

③   Durch SP-konforme Darstellungsmittel erhöht sich die Lesbarkeit. Solche sind z.B.:

— Baumdiagramme,
— verbale Entwurfssprache,
— Struktogramme.

2.6 Datenunterscheidung

Die bisher beschriebenen Konventionen bezwecken vor allem, „lesbare" Programme zu erstellen. Die folgenden Aussagen zur Datenunterscheidung und -verfügbarkeit zielen in erster Linie auf „zuverlässige" und „fehlerfreie" Programme:

Zwischen Programmsteuerungs- und Verarbeitungsdaten muß jederzeit klar unterschieden werden können.

Der Einfluß der Programmsteuerungsdaten muß auf jeder Entwicklungsebene und auch während der Einsatzdauer des Programms erkennbar sein.

Datenvereinbarungen sollen ihrem Einsatz entsprechend in den Prozeduren getroffen werden.

Datennamen sollen klar erkennen lassen, welches Objekt sie beschreiben. Unbenannte Daten, wie Literale, sind nicht zu benutzen.

Es sind zwei Gruppen von Daten zu unterscheiden, die Programme beeinflussen.

– Steuerungsdaten sind hauptsächlich Steuervariable wie Schalter, Weichen und ähnliches. Ihr Inhalt beeinflußt das Ablaufverhalten eines Programmes.
– Verarbeitungsdaten sind all jene Daten, die während des Programmablaufs bearbeitet werden.

Nun kann es vorkommen, daß das gleiche Datum Steuerungs- und Verarbeitungsdatum ist.

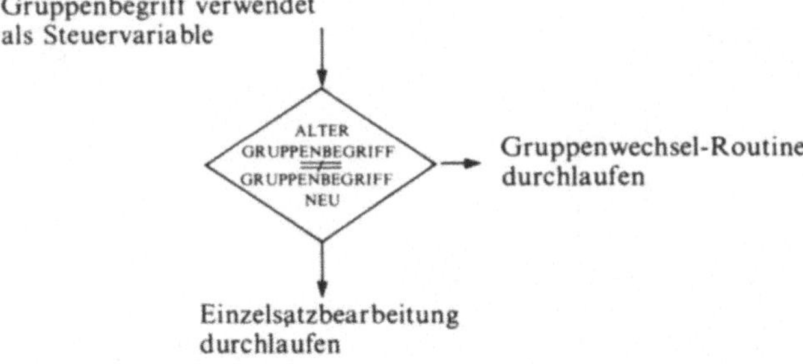

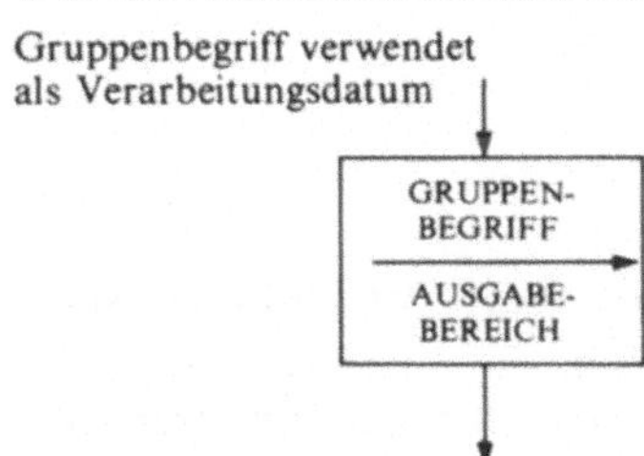

In diesen Fällen sollte das Datum so gekennzeichnet sein, daß es sofort beim Aufruf als Steuerungs- oder Verarbeitungsdatum erkennbar ist. Dies bedeutet, daß solche Daten ggf. unter zwei verschiedenen Namen doppelt gespeichert werden.

Damit beeinflußt eine spätere Änderung des Steuerungsdatums nicht das Verarbeitungsdatum. Bei der zweiten Möglichkeit, dem gleichen Datum zwei Namen zu geben (z.B. durch Redefinition eines Steuerungs- und Verarbeitungsnamens), muß im Änderungsfall stets die Auswirkung auf die Steuerung und die Bearbeitung geprüft werden.

Während der Programmentwicklung wird schrittweise vorgegangen: Funktionen und Arbeitsweisen werden ebenenweise entwickelt. Es bietet sich daher an, auch die Daten den Hierarchieebenen zuzuordnen, in denen sie bearbeitet werden.

Die Richtigkeit der Steuerungsdaten ist damit sofort feststellbar. Erst wenn der Steuerfluß einer Ebene korrekt und die Dokumentation abgeschlossen ist, darf mit dem nächsten Schritt begonnen werden.

Um die Sicherheit der Verarbeitungsdaten zu gewährleisten, kann der Zugriff darauf eingeschränkt werden. Es ist zu unterscheiden zwischen globalen und lokalen Daten[1]:

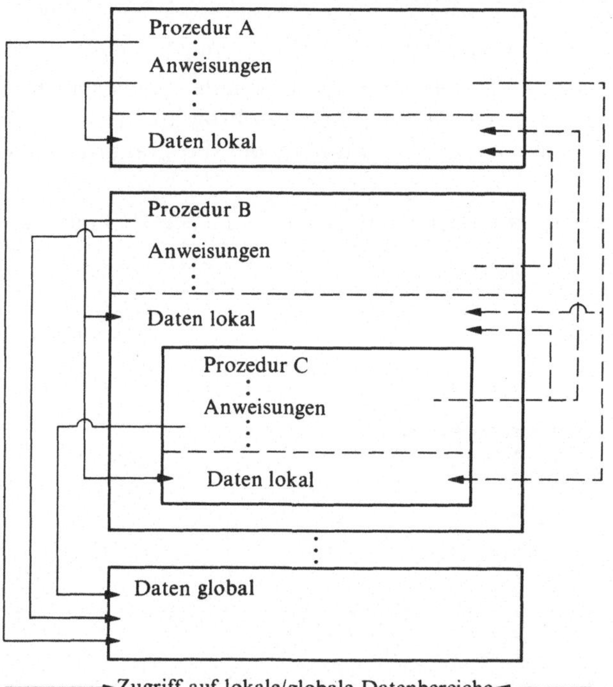

— Globale Daten sind von allen Programmteilen ansprechbar. Der Gültigkeitsbereich erstreckt sich über das gesamte Programm.
— Lokale Daten sind Daten, die nur innerhalb einer Prozedur benötigt werden, z.B. um Zwischenergebnisse aufzunehmen, Zähler zu setzen usw. Ihr Gültigkeitsbereich ist auf den vom Programmierer zugewiesenen Prozedurbereich beschränkt.

---

[1] Derzeit nur in einigen der allgemein eingesetzten Programmiersprachen realisierbar.

Mit der Teilung der Daten in diese beiden Kategorien wird zunächst ihr Einfluß im Programm örtlich begrenzt. Darüber hinaus muß sichergestellt sein, daß sie in den verschiedenen Prozeduren jeweils im gewünschten Format und Wertebereich zur Verfügung stehen. So dürfen beispielsweise für eine numerische Verarbeitung nicht plötzlich alphanumerische Daten bereitgestellt sein oder gar nur Teile der gewünschten Daten zur Verfügung stehen.

Fehlerhafte Verarbeitungsdaten führen in der Regel bei ihrer ersten Bearbeitung zu einem Fehler und damit zu einem Halt des Programms. Bei fehlerhaften Steuerungsdaten ist das Ergebnis nicht vorhersehbar. Es reicht von einer Endlosverarbeitung (Endlosschleife) bis zu einem „normalen Programmende", wobei jedoch falsche Ergebnisse entstanden sind. Es sind daher Prüfungen notwendig, ob z.B. gültige Entscheidungskriterien für Verzweigungen vorliegen, ob in einer Wiederholungsstruktur die Anfangsparameter gesetzt sind oder ob die Abbruchbedingung erreicht werden kann.

Es gilt als hohe Programmiertugend, alle externen Daten, die im Programm verarbeitet werden, zunächst einer Plausibilitätsprüfung zu unterziehen. Erst danach dürfen diejenigen Daten, die als einwandfrei erkannt wurden, weiterverarbeitet werden.

Datenunterscheidung

① In welche Gruppen können Daten gegliedert werden?

② Welche Forderungen sollte ein Datenname erfüllen?

③ Was ist zu tun, wenn das gleiche Datum zugleich für die Steuerung und die Verarbeitung verwendet wird?

④ Welche Vorteile bietet die Möglichkeit der lokalen und globalen Datenunterscheidung?

Datenunterscheidung

① Daten können gegliedert werden in Steuerungsdaten und Verarbeitungsdaten. Beide sind — abhängig von der Programmiersprache — als global oder lokal definierbar.

② Ein Datenname sollte den Inhalt des Datums klar zum Ausdruck bringen. Beispiel: Die Bezeichnung KONST23 in einem Lohnprogramm ist für die Benennung der Beitragsbemessungsgrenze weit schlechter als der Name BEITRAGSBEMESSUNG oder kurz BEITRBEM.

③ Wird ein Datum zugleich zur Programmsteuerung und für die Verarbeitung verwendet, so kann:

- das Datum zweifach benannt (redefiniert) werden: einmal unter einem Steuerungsnamen, das zweitemal unter einem Verarbeitungsnamen;
- das Datum zweifach abgespeichert und unabhängig zur Verarbeitung und Steuerung verwendet werden: Änderungen in der Steuerung wirken sich dann nicht unmittelbar auf die Verarbeitung und umgekehrt aus.

④ Die Bildung von lokalen und globalen Daten erhöht die Sicherheit. Der Zugriff und Gültigkeitsbereich der Daten wird auf die Teile beschränkt, die wirklich mit ihnen arbeiten. Ein irrtümliches Verändern ist damit leichter zu vermeiden.

Die Möglichkeit der lokalen und globalen Datenunterscheidung hängt jedoch sehr stark von der verwendeten Programmiersprache ab. Nur sehr wenige der heute allgemein eingesetzten Sprachen unterstützen sie.

3 Darstellungsmittel für die Strukturierte Programmierung

Fassen wir die Aussagen der bisherigen Kapitel kurz zusammen, so ergeben sich drei grundsätzliche Merkmale der SP:

— sie ist eine Methode,
— sie besteht aus einigen wenigen Regeln,
— diese Regeln beziehen sich auf alle Entwicklungsschritte eines Programms.

Betrachten wir die Anwendung dieser Regeln in den Entstehungsphasen näher, so sind vor allem zwei Abschnitte festzustellen:

— strukturierter Programmentwurf,
— strukturiertes Codieren (Implementierung).

Bei Wahl einer geeigneten Programmiersprache ist die Erstellung strukturierten Codes sehr gut möglich. Der strukturierte Entwurf eines Programms ist in allen Teilen aber nicht immer zu verwirklichen. Er ist abhängig von der Problemstellung, den Bedingungen, unter denen die Entwicklung stattfindet, und nicht zuletzt von den Darstellungsmitteln. Hier gibt es eine Reihe von Hilfen, die in mehr oder minder starkem Umfang einen strukturierten Entwurf ermöglichen, unterstützen oder sogar erzwingen. Dabei wird eine Kombination verschiedener Darstellungsmittel in der Praxis empfohlen. Die nachstehenden Beschreibungen stellen einige der gebräuchlichsten mit ihren Vor- und Nachteilen dar.

3.1 Baumdiagramme

Ein erfolgreicher Programmentwurf hängt wesentlich von der visuellen Darstellung
der Ergebnisse ab. Um eine Programmstruktur oder ihre Funktionen überschaubar
zu planen, bietet sich das Vorgehen nach der schrittweisen Verfeinerung und die
Verwendung von Baumdiagrammen an. Hierbei kann man zwei verschiedene Diagramme unterscheiden:

— Funktionsbäume,
— Prozedurbäume.

> Der Funktionsbaum zeigt die einzelnen Programmfunktionen. Sie sind hierar-
> chisch in über- und untergeordnete Funktionen gegliedert.

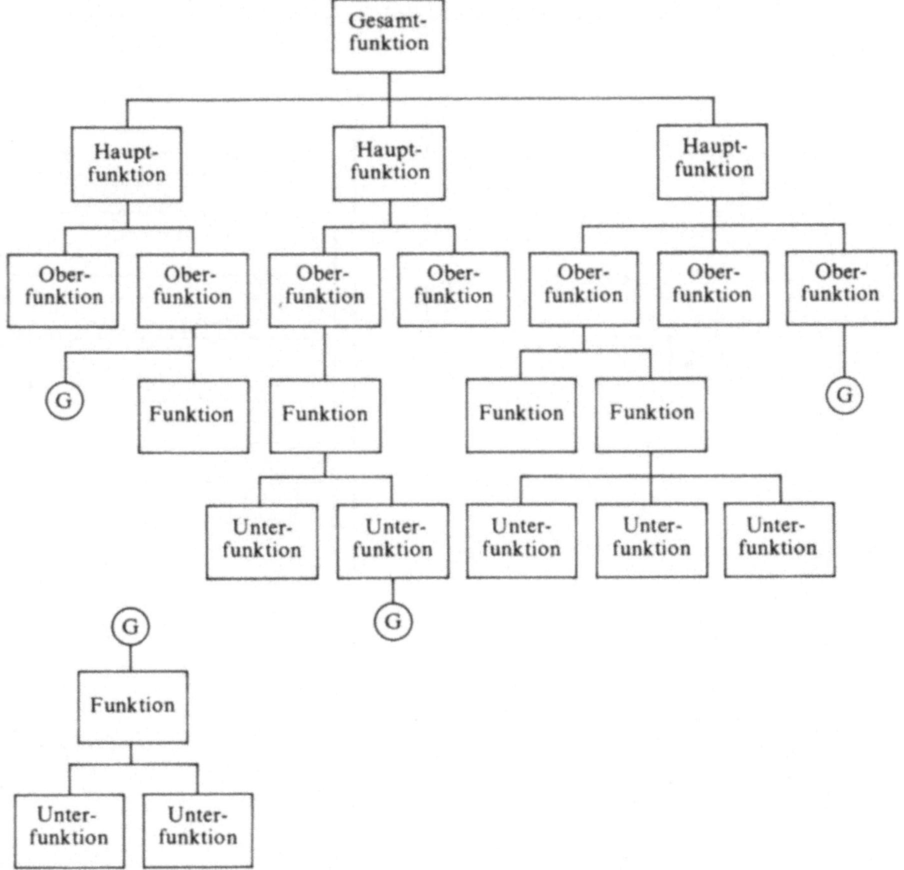

Bei der funktionalen Auflösung stellt man fest, daß manche Teilfunktionen oder
sogar ganze Zweige mehrfach im Baum vorkommen können. Diese Funktionen
können dann aus dem Baum als eigene „Teilbäume" ausgelagert werden. Im Ur-
sprungsbaum kennzeichnet ein Konnektor, wo sie benötigt werden.

In der Beschreibung des Vorgehens nach der schrittweisen Verfeinerung wurde deutlich, daß die funktionale Auflösung der Gesamtaufgabe nur den ersten Teil des Programmentwurfs bildet. Der zweite Teil besteht in der Konstruktion von zugehörigen Prozeduren (programmtechnische Zusammensetzung). Hierbei wird in der Regel nicht eine Funktion eine geschlossen aufrufbare Prozedur bilden, sondern es werden mehrere Funktionen einer oder verschiedener Ebenen zu einer Prozedur zusammengefaßt:

> **Der Prozedurbaum zeigt die einzelnen Programmteile (Prozeduren) in ihrer hierarchischen Aufrufstruktur.**

Auch hier können gleichrangige Prozeduren an mehreren Stellen der Aufrufstruktur aufgeführt sein. Realisiert sind sie jedoch nur einmal.

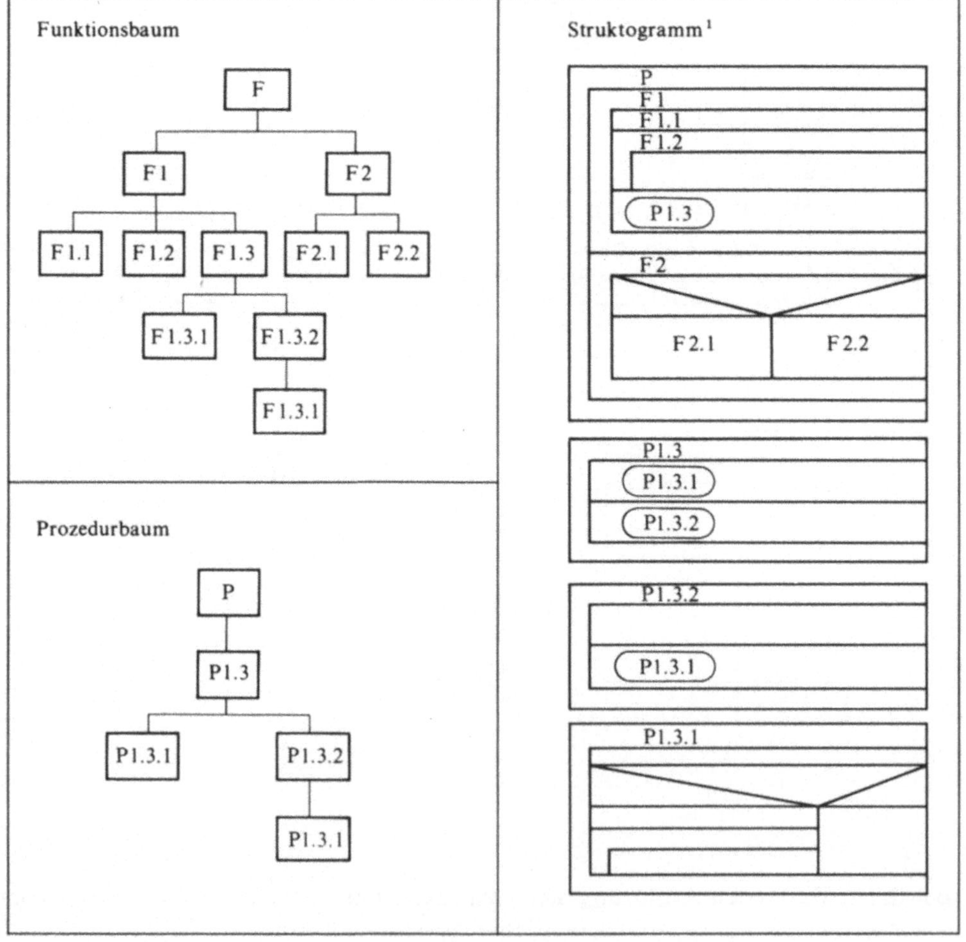

---

[1] Die Bedeutung der Symbole in Struktogrammen wird im Abschnitt 3.4 erklärt.

Der Prozedurbaum zeigt die geplante Programmgliederung nur schematisch. Ein dynamisches Ablaufverhalten ist daraus nicht erkennbar. Er wird daher häufig um weitere Symbole ergänzt. Diese Diagramme nennt man dann hierarchische Ablaufpläne.

> **Hierarchische Ablaufpläne sind Prozedurbäume, ergänzt durch Symbole, die die Ablaufstruktur erkennen lassen.**

Gearbeitet wird hauptsächlich mit drei Symbolen. Sie haben oft unterschiedliches Aussehen, jedoch die gleiche Bedeutung.

Symbol		Bedeutung
offener Kreis (mit oder ohne Pfeil)		Schleife
Rhombus		Zweifachverzweigung
geschlossener Kreis (ohne Pfeil)		Mehrfachverzweigung

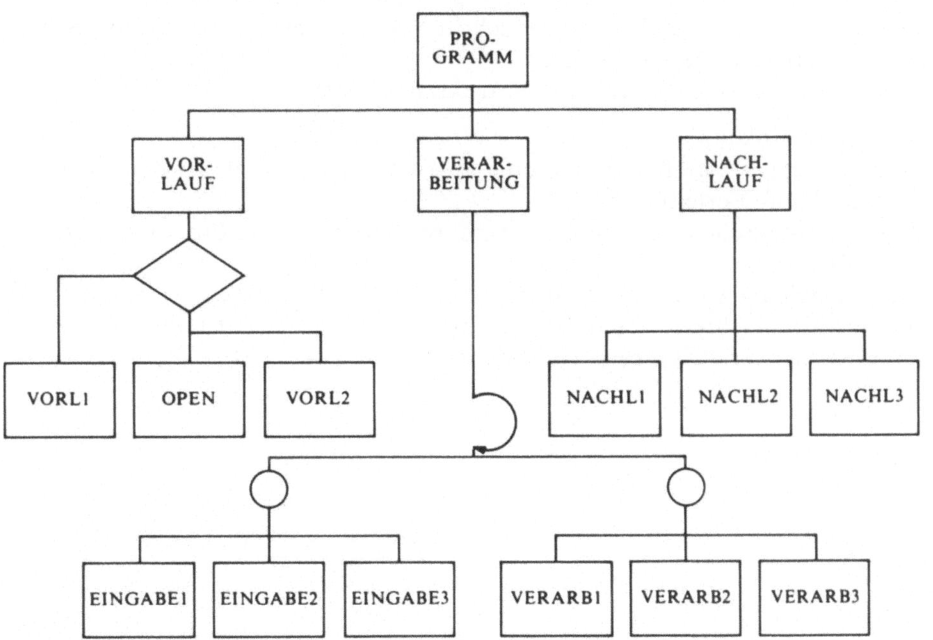

Wie ist in dem abgebildeten hierarchischen Ablaufplan die Ablauffolge der einzelnen Prozeduren?

Es gilt generell: Prozedurzweige werden nacheinander von links nach rechts abgearbeitet. Innerhalb eines Zweiges wird mit der Prozedur der höchsten Hierarchiestufe (oberste Prozedur) begonnen und bis zur niedrigsten (untersten) fortgeschritten.

PROGRAMM ruft also nacheinander die Prozeduren VORLAUF, VERARBEITUNG und NACHLAUF auf.

Für die Verarbeitung durch VORLAUF gilt: entsprechend einer Bedingung wird alternativ VORL1 oder OPEN und VORL2 aufgerufen.

Alle unter VERARBEITUNG liegenden Zweige liegen in einer Schleife (z.B. solange Eingabedaten vorhanden). Abhängig von einer Variablen werden zunächst EINGABE1, EINGABE2 oder EINGABE3 aufgerufen. Anschließend werden, bedingt durch eine weitere Variable, VERARB1, VERARB2 oder VERARB3 durchlaufen. Bei Schleifenende erhält PROGRAMM wieder die Steuerung zurück und aktiviert NACHLAUF.

NACHLAUF ruft nacheinander NACHL1, NACHL2 und NACHL3 auf. Danach geht die Steuerung zurück an PROGRAMM. Dieses teilt der Datenverarbeitungsanlage (Betriebssystem) mit, daß das Programm nicht mehr benötigt wird und beendet werden kann.

Welche Vor- und Nachteile haben die geschilderten Darstellungsweisen?

Baumdiagramm
— Es besticht durch seine Einfachheit und Übersichtlichkeit. Dadurch können auch komplexe Programme überschaubar gemacht werden (Vorteil).
— Es unterstützt das Vorgehen bei der schrittweisen Verfeinerung durch die Schaffung von Hierarchieebenen (Vorteil).
— Es zeigt nur die statische Programmstruktur (Nachteil).

Hierarchischer Ablaufplan
— Er ist sehr eng an die Baumstrukturen angelehnt und zeigt daher den Detaillierungsgrad auf (Vorteil).
— Er gibt die statische und auch die dynamische Struktur eines Programms wieder (Vorteil).
— Die Darstellung wird vor allem dann unübersichtlich, wenn komplexe Programme über mehrere Seiten fortgeführt werden müssen. Detaillierte Ablaufpläne werden zusätzlich benötigt (Nachteil).

Baumdiagramme

① Wozu können Baumdiagramme in der SP verwendet werden?

② Kann noch von „echten" Baumstrukturen gesprochen werden, wenn gleiche Prozeduren an verschiedenen Stellen aufgerufen werden?

Baumdiagramme

① Baumdiagramme sind übersichtliche Darstellungsmittel:

— Programmfunktionen werden in Funktionsbäumen aufgezeigt.
— Prozedurbäume stellen alle Prozeduren eines Programms dar.
— Hierarchische Ablaufpläne sind erweiterte Prozedurbäume. Sie zeigen neben den Prozeduren auch deren Aufrufstruktur.

② Wird die gleiche Prozedur, die nur einmal vorhanden ist, an mehreren Stellen des Programms aufgerufen, so handelt es sich streng genommen um eine Netzstruktur, und nicht mehr um eine Baumstruktur. Der Unterschied ist jedoch für die Praxis nicht wesentlich. Die Darstellung gemeinsamer Prozeduren erfolgt z.B. auf einer gesonderten Ebene.

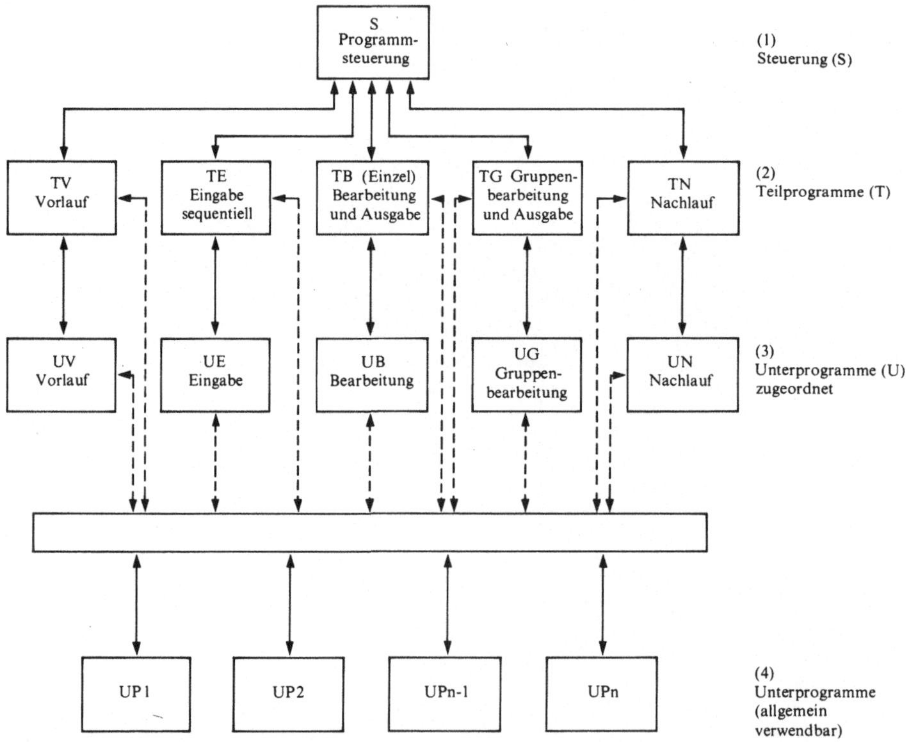

Die Prozedur der nachrangigen Ebene darf nur von der Prozedur der vorgelagerten Ebene gerufen werden.
Prozeduren, die allgemein angesprochen werden dürfen.

3.2 DIN 66001

Die Symbole nach DIN 66001 sind allgemein bekannt und werden immer noch in großem Umfang eingesetzt. Auch zur Darstellung der Blockstruktur nach den Regeln der SP können sie verwendet werden. Leider bildet aber diese Darstellungssymbolik die Struktur nicht „leicht erkennbar" ab, sondern verschleiert sie eher. Gerade bei Wartungsarbeiten sind dann mehr Überlegungen und ein höherer Aufwand erforderlich als bei anderen Darstellungsformen. Außerdem ist nicht sichergestellt, daß die Konstruktionen den Regeln der SP entsprechen.

Sehen wir uns deshalb nochmals die elementaren Strukturblöcke an, wie sie bereits beschrieben wurden:

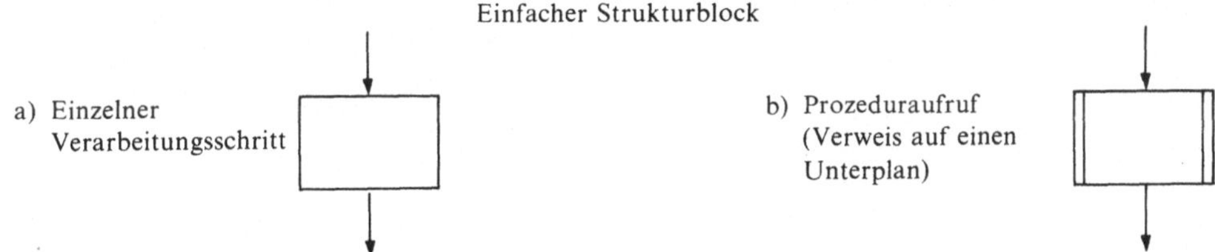

Auswahlstrukturblock

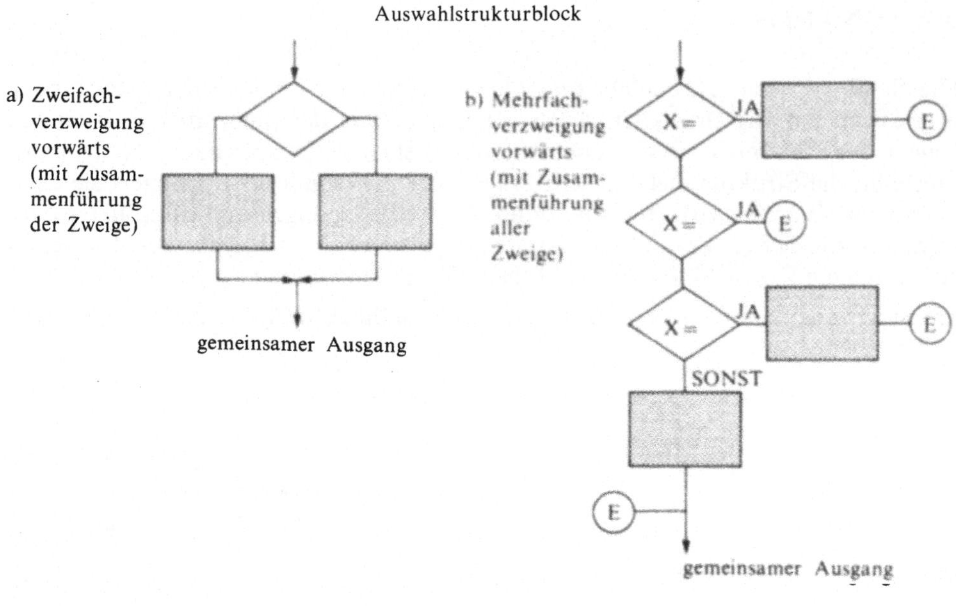

Wiederholungsstrukturblock

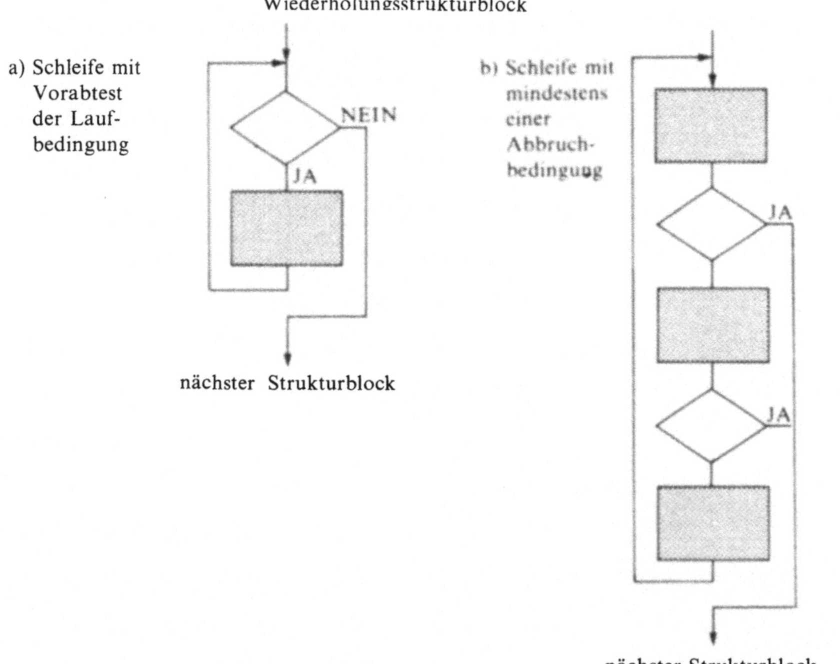

Die schraffierten Rechtecke enthalten entweder einen einzelnen Verarbeitungsschritt, einen Unterprogrammaufruf oder einen Block der Auswahl- bzw. der
Wiederholungsstruktur. Aber auch eine Sequenz kann an diesen Stellen eingefügt
werden.

In zusammengesetzten Strukturblöcken lassen sich die einzelnen Strukturblöcke oft nicht auf den ersten Blick erkennen. Je offensichtlicher aber die Strukturblöcke erkannt werden, desto lesbarer ist das Programm. Man sollte deshalb derartige Programmablaufpläne so umzeichnen, daß die einzelnen Elementarstrukturblöcke deutlich werden.

Beispiel: Aus wieviel Elementarstrukturblöcken besteht der nachstehende zusammengesetzte Strukturblock? Entspricht er den Regeln der SP?

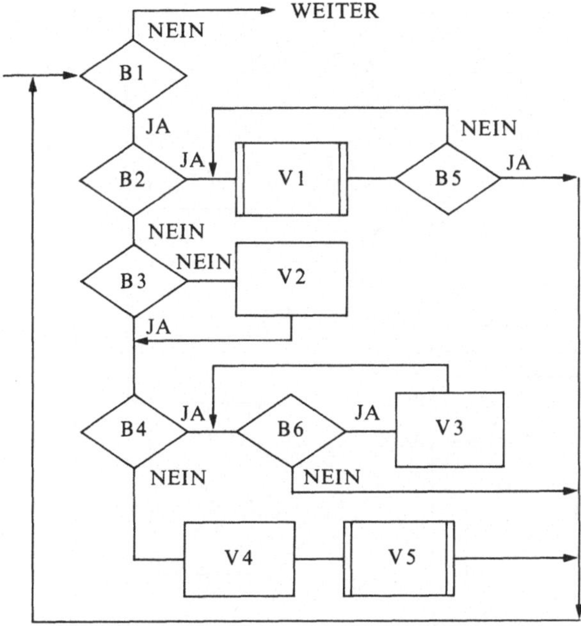

Die Lösung, bei der zur besseren Lesbarkeit die gleiche Struktur anders dargestellt wurde, zeigt, daß der dargestellte Strukturblock tatsächlich den Regeln entspricht, nach denen Strukturen zu bilden sind.

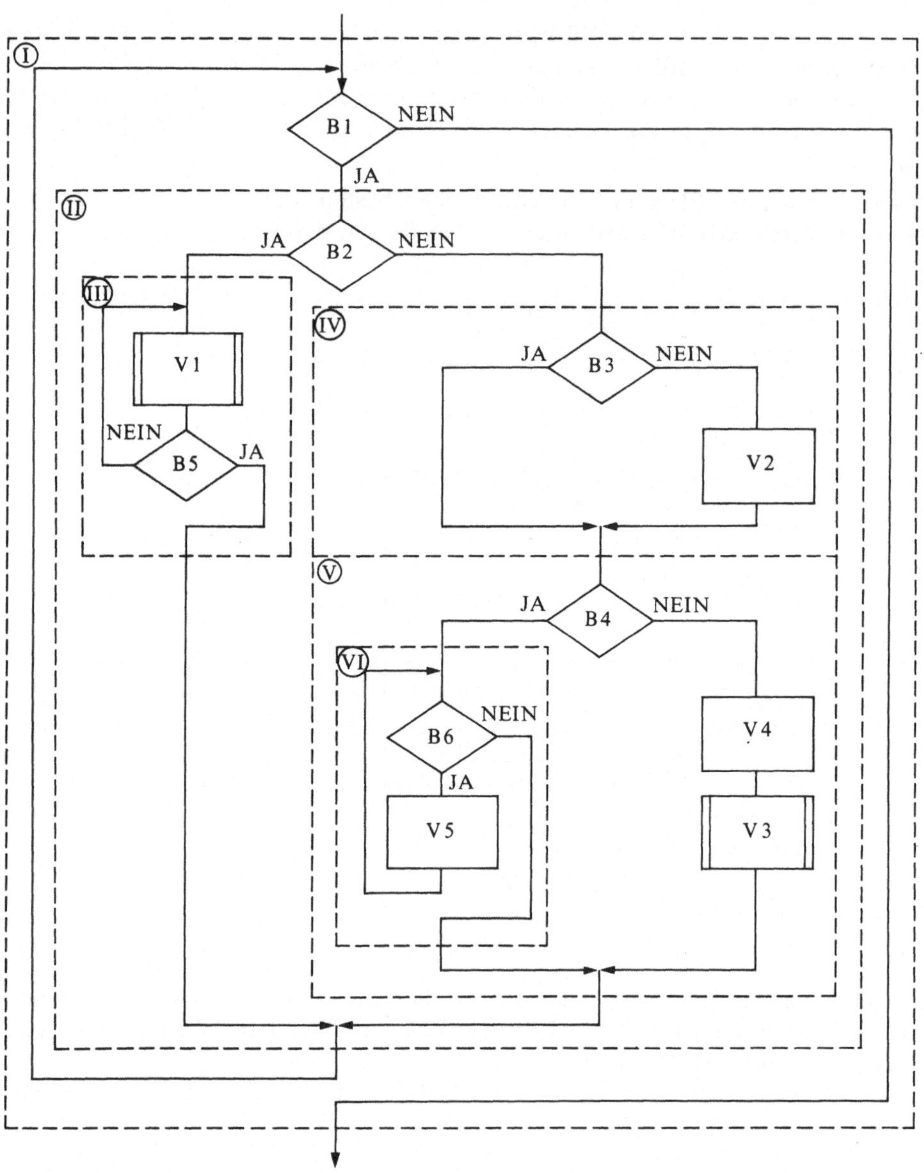

Im vorliegenden Fall handelt es sich — streng genommen — um einen Elementarstrukturblock der Wiederholungsstruktur, d.h.: um eine Schleife mit Vorabtest der Laufbedingung (I). Der Schleifenkörper der Wiederholungsstruktur (II) ist eine Auswahlstruktur: Zweifachverzweigung vorwärts. Dieser Elementarstrukturblock darf nun wiederum im JA- und im NEIN-Zweig weitere Strukturen aufnehmen. Der JA-Zweig enthält eine Schleife mit Abbruchbedingung (III), der NEIN-Zweig eine Sequenz, bestehend aus zwei Auswahlstrukturen: Zweifachverzweigungen vorwärts (IV), (V). Auch deren JA- und NEIN-Zweige dürfen wieder Strukturblöcke aufnehmen. Der JA-Zweig von B3 ist eine Besonderheit, da er offensichtlich keinen Strukturblock enthält. Er wird durch eine Leeranweisung realisiert.

DIN 66001

① Warum ist die Darstellungsmethode nach DIN 66001 nur bedingt für einen Entwurf nach den Grundsätzen der SP geeignet?

② Warum entspricht der folgende Entwurf nicht den Konventionen der SP? Man modifiziere ihn so, daß er ihnen entspricht.

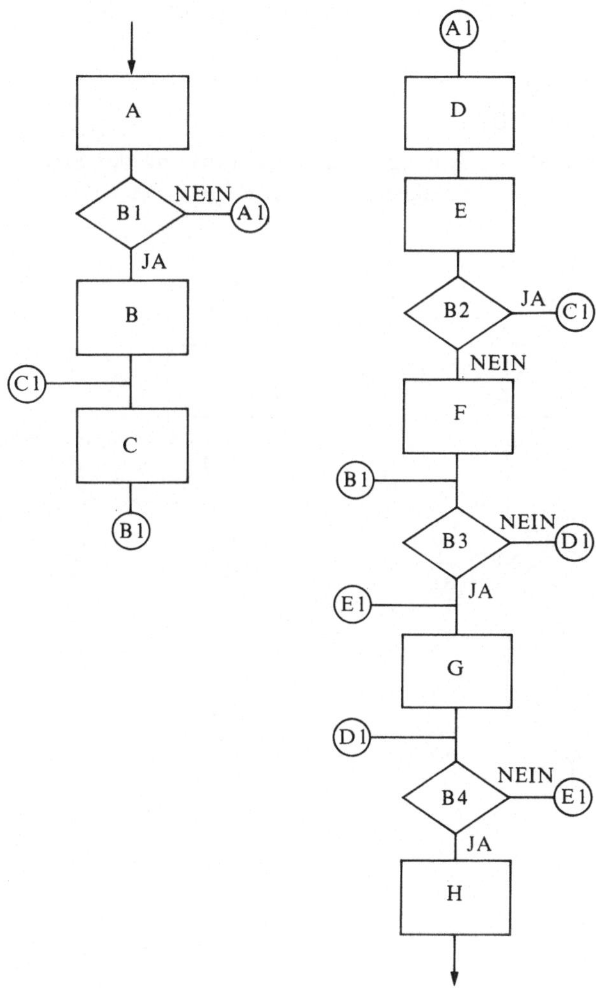

DIN 66001

① Ein Entwurf mit den Mitteln der DIN 66001 erlaubt wohl. Konstruktionen, die den Konventionen der SP entsprechen, schließt aber andere Formen nicht aus. Da die Blockstrukturen aus den Diagrammen nur schwer erkennbar sind, können sich

— Entwurfsfehler und
— Schwierigkeiten bei der Änderung bestehender Strukturen ergeben.

② Der Entwurf ist an zwei Stellen nicht korrekt:

— Der Übergang von B2 nach C und
— die Konstruktionen von B3, G und B4

widersprechen dem Blockkonzept und den Aussagen zur Beschränkung der Strukturblockarten. Der Entwurf kann aber leicht abgeändert den Regeln der SP angepaßt werden:

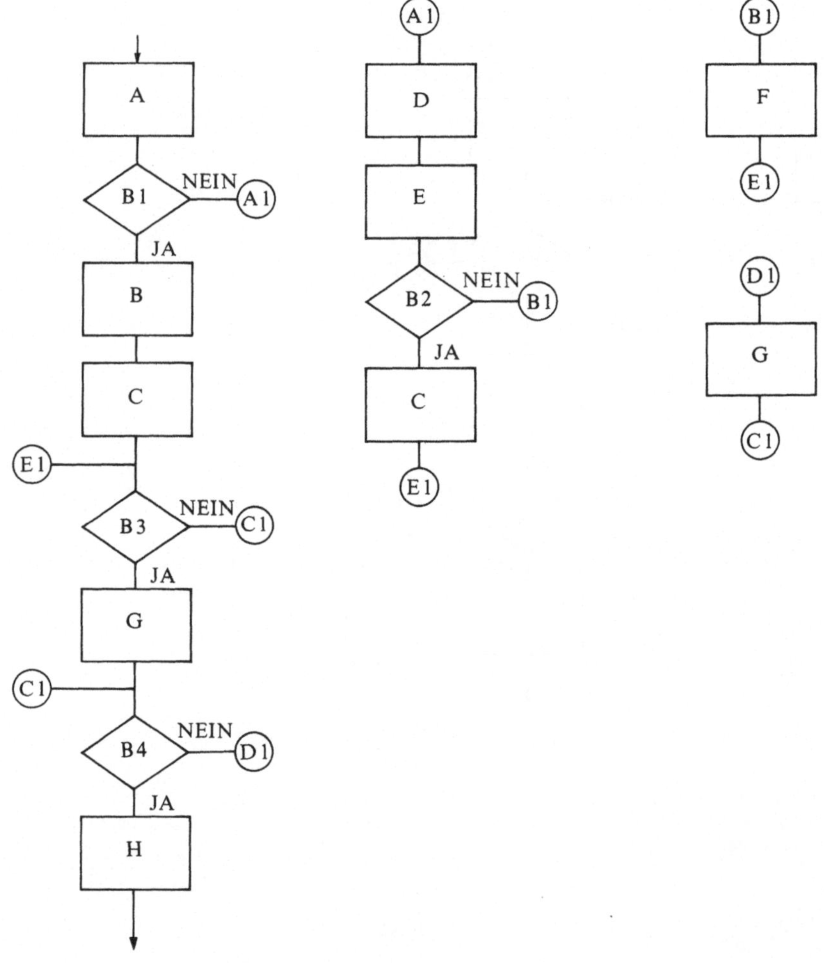

3.3 Struktogramme

Auf der Suche nach Darstellungsmöglichkeiten, die die SP wirksamer unterstützen als die Symbole nach DIN 66001, wurden von Nassi und Shneiderman neue Symbole entwickelt[1]. Diese „Nassi-Shneiderman-Diagramme" werden auch kurz Struktogramme genannt.

Struktogramme bilden jeden Elementarstrukturblock als eindeutig erkennbares Einzelsymbol ab.

Einfacher Strukturblock

a) Einzelner Verarbeitungsschritt

b) Prozeduraufruf (Verweis auf ein Unterprogramm)

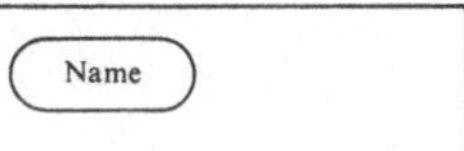

Auswahl-Strukturblock

a) Zweifachverzweigung vorwärts (mit Zusammenführung beider Zweige)

b) Mehrfachverzweigung vorwärts (mit Zusammenführung aller Zweige)

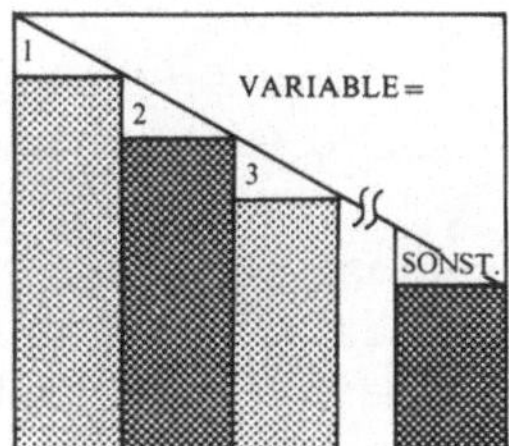

Wiederholungs-Strukturblock

a) Schleife mit Vorabtest der Laufbedingung

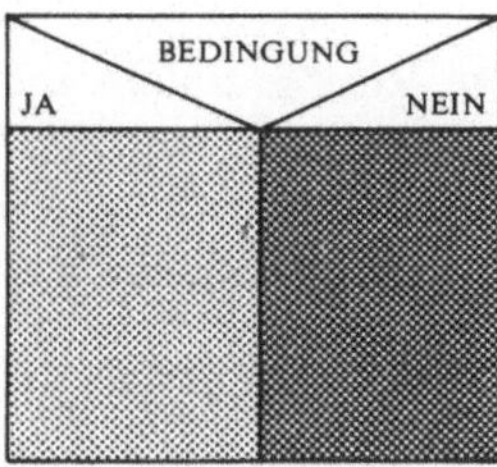

b) Schleife mit mindestens einer Abbruchbedingung

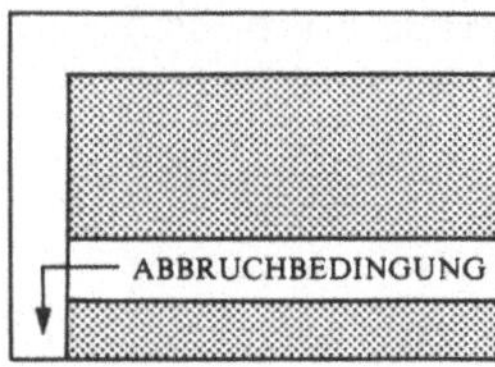

---

[1] Nassi, J.; Shneiderman, B.: Flowchart Techniques for Structured Programming. In: ACM Sigplan Notices 8 (1973), S. 12–26.

Alle Elementarstrukturblöcke können auf einfache Weise zusammengesetzt werden. Das Ergebnis ist wiederum ein überschaubarer Zweipol.

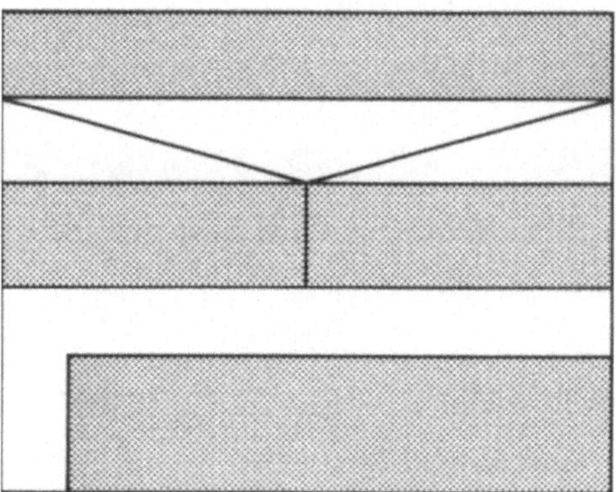

Für die Konstruktion zusammengesetzter Strukturblöcke gibt es gemäß dem Blockkonzept zwei einfache Regeln:

— Ein Strukturblock wird an einen anderen gereiht, indem die gesamte Ausgangskante des voranstehenden Strukturblocks mit der gesamten Eingangskante des nachfolgenden Strukturblocks zusammengelegt wird. Ein durch solche Reihung entstandener Strukturblock wird Sequenz genannt.
— In die schraffierten Felder der abgebildeten Strukturblöcke kann jeder beliebige Strukturblock (elementar oder zusammengesetzt) kantendeckend eingesetzt werden.

Da mit den genannten Symbolen nur kantendeckend gearbeitet werden darf, bildet grundsätzlich jeder beliebig zusammengesetzte Strukturblock wieder einen Zweipol. Daraus ergibt sich eine doppelte Bedeutung für das bisher beschriebene Symbol:

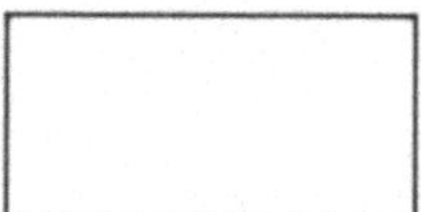

Es kann entweder einen einzelnen Verarbeitungsschritt oder eine Sequenz darstellen. Das entsprechende Rechteck muß dann entweder leer gelassen oder als „schraffiert gezeichnet" angesehen werden.

Obwohl auf die Bedeutung der einzelnen Kanten dieser Strukturblöcke noch nicht eingegangen wurde und damit auch die Anwendung noch nicht im Detail bekannt ist, sollte der Leser den Fehler in dem folgenden Strukturblock erkennen, bei dem nicht kantendeckend gearbeitet wurde. Man versuche, den Fehler zu finden und ihn zu beschreiben.

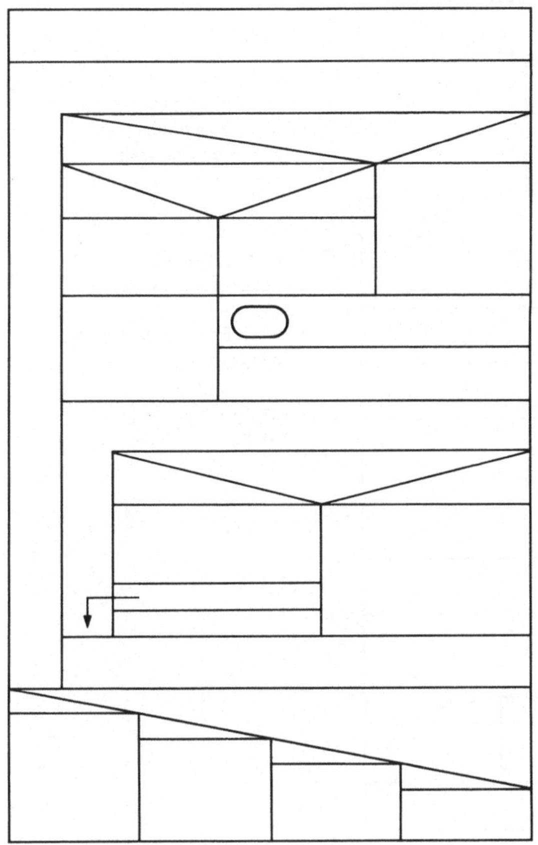

Lösung: Das Struktogramm auf der nächsten Seite ist das gleiche wie zuvor. Es hat jedoch zusätzlich eine Klammer bekommen, die es erlaubt, einen Kommentar zu diesem Struktogramm abzugeben. Diese Klammer ist für jeden Strukturblock erlaubt.

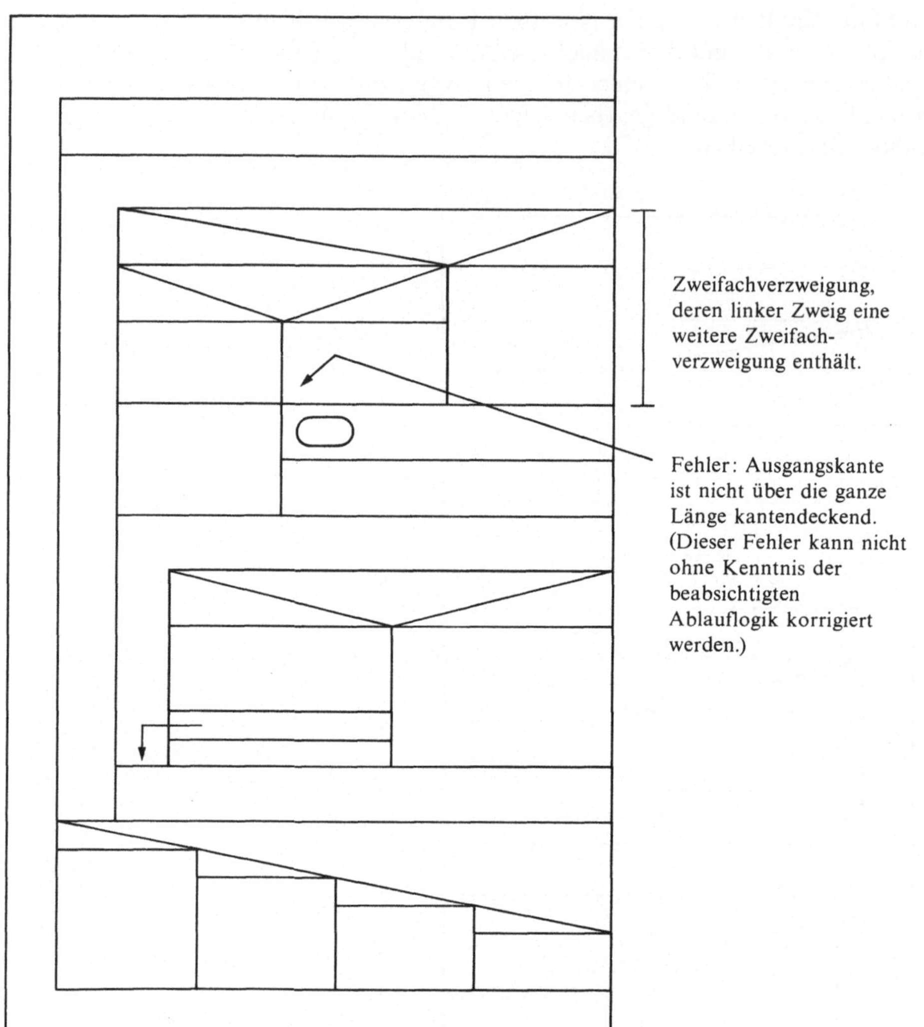

Zwei Merkmale sind in diesem Beispiel erkennbar geworden:

- Wenn die Konstruktionsregeln eingehalten werden, d.h. wenn kantendeckend gearbeitet wird, geht das Blockkonzept nicht verloren.
- Es gibt eine gute Möglichkeit, Strukturblöcke zu dokumentieren. Dabei spielt es keine Rolle, ob sich die Kommentare beziehen auf die
  - Funktion,
  - Arbeitsweise oder
  - Umgebung des Strukturblockes (z.B. das Betriebssystem).

Diese Möglichkeit ist durch eine Klammer gegeben, die den Strukturblock links umschließt.

Wie sieht die Handhabung dieser Strukturblöcke aus?

Der einzelne Verarbeitungsschritt ist eine Anweisung für jeden Makroaufruf, für jeden Rechen- und Übertragungsbefehl sowie für jeden Ein-/Ausgabebefehl.

Der Unterprogrammaufruf (Prozeduraufruf) enthält den Namen des Unterprogramms, das durchlaufen werden soll. Nach Rückkehr aus dem Unterprogramm wird der erste Befehl des Folgestrukturblocks ausgeführt, der sich an der gesamten Ausgangskante anschließt.

Die Zweifachverzweigung vorwärts enthält nach der Eingangskante ein Dreieck, das die Verzweigungsbedingung aufnimmt. Die Spitze des Dreiecks trennt anschließend den JA-Zweig vom NEIN-Zweig, gleichgültig, welcher Zweig auf welcher Seite aufgeführt wurde. Ganz unabhängig davon, welche und wieviel Strukturblöcke in jedem Zweig enthalten sind, ist die Ausgangskante am Ende dieses Strukturblocks verbindliches Element beider Zweige.

Die Mehrfachverzweigung vorwärts enthält über der Schräge die Angabe der Variablen, die auf ihren Inhalt überprüft werden soll. Über dem jeweiligen Zweig ist das Überprüfungsdatum anzugeben. Es wird nur ein Zweig während eines Durchlaufs abgearbeitet. Verbindendes Element aller Zweige ist die gemeinsame Ausgangskante.

Die Schleife mit Vorabtest der Laufbedingung besteht im wesentlichen aus zwei Teilen. Am Anfang steht die Laufbedingung als Schlüssel zum Schleifenkörper. Die Laufbedingung, auch Eingangsbedingung genannt, muß so gestellt sein, daß die Antwort JA in den Schleifenkörper und die Antwort NEIN aus dem Strukturblock führt. Um die Ablaufstruktur dieser Schleifenkonstruktion zu verdeutlichen wird die DIN-Symbolik in den Strukturblock eingezeichnet:

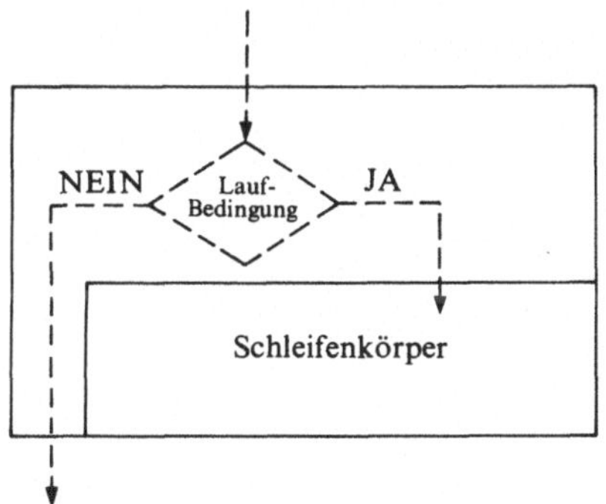

JA- und NEIN-Zweig sind festgelegte Elemente, auf die die Bedingung abgestimmt werden muß.

Der zweite Teil dieses Schleifentyps ist der Schleifenkörper selbst, der jeden Strukturblock kantendeckend enthalten kann. Das trifft sowohl auf elementare wie auf zusammengesetzte Strukturblöcke zu.

Würde die untere Kante des Schleifenkörpers „eine Tür" zum Folgeblock enthalten, so wäre dieser Schleifentyp nichts anderes als eine Zweifachverzweigung vorwärts. Die untere Kante des Schleifenkörpers hat deshalb die Funktion der Rückkehr an den Anfang dieses Strukturblocks. Optisch könnte diese Aussage wie folgt dargestellt werden:

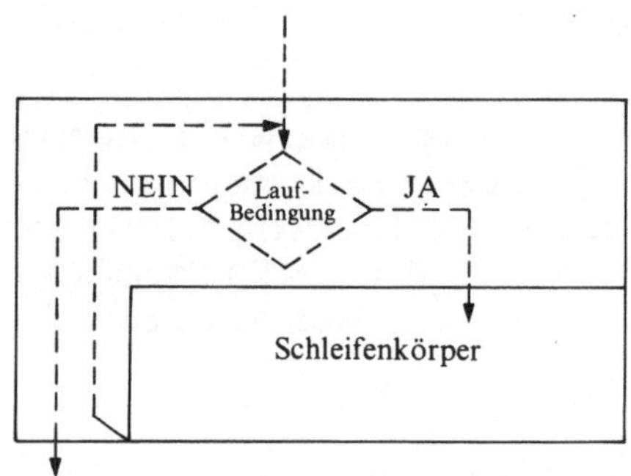

Soll der Schleifenkörper nicht nochmals durchlaufen werden, so muß im Schleifenkörper die Laufbedingungsvariable verändert werden.

Die Schleife mit mindestens einer Abbruchbedingung besteht ebenfalls aus zwei Teilen, da eine Bedingung aus dem Zyklus hinausführen muß und der Teil, der wiederholt zu durchlaufen ist, den Schleifenkörper bildet.

Bei diesem Schleifentyp wird ohne jede Eingangsbedingung direkt in den Schleifenkörper hineingegangen. Er enthält als Bedingung das Abbruchkriterium. Ist die gestellte Bedingung erfüllt, so führt dies zum Abbruch, d.h. es wird der Folgestrukturblock ausgeführt.

Um die Ablaufstruktur dieser Schleifenkonstruktion zu verdeutlichen, werden auch hier wieder DIN-Symbole in die Strukturblöcke nach Nassi-Shneiderman eingezeichnet.

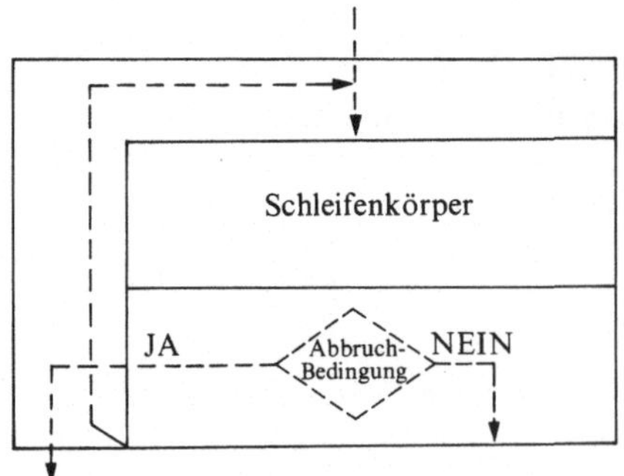

Bei diesem Schleifentyp kann der Schleifenkörper im NEIN-Fall auch fortgesetzt werden. Weitere Abbruchbedingungen können folgen, es führen aber alle in den Folgestrukturblock, was die nachstehende Grafik verdeutlicht:

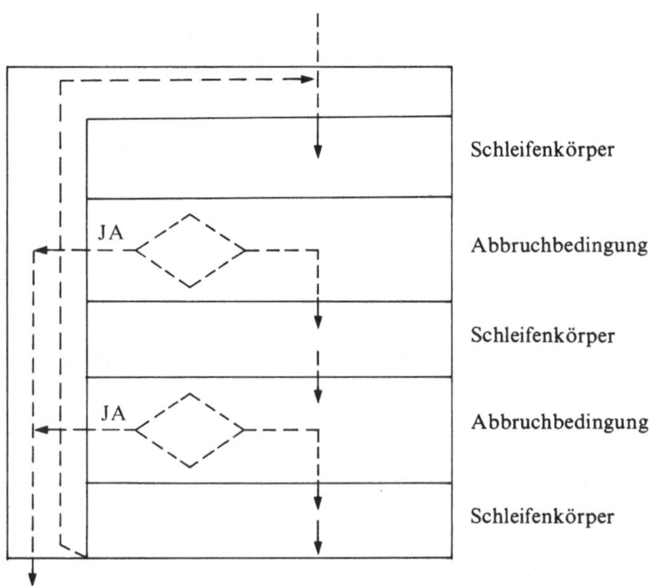

In der Erläuterung zur Darstellung von Strukturblöcken mit DIN-66001-Symbolen wurde gefragt, ob es sich bei dem Programmablaufplan in Abschnitt 3.2 um eine richtige Konstruktion nach den Grundsätzen der SP handelt. Das nachfolgende Vergleichsstruktogramm zeigt sofort, daß die Konstruktion korrekt ist:

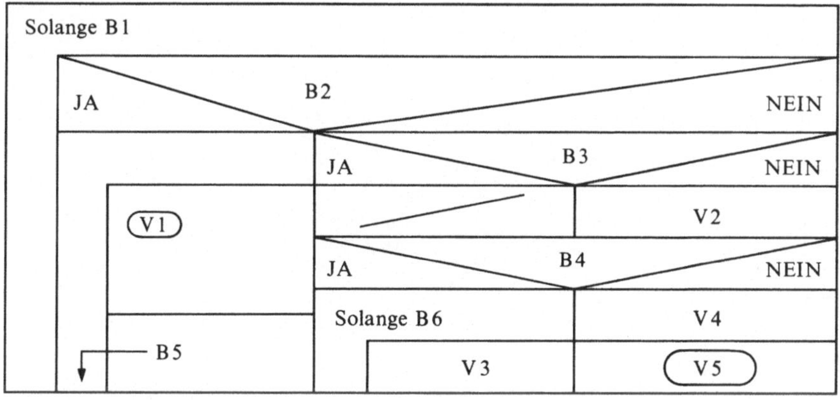

Dennoch ist es nicht sinnvoll, im Zuge von Programmänderungsarbeiten bestehende Programme mit DIN-Symbolen komplett in Struktogramme umzusetzen. Programme, die bisher nicht nach den Grundsätzen der SP geschrieben wurden, können auch nicht 1:1 „strukturblockgerecht" umgesetzt werden. Der weiterhin bestehende alte Code würde vom Struktogramm abweichen, und das ist nicht erwünscht. Es spricht jedoch nichts dagegen, die neuen Programmteile in sich strukturiert zu programmieren, damit jedenfalls hier die Vorteile der SP gewonnen werden.

Ein Beispiel soll diese Diskrepanz aufzeigen. Der Leser versuche, das nachstehende Diagramm mit DIN-Symbolen in ein Struktogramm umzusetzen (es geht sicherlich nicht 1:1). Dabei ist zu beachten, daß die Funktion voll erhalten bleibt.

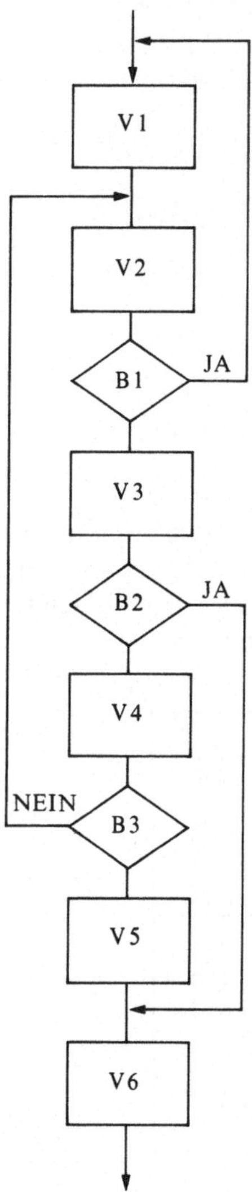

Die nachstehende Lösung nach DIN 66001 wird in drei Schritten erreicht.

a) Darstellung in DIN 66001.

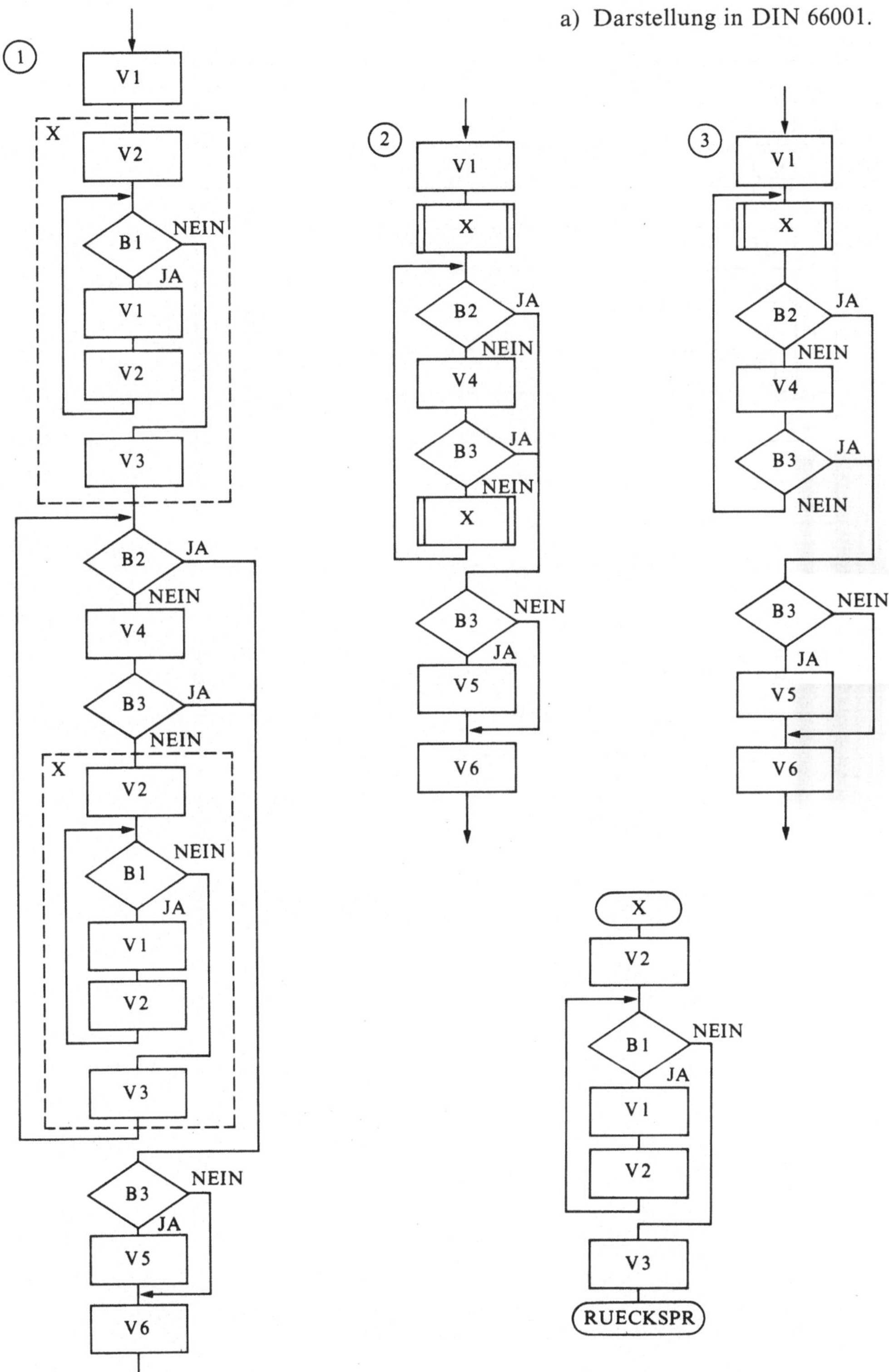

b) Darstellung in Struktogrammen (1. Lösung)

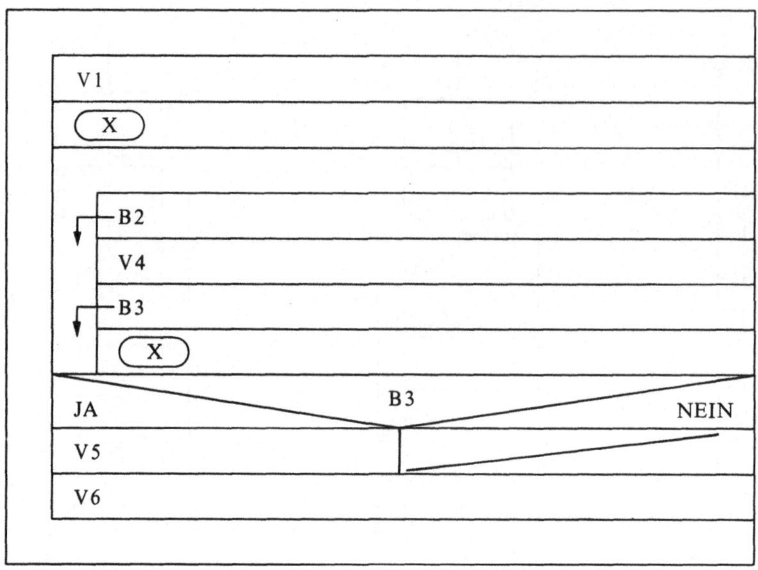

c) Darstellung in Struktogrammen (2. Lösung)

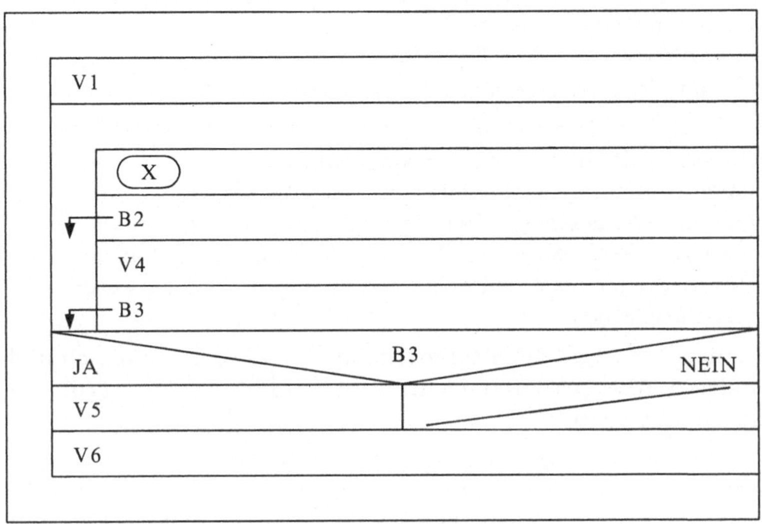

Durch die bisher gehandhabte Technik — so wenig wie möglich doppelt codierte Programmteile zu haben, um Speicherplatz zu sparen — mag die vorgestellte Lösung nicht unbedingt ansprechen. Da aber zunächst lesbare, wartungsfreundliche Programme erzeugt werden sollen, und nicht in erster Linie speicherplatzsparende, entspricht die vorgestellte Lösung dem gewünschten Ergebnis.

Welche Vor- und Nachteile ergeben sich durch Struktogramme?

- Die einzelnen Strukturblöcke entsprechen voll den Regeln der SP (Blockkonzept und Beschränkung auf sechs Grundstrukturen).
- Der Umfang von Schleifen wird deutlich sichtbar gemacht.
- Die Auswirkungen von Bedingungen werden erkennbar.
- Struktogramme zwingen mehr als andere Darstellungsmittel dazu, Blöcke im Umfang so zu planen, daß ihre Abbildung nicht über eine Seite hinaus geht. Dadurch entstehen überschaubare Programme, die aus überschaubaren Teilen zusammengesetzt sind.

- Struktogramme passen sich der schrittweisen Verfeinerung an.
- Struktogramme bilden abgeschlossene logische Einheiten, die direkt codiert werden können. Sie sind daher sehr programmnah.
- Struktogramme sind keine statischen Programmteile, die Funktionen wiedergeben, sondern dynamische Ablauffolgen, durch die die statische Zusammensetzung der Programmkomponenten aufgezeigt wird.

Etwas ungünstig ist die Handhabung der Struktogramme im Fall einer Änderung, da nicht ohne weiteres Einfügungen möglich sind. Es gibt allerdings eine Reihe von maschinellen Hilfen, die aus einer „Urcodierung" automatisch Strukturlisten, darunter auch Struktogramme erzeugen (COLUMBUS). In diesem Fall genügen für Änderungen, Erweiterungen usw. einfache Anweisungen, und es werden die geänderten Listen neu ausgegeben.

Bei manuellen Eingriffen kann ggf. das Struktogramm auseinandergeschnitten und mit dem einzufügenden Teil wieder zusammengeklebt werden. Anders würde das Blockkonzept nicht erhalten bleiben.

Diese Problematik stellt sich vor allem dann, wenn sehr viele ineinander verschachtelte Auswahlstrukturen auftreten. In diesen Fällen sollte überlegt werden, ob nicht eine Entscheidungstabelle Abhilfe schafft. Diese Entscheidungstabelle muß dann so gestaltet sein, daß sie einen eigenständigen Strukturblock bildet, dessen Ausgangskante identisch mit der Eingangskante des Folgeblockes ist.

Entscheidungstabelle als Strukturblock

B 1		
B 2		
B 3		
A 1		
A 2		
A 3		
A 4		

Struktogramme

① Es sind für die sechs elementaren Strukturblöcke die entsprechenden Struktogramm-Symbole zu erstellen.

② Wie können Bemerkungen in Struktogramme eingefügt werden?

③ Was ist eine Sequenz? Welche Regeln gelten für ihre Bildung?

④ Es ist für folgende Funktionen die Arbeitsweise in Struktogrammform zu entwerfen.
Eine Folge von Zeichen soll durchsucht werden.

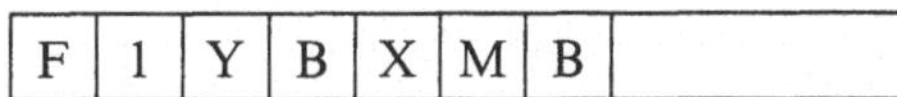

Bei Auftreten des Zeichens X soll statt dessen *** eingefügt werden. Die Einfügung, die mehr Platz braucht als das ursprüngliche Zeichen, geschieht durch Einfügen und Nach-Rechts-Verschieben eines Teils der Ursprungszeichenkette.

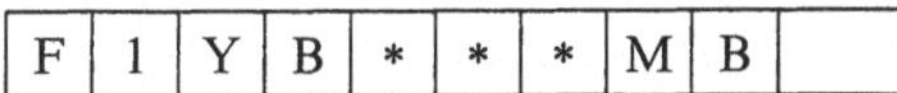

Bei Auftreten des Zeichens Y soll dieses gelöscht werden und der freiwerdende Platz durch Verrücken der Zeichenkette nach links um eine Stelle aufgefüllt werden.

| F | 1 | B | * | * | * | M | B | |

Das Ersetzen und Verschieben der Teilkette nach rechts oder links geschieht durch aufrufbare Unterprozeduren, die nicht weiter beschrieben werden müssen.

⑤ Es ist nach den Regeln der SP eine Arbeitsweise für die Funktionsbeschreibung „WETTER" in Form eines Struktogramms wiederzugeben.

Zu lösende Aufgabe: Es werden Tagestemperaturen (tägliches Minimum und Maximum) eingelesen und ausgewertet.

Eingangsdaten: Für jeden Tag werden die minimale und maximale Temperatur von einer Dialogstation eingegeben. Sie sind unter den Namen TAGMIN und TAGMAX im Hauptspeicher zu adressieren.

Ausgangsdaten: Für jeden Tag werden die Werte TAGMIN und TAGMAX zusammen mit der täglichen Durchschnittstemperatur TAGDSN ausgegeben. Am Ende der Eingabe soll über den Zeitraum der Eingabe das aufgetretene totale Minimum TOTMIN und totale Maximum TOTMAX, der totale Durchschnitt TOTDSN und die Anzahl der verarbeiteten Tage (TAGZAL) ausgegeben werden.

Besondere Bedingungen: Es wird angenommen, daß die Tagestemperaturen in einem Bereich von −99 °C bis +99 °C liegen. Um TOTDSN zu ermitteln, werden alle Temperaturwerte in der Variablen TEMPSUM aufsummiert.

⑥ Ist der folgende Strukturblock richtig konstruiert? Wenn ja, ist er als Struktogramm darzustellen.

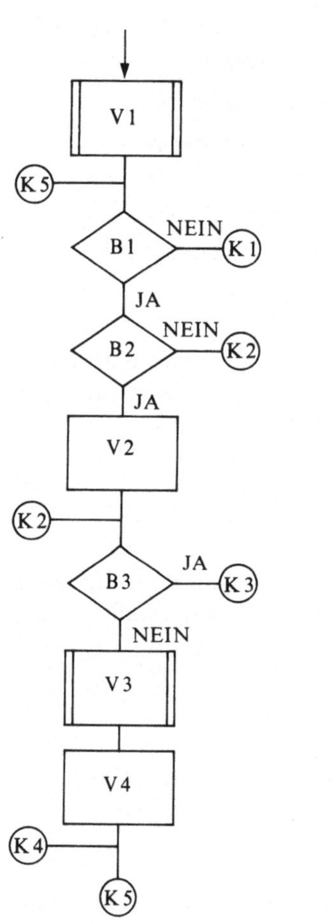

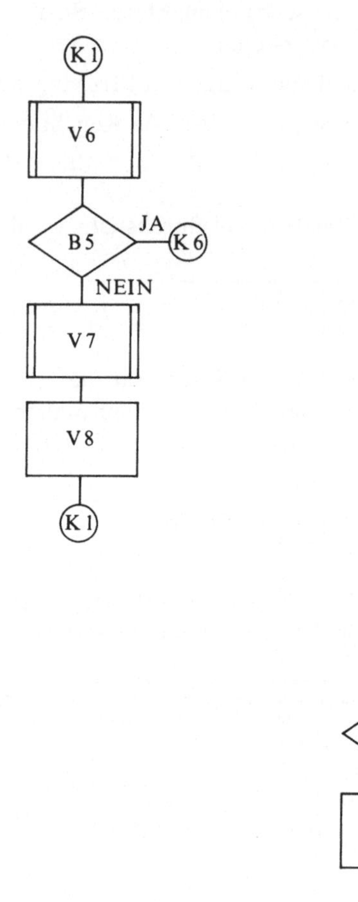

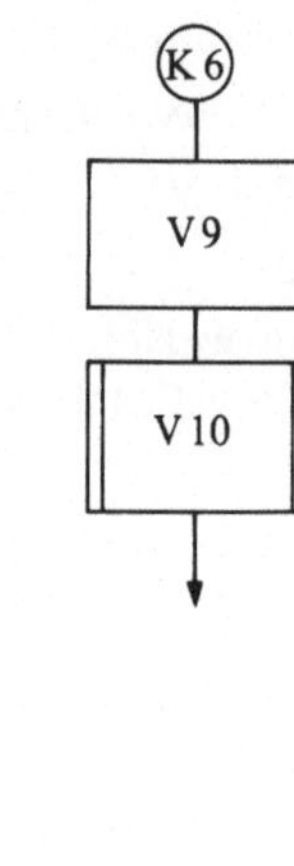

⑦   Der nachstehende Strukturblock widerspricht den Regeln der SP. Es ist, unabhängig von zu realisierenden Funktionen, mit wenigen Umbauten ein korrekter Strukturblock zu erstellen.

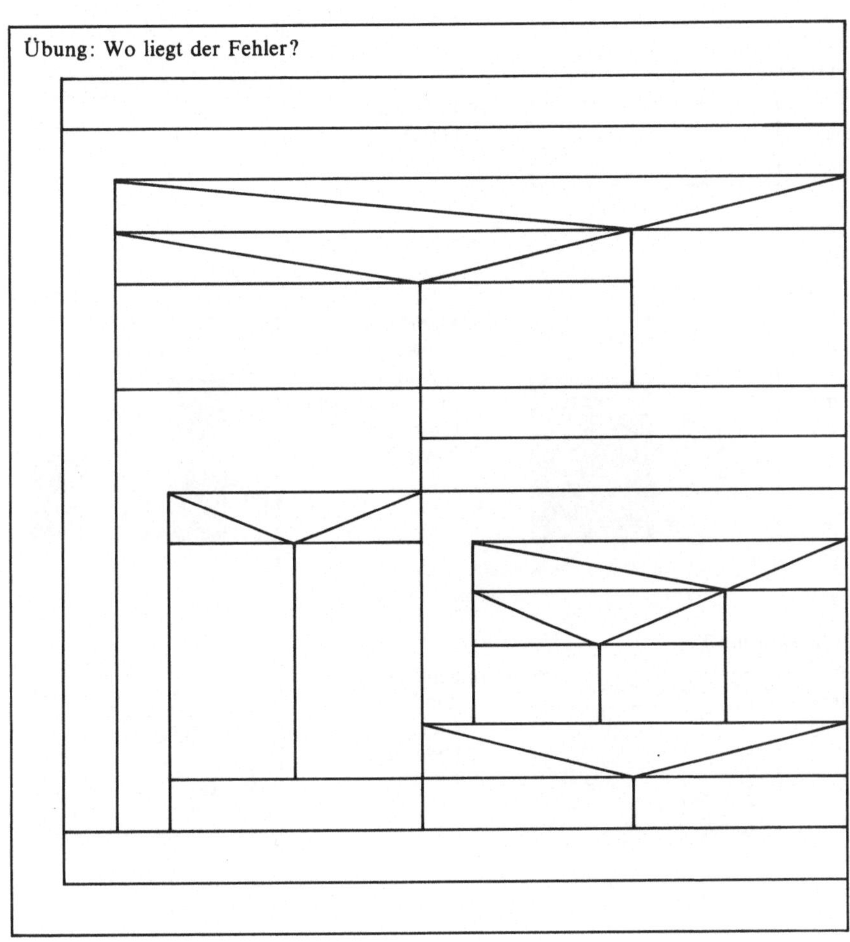

Struktogramme

① Für die sechs elementaren Strukturblöcke gibt es folgende Struktogramm-Symbole:

Einfacher Strukturblock

a) Einzelner
Verarbeitungs-
schritt

b) Prozedur-
aufruf

Auswahl-Strukturblock

a) Zweifach-
verzweigung
vorwärts
(mit Zusammen-
führung beider
Zweige)

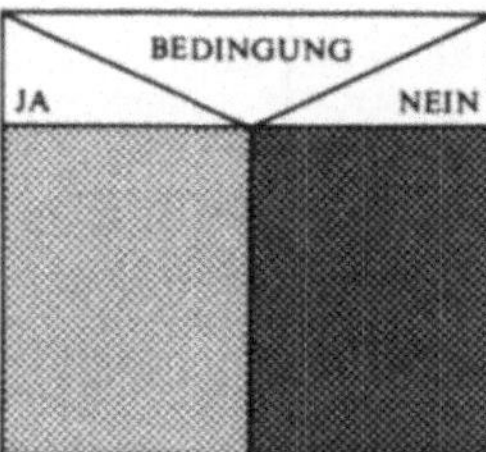

b) Mehrfach-
verzweigung
vorwärts
(mit Zusammen-
führung aller
Zweige)

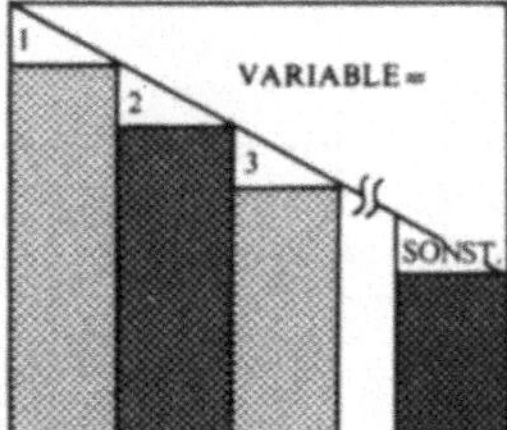

Wiederholungs-Strukturblock

a) Schleife mit
Vorabtest der
Laufbedingung

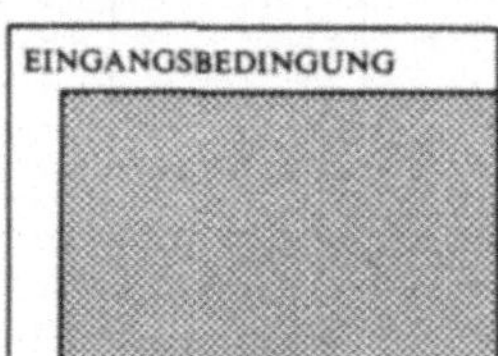

b) Schleife mit
mindestens
einer Abbruch-
bedingung

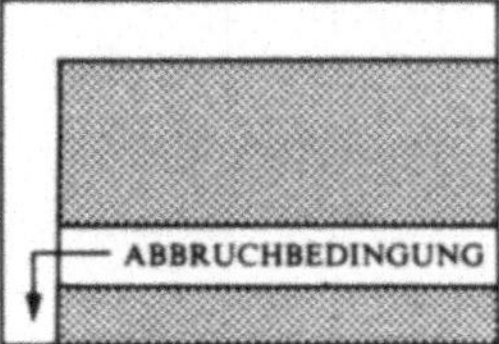

② Bemerkungen in Struktogrammen können

— in den einzelnen Blöcken oder
— für einen ganzen Block in dem Klammersymbol eingefügt sein.

Beispiel:

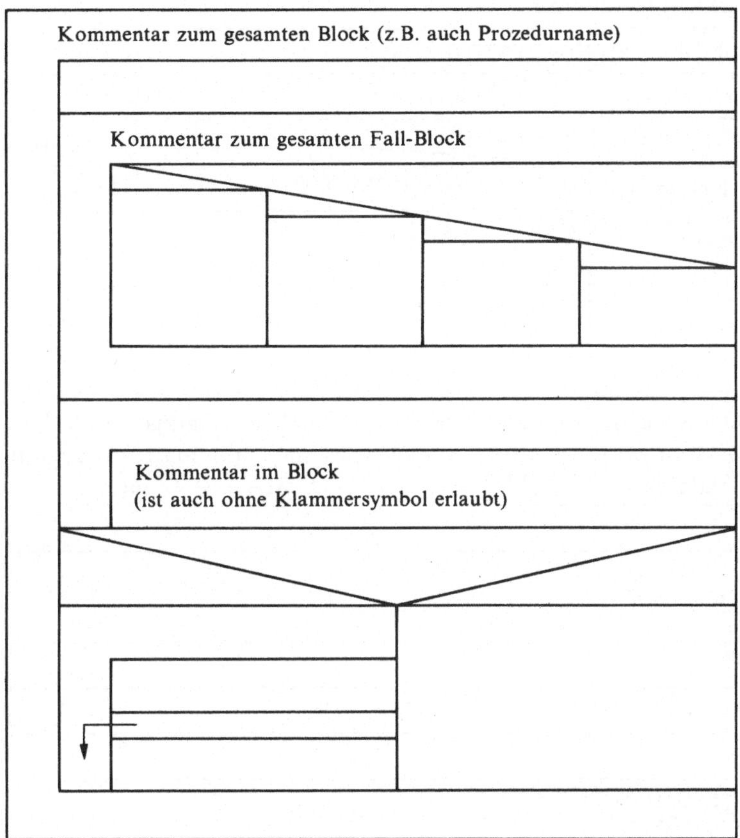

③ Eine Sequenz ist eine Reihung mehrerer Strukturblöcke. Sie muß kantendeckend erfolgen, d.h. die ganze Ausgangsseite (Unterseite) des ersten Blockes ist die Eingangsseite (Oberseite) des Folgeblockes.

Sequenzen können in den Zweigen von Entscheidungs- und Schleifenstrukturen eingefügt werden.

④   Eine mögliche Arbeitsweise und eine entsprechende Struktogrammform für die Funktion der Zeichenkettenbearbeitung könnte folgender Entwurf sein:

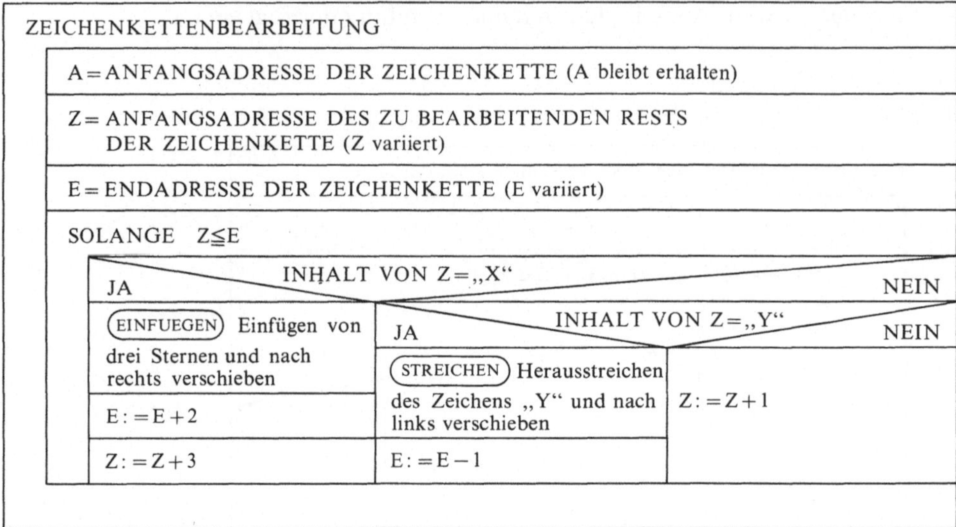

⑤   Die nachfolgende Arbeitsweise stellt eine der möglichen Lösungen dar. Die Abfrage auf totale Extremwerte vereinfacht sich hierbei, wenn man zu Beginn der Bearbeitung die Datenfelder TOTMIN auf +99, TOTMAX −99 setzt.

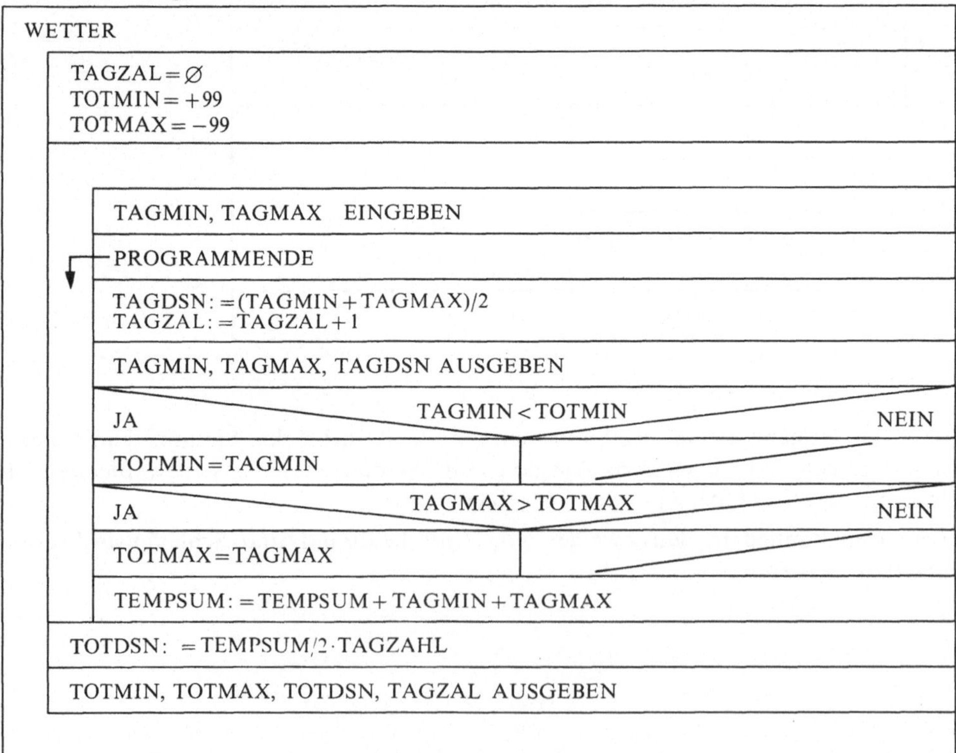

⑥ Der vorgegebene Strukturblock entspricht den Gegebenheiten der SP. Dies wird deutlich, wenn die Konnektoren durch Verbindungslinien ersetzt werden. Diese Struktur ist dann 1:1 erkennbar in ein Struktogramm umzusetzen, das die Reihung der elementaren Strukturen eindeutig widerspiegelt:

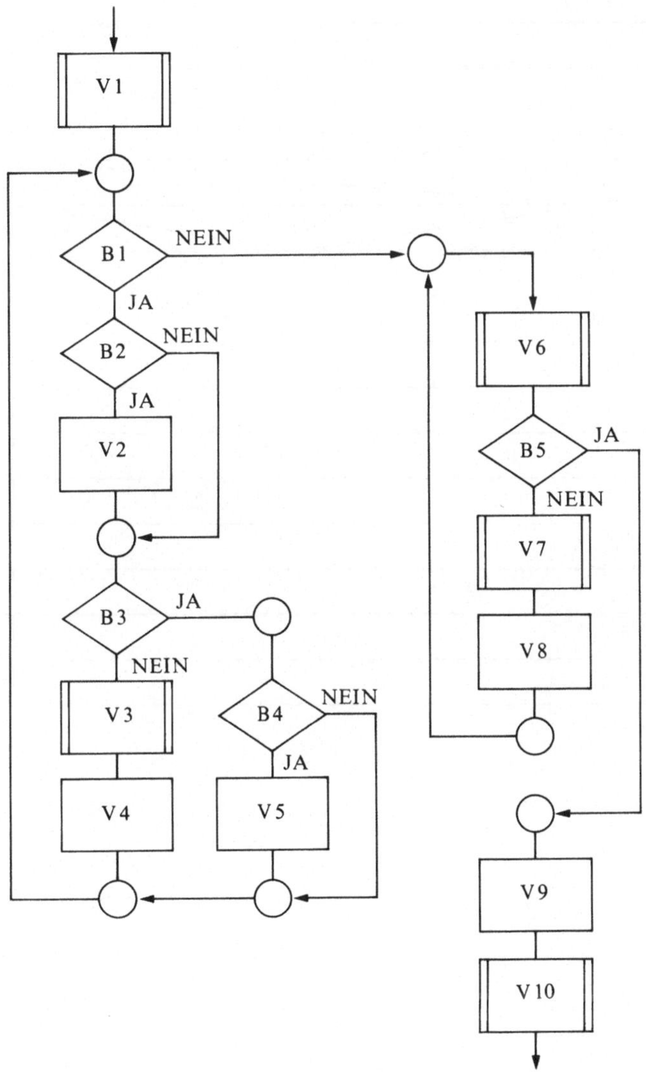

Darstellung nach Nassi-Shneiderman (Struktogramm)

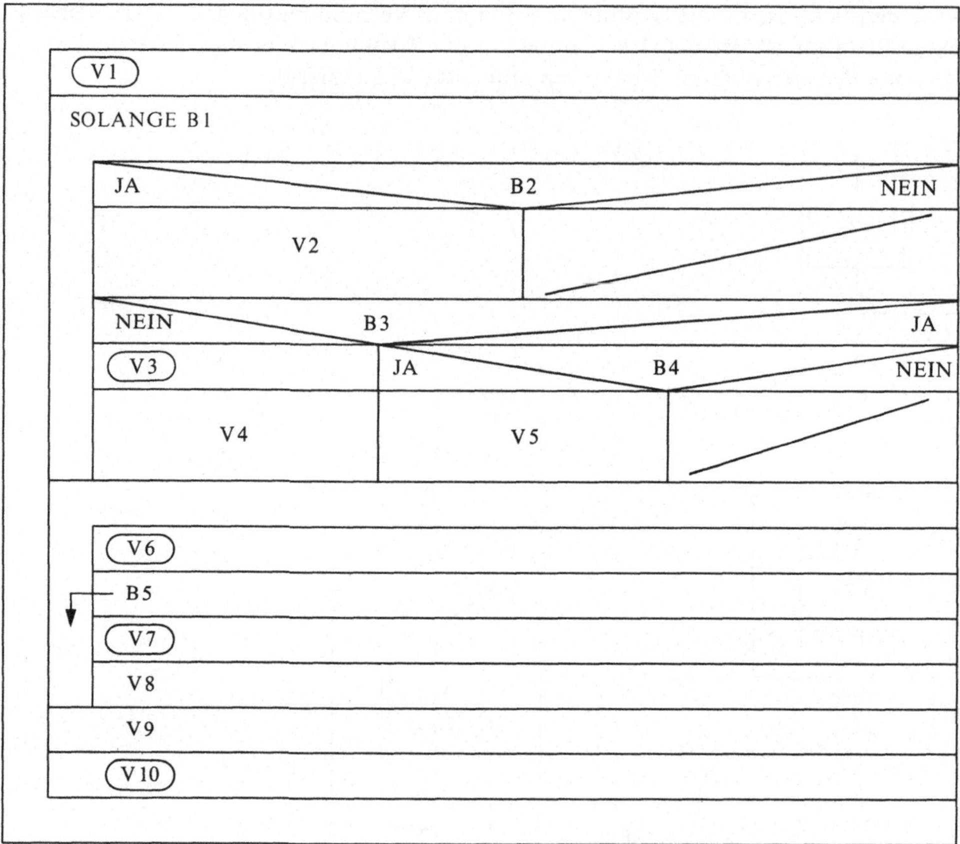

⑦ Die zu realisierenden Funktionen sollten nicht beachtet werden. So erscheint es naheliegend, die folgende Konstruktion zu entwickeln. Sie besteht aus richtig aneinandergereihten elementaren Strukturblöcken:

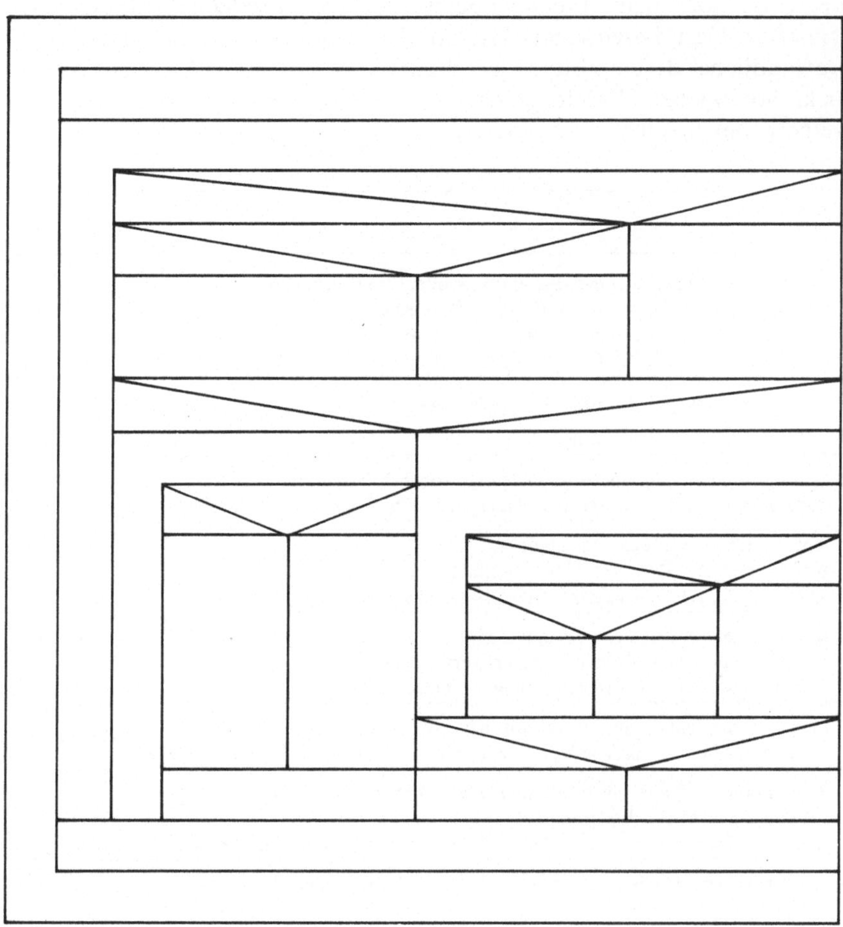

3.4 Verbale Entwurfssprache

Beim Programmentwurf werden Struktogramme oder eine verbale Entwurfssprache (Pseudocode) eingesetzt. Beim Pseudocode werden die einzelnen Strukturblöcke nicht gezeichnet, sondern beschrieben. Deshalb ist es notwendig, eine einheitliche, für jeden verbindliche Beschreibung der Steuerungselemente aller zugelassenen Strukturblöcke vorzugeben. Die folgende Beschreibung einer verbalen Entwurfssprache ist eine Möglichkeit:

Sprach-element[1]	Bedeutung
@ ENTRY	Beginn einer Prozedur, eines Programms oder Programmteils wie Assembler CSECT, COBOL SECTION usw.
@ END	Ende einer Prozedur, eines Programms oder Programmteils wie Assembler CSECT, COBOL SECTION usw.
@ BEND	Ende eines jeden Strukturblocks (Blockende)
@ BEGIN	Beginn einer Anweisungsfolge (Sequenz)
@ PASS	Sprung in eine ausgelagerte Befehlsfolge sowie Fortsetzung nach dem Durchlaufen der ausgelagerten Befehlsfolge (Prozeduraufruf)
@ IF	Anfang einer Zweifachverzweigung
@ THEN	Anfang des „JA-Zweiges" einer Zweifachverzweigung
@ ELSE	Anfang des „NEIN-Zweiges" einer Zweifachverzweigung
@ CASE	Beginn einer Mehrfachverzweigung
@ OF	Anfang eines Zweiges einer Mehrfachverzweigung
@ OFREST	Anfang des „SONST-Zweiges" einer Mehrfachverzweigung
@ WHILE	Beginn einer Schleife mit Vorabtest der Laufvariablen
@ DO	Anfang des Schleifenkörpers einer Schleife mit Vorabtest der Laufvariablen
@ CYCLE	Beginn einer Schleife mit mindestens einer Abbruchbedingung
@ WHEN	Anfang einer Abbruchbedingung
@ BREAK	Abbruch einer Wiederholung der Schleife mit mindestens einer Abbruchbedingung

[1] Das Zeichen „@" markiert den Beginn eines Entwurfs-Sprachelementes.

Die Sprachelemente zur Ablaufsteuerung werden ergänzt durch Hinweise, die den geplanten Ablauf erläutern:

- bei den Auswahlstrukturen Angaben des Auswahlkriteriums (z.B. @ IF Betrag < 1000 und Datum > 30...);
- bei den Wiederholungsstrukturen Hinweise auf die Abbruchbedingung (z.B. @ WHILE Datensätze vorhanden, @WHEN Verarbeitungsende oder Eingabefehler @BREAK);
- beim Unterprogrammaufruf (Prozeduraufruf) Angabe des Namens des gerufenen Programms (z.B. @ PASS Eingabe);
- alle Sprachelemente, die den Beginn einer Prozedur oder eines Strukturblockes kennzeichnen, können mit einem Namen versehen werden (z.B. Eingabe @EN-TRY, Fehler @IF...).

Zwischen die Sprachelemente zur Ablaufsteuerung können beliebige, frei formulierte Texte eingefügt werden. Sie beschreiben meist die geplanten Aktionen, z.B.:

```
@IF       Tabellenplatz > 36
   @THEN
          Fehlermeldung ausgeben
          Fehlerzustandskennzeichen setzen
   @ELSE
          Übertrage gelesene Daten nach Tabelle,
          (indiziert mit dem Tabellenplatz)
          Erhöhe Tabellenplatz auf nächstes Element
@BEND
```

Der Entwurf in einer solchen Sprache bietet eine Reihe von Vorteilen:

— Der Entwurf entsteht rein problembezogen und muß in der Struktur auf keine Implementierungsprobleme (z.B. Art und Umfang der Sprachelemente) Rücksicht nehmen.
— Die Aufgabenstellung kann schrittweise verfeinert und dann abschnittsweise (Blöcke/Prozeduren) in der vorgesehenen Implementierungssprache codiert werden.
— Bemerkungen und Verarbeitungstexte des Pseudocodes können als Kommentare in den Quellcode der Implementierung übernommen werden und unterstützen die schritthaltende, allgemeinverständliche Dokumentation.
— Aus dem Pseudocode können mit geeigneten Werkzeugen (z.B. COLUMBUS-Dienstprogramme) Übersichtsdiagramme gezeichnet werden.

Anhand eines Beispiels soll der Einsatz des Pseudocodes gezeigt werden. Es werden eine Lösung mit den beschriebenen Sprachelementen entworfen und die geplanten Aktionen verbal beschrieben:

Beispiel „Primzahlen"

a) Funktionsbeschreibung

Allgemeine Problembeschreibung: Es sind die Primzahlen eines Bereiches n bis m zu ermitteln und aufzulisten. Der Zahlenbereich wird dem Programm bekanntgegeben. Bei n als Anfangs- und m als Endwert handelt es sich um ganzzahlige, maximal 6stellige Zahlen.

Eingabewerte: Der Anwender stellt den Anfangs- und Endwert des Bereichs nach Aufforderung von der Dialogstation in den Hauptspeichervariablen ANFANG und ENDE zur Verfügung.

Ausgangswerte: Die Primzahlen werden in der Hauptspeichervariablen ZAHL gebildet und auf einer Dialogstation zeilenweise untereinander ausgegeben.

Zusätzliche Bedingungen: Bei einer fehlerhaften Eingabe, wie

— nicht-numerische Werte oder
— Bereichsende < Bereichsanfang oder Bereichsende < 2

soll eine Fehlermeldung ausgegeben und anschließend die Eingabeaufforderung wiederholt werden.

Nach der Ermittlung der Primzahlen eines Bereichs sollen wahlweise weitere Berechnungen stattfinden können oder das Programm aufgrund der Eingabe des Endekriteriums /* beendet werden.

Beispiel für den gewünschten Dialog:

```
(OUT)¹     EINGEBEN: BEREICH XXXXXX,YYYYYY ODER /* ALS STOP
(IN)       000000,000010


(OUT)         2   IST EINE PRIMZAHL

(OUT)         3   IST EINE PRIMZAHL

(OUT)         5   IST EINE PRIMZAHL

(OUT)         7   IST EINE PRIMZAHL

(OUT)      EINGEBEN: BEREICH XXXXXX,YYYYYY ODER /* ALS STOP
(IN)       999999,999950

(OUT)      *** EINGABEFEHLER: ENDE < ANFANG ODER ENDE < 2 ***

(OUT)      EINGEBEN: BEREICH XXXXXX,YYYYYY ODER /* ALS STOP
(IN)       99A950,999999

(OUT)      *** EINGABEFEHLER: EINGABEWERTE NICHT NUMERISCH ***

(OUT)      EINGEBEN: BEREICH XXXXXX,YYYYYY ODER /* ALS STOP
(IN)       999950,999999

(OUT)      999953   IST EINE PRIMZAHL

(OUT)      999959   IST EINE PRIMZAHL

(OUT)      999961   IST EINE PRIMZAHL

(OUT)      999979   IST EINE PRIMZAHL

(OUT)      999983   IST EINE PRIMZAHL

(OUT)      EINGEBEN: BEREICH XXXXXX,YYYYYY ODER /* ALS STOP
(IN)       /*

(OUT)      NORMALER PROGRAMM-HALT
```

---

¹ OUT: Ausgabe der DVA an den Benutzer. IN: Eingabe des Benutzers in die DVA.

b) *Entwurf der Arbeitsweise als Pseudocode*

```
PRIMZAHL ∂ENTRY :TYP=M:
            **BERECHNEN DER PRIMZAHLEN¹
            **AUSGABE DER PRIMZAHLEN
            ∂CYCLE
              **BERECHNUNG FUER BELIEBIG VIELE EINGABEN
              ∂PASS EINGABE.
              * BEREICH LESEN UND PRUEFEN²
            ∂WHEN
              * BENUTZER WILL PROGRAMM BEENDEN
              * (EINGABEZUSTAND AUF PROGRAMMENDE GESETZT)
            ∂BREAK
              **PRUEFUNG BEREICHSANFANG < 3 UND GERADZAHLIGKEIT
              ∂IF
                * BEREICHSANFANG < 3
              ∂THEN
                * UEBERTRAGE 2 -> BEREICHSANFANG, ZAHL
                * DA ZAHL EINE PRIMZAHL: AUSGEBEN
              ∂BEND
              * FESTSTELLEN, OB ZAHL GERADZAHLIG IST
              ∂IF
                * BEREICHSANFANG GERADZAHLIG
              ∂THEN
                * BEREICHSANFANG + 1
              ∂BEND
              * UEBERTRAGE BEREICHSANFANG -> ZAHL
              ∂WHILE
                * ZAHL < ODER = BEREICHSENDE
              ∂DO
                * 1 -> DIVISOR
                ∂CYCLE
                  **PRUEFEN DER EINZELNEN UNGERADEN ZAHLEN AUF
                  **PRIMZAHLEIGENSCHAFT: KEINE PRIMZAHL, WENN
                  **TEILBAR DURCH EINE DER UNGERADEN ZAHLEN DES
                  **WERTEBEREICHES DIVISOR=3 BIS DIVISOR*DIVISOR>ZAHL
                  **UND DABEI EIN GANZZAHLIGES ERGEBNIS(OHNE REST)
                  * DIVISOR + 2
                  * VERGLEICHSWERT =  DIVISOR**2
                  ∂IF
                    * VERGLEICHSWERT > ZAHL
                  ∂THEN
                    * DA ZAHL EIN PRIMZAHL: AUSGEBEN
                  ∂ELSE
                    * DIVISIONSREST ERMITTELN AUS ZAHL/PRIMZAHL
                  ∂BEND
                ∂WHEN
                  * VERGLEICHSWERT > ZAHL ODER QUOTIENT GANZZAHLIG
                ∂BREAK
                ∂BEND
                * NAECHSTE UNGERADE ZAHL
              ∂BEND
            ∂BEND
            * PROGRAMMENDEMELDUNG AUSGEBEN
          ∂END
EINGABE ∂ENTRY
            **BEREICH EINGEBEN
            **EINGABE AUF RICHTIGKEIT PRUEFEN
            * EINGABEZUSTAND AUF EINGABEBEREIT SETZEN
            ∂WHILE
              * EINGABEZUSTAND EINGABEBEREIT
            ∂DO
              * ANWENDER ZUR EINGABE/BEENDIGUNG AUFFORDERN
              * ANWENDEREINGABE LESEN
              ∂IF
                * PROGRAMMBEENDIGUNG  GEWUENSCHT
              ∂THEN
                * EINGABEZUSTAND AUF PROGRAMMENDE SETZEN
              ∂ELSE
                **EINGABE AUF GUELTIGE WERTE PRUEFEN
                ∂IF
                  * EINGABE NICHT NUMERISCH
                ∂THEN
                  * FEHLERMELDUNG AUSGEBEN
                ∂ELSE
                  ∂IF
                    * BEREICHSENDE < BEREICHSANFANG
                    * ODER BEREICHSENDE < 2
                  ∂THEN
                    * FEHLERMELDUNG AUSGEBEN
                  ∂ELSE
                    * EINGABEZUSTAND AUF GESPERRT SETZEN
                  ∂BEND
                ∂BEND
              ∂BEND
            ∂BEND
          ∂END
```

---

¹ ** Text: allgemeine Funktionsbeschreibung.

² * Text: Beschreibung einzelner Bearbeitungsschritte.

c) *Darstellung der Arbeitsweise als Struktogramm*
(erzeugt mit COLUMBUS aus dem vorher dargestellten Pseudocode)

```
+-----------------------------------------------------------------------------+
I(1) PRIMZAHL aENTRY :TYP=M:                                                  I
I    **BERECHNEN DER PRIMZAHLEN                                               I
I    **AUSGABE DER PRIMZAHLEN                                                 I
I    +------------------------------------------------------------------------+
I    I(4) aCYCLE                                                             I
I    I    +--------------------------------------------------------------------+
I    I    I**BERECHNUNG FUER BELIEBIG VIELE EINGABEN                         I
I    I    IaPASS EINGABE.                                                   I<->
I    I    I* BEREICH LESEN UND PRUEFEN                                      I
I    I    IaWHEN                                                            I
I    I    I* BENUTZER WILL PROGRAMM BEENDEN                                 I
I    I    I* (EINGABEZUSTAND AUF PROGRAMMENDE GESETZT)                      I
I    I <-IaBREAK                                                            I
I    I    I**PRUEFUNG BEREICHSANFANG < 3 UND GERADZAHLIGKEIT                I
I    I    +--------------------------------------------------------------------+
I    I    I(13) aIF                                                         I
I    I    I* BEREICHSANFANG < 3                                             I
I    I    +-THEN--------------------------------------------------------+----+
I    I    I* UEBERTRAGE 2 -> BEREICHSANFANG, ZAHL                       I    I
I    I    I* DA ZAHL EINE PRIMZAHL: AUSGEBEN                            I    I
I    I    +------------------------------------------------------------+----+
I    I    I* FESTSTELLEN, OB ZAHL GERADZAHLIG IST                          I
I    I    +--------------------------------------------------------------------+
I    I    I(20) aIF                                                         I
I    I    I* BEREICHSANFANG GERADZAHLIG                                     I
I    I    +-THEN--------------------------------------------------------+----+
I    I    I* BEREICHSANFANG + 1                                         I    I
I    I    +------------------------------------------------------------+----+
I    I    I* UEBERTRAGE BEREICHSANFANG -> ZAHL                             I
I    I    +--------------------------------------------------------------------+
I    I    I(26) aWHILE                                                      I
I    I    I    * ZAHL < ODER = BEREICHSENDE                                I
I    I    I    +----------------------------------------------------------+
I    I    I    I* 1 -> DIVISOR                                            I
I    I    I    +----------------------------------------------------------+
I    I    I    I(30) aCYCLE                                              I
I    I    I    I    +--------------------------------------------------------+
I    I    I    I    I**PRUEFEN DER EINZELNEN UNGERADEN ZAHLEN AUF        I
I    I    I    I    I**PRIMZAHLEIGENSCHAFT: KEINE PRIMZAHL, WENN         I
I    I    I    I    I**TEILBAR DURCH EINE DER UNGERADEN ZAHLEN DES       I
I    I    I    I    I**WERTEBEREICHES DIVISOR=3 BIS DIVISOR*DIVISOR>ZAHL I
I    I    I    I    I**UND DABEI EIN GANZZAHLIGES ERGEBNIS(OHNE REST)    I
I    I    I    I    I* DIVISOR + 2                                       I
I    I    I    I    I* VERGLEICHSWERT =  DIVISOR**2                      I
I    I    I    I    +--------------------------------------------------------+
I    I    I    I    I(38) aIF                                           I
I    I    I    I    I* VERGLEICHSWERT > ZAHL                            I
I    I    I    I    +-THEN---------------------------+-ELSE-------------------+
I    I    I    I    I* DA ZAHL EIN PRIMZAHL: AUSGEBEN I* DIVISIONSREST ERMITTELN AUS ZAHL/PRIMI
I    I    I    I    I                                IZAHL                   I
I    I    I    I    +--------------------------------+----------------------+
I    I    I    I    IaWHEN                                              I
I    I    I    I    I* VERGLEICHSWERT > ZAHL ODER QUOTIENT GANZZAHLIG   I
I    I    I    I <-IaBREAK                                             I
I    I    I    +----+--------------------------------------------------------+
I    I    I    I* NAECHSTE UNGERADE ZAHL                                    I
I    +---+---+----------------------------------------------------------------+
I    * PROGRAMMENDEMELDUNG AUSGEBEN                                          I
+-----------------------------------------------------------------------------+
+-----------------------------------------------------------------------------+
I(54) EINGABE  aENTRY                                                        I
I    **BEREICH EINGEBEN                                                      I
I    **EINGABE AUF RICHTIGKEIT PRUEFEN                                       I
I    * EINGABEZUSTAND AUF EINGABEBEREIT SETZEN                               I
I    +------------------------------------------------------------------------+
I    I(58) aWHILE                                                           I
I    I    * EINGABEZUSTAND EINGABEBEREIT                                    I
I    I    +----------------------------------------------------------------+
I    I    I* ANWENDER ZUR EINGABE/BEENDIGUNG AUFFORDERN                    I
I    I    I* ANWENDEREINGABE LESEN                                         I
I    I    +----------------------------------------------------------------+
I    I    I(63) aIF                                                        I
I    I    I* PROGRAMMBEENDIGUNG GEWUENSCHT                                 I
I    I    +-THEN------+-ELSE--------------------------------------------------+
I    I    I* EINGABEZUI**EINGABE AUF GUELTIGE WERTE PRUEFEN                I
I    I    ISTAND AUF P+------------------------------------------------------+
I    I    IROGRAMMENDEI(69) aIF                                           I
I    I    ISETZEN     I* EINGABE NICHT NUMERISCH                         I
I    I    I           +-THEN-------+-ELSE-----------------------------------+
I    I    I           I* FEHLERMELI(74) aIF                              I
I    I    I           IDUNG AUSGEBI* BEREICHSENDE < BEREICHSANFANG       I
I    I    I           IEN         I* ODER BEREICHSENDE < 2               I
I    I    I           I           +-THEN----------------------+-ELSE--------------+
I    I    I           I           I* FEHLERMELDUNG AUSGEBEN   I* EINGABEZUSTAND AUF GESPERRT SI
I    I    I           I           I                           IETZEN             I
I    +---+-----------+------------+---------------------------+------------------+
+-----------------------------------------------------------------------------+
```

4 Umsetzung des Entwurfs in Primärcode

Bisher wurden die Methode der SP und die dafür geeigneten Darstellungsmittel behandelt. Das folgende Kapitel befaßt sich mit der Umsetzung des Entwurfs in ein ablauffähiges Programm.

Für diese Implementierung ist die Kenntnis einer Programmiersprache erforderlich. Fehlt diese oder sind nur geringe Grundlagen vorhanden, so kann das Kapitel auch übergangen werden.

Die generelle Problematik bei der Implementierung liegt darin, daß nur wenige Programmiersprachen, wie z.B. PL/I oder PASCAL, ein Vorgehen nach den Regeln der SP unterstützen. Die heute am weitesten verbreiteten Sprachen COBOL, Assembler und FORTRAN erlauben wohl ein solches Vorgehen, schließen aber andere Konstruktionen nicht aus. Außerdem ist der Grundsatz der beschränkten Datenverfügbarkeit nur teilweise in ihnen zu realisieren.

Einen Ausweg aus dieser Situation bietet das Programmsystem COLUMBUS. Es läßt nur Konstruktionen zu, die den Regeln der SP entsprechen, und setzt diese in Primäranweisungen der gewählten Programmiersprache (COBOL oder Assembler) um. Ein weiterer Vorteil von COLUMBUS liegt in der Erstellung einer umfangreichen, stets aktuellen Dokumentation, die grafisch aufbereitet ist. In der Programmiersprache Assembler ist außerdem ein Datenkonzept realisierbar, ähnlich wie es im Abschnitt 2.6 bereits beschrieben wurde.

4.1 Der Vorübersetzer COLUMBUS

Wie bereits erwähnt, erlauben die Sprachen COBOL, Assembler und FORTRAN wohl eine Implementierung von Entwürfen nach den Regeln der SP, schließen aber auf der anderen Seite auch andere Konstruktionen nicht aus. Selbst wenn der Anwender versehentlich die Regeln nicht beachtet, erhält er keine Mitteilung. Ebenfalls ist die Dokumentation, d.h. die Listenform des Primärcodes, nicht an die Block- und Prozedurstruktur der SP angepaßt.

Um trotzdem eine Implementierung nach den Regeln der SP in diesen Sprachen zu unterstützen, wurde das Programmsystem COLUMBUS geschaffen [3].

Es hilft dem Anwender in entscheidender Weise bei der einfachen und methodischen Erstellung eines Programms. Folgende Vorteile sind zu nennen:

— erhöhte Zuverlässigkeit und Fehlerfreiheit der Programme;
— geringere Zeiten der Programmerstellung durch kürzeren Test;
— automatische Dokumentation des Programmcodes in übersichtlichen Listen;
— einfache Wartung (Fehlersuche und -behebung) und Änderung der Programme durch gute Codestrukturierung, Dokumentation und automatische Adreßvergabe;
— einfache Kontrolle, ob die Methode der SP eingehalten wurde; damit auch gute Überwachung der Programmqualität und des Erstellungsfortschritts;
— einfache Erlernbarkeit und Handhabung von COLUMBUS.

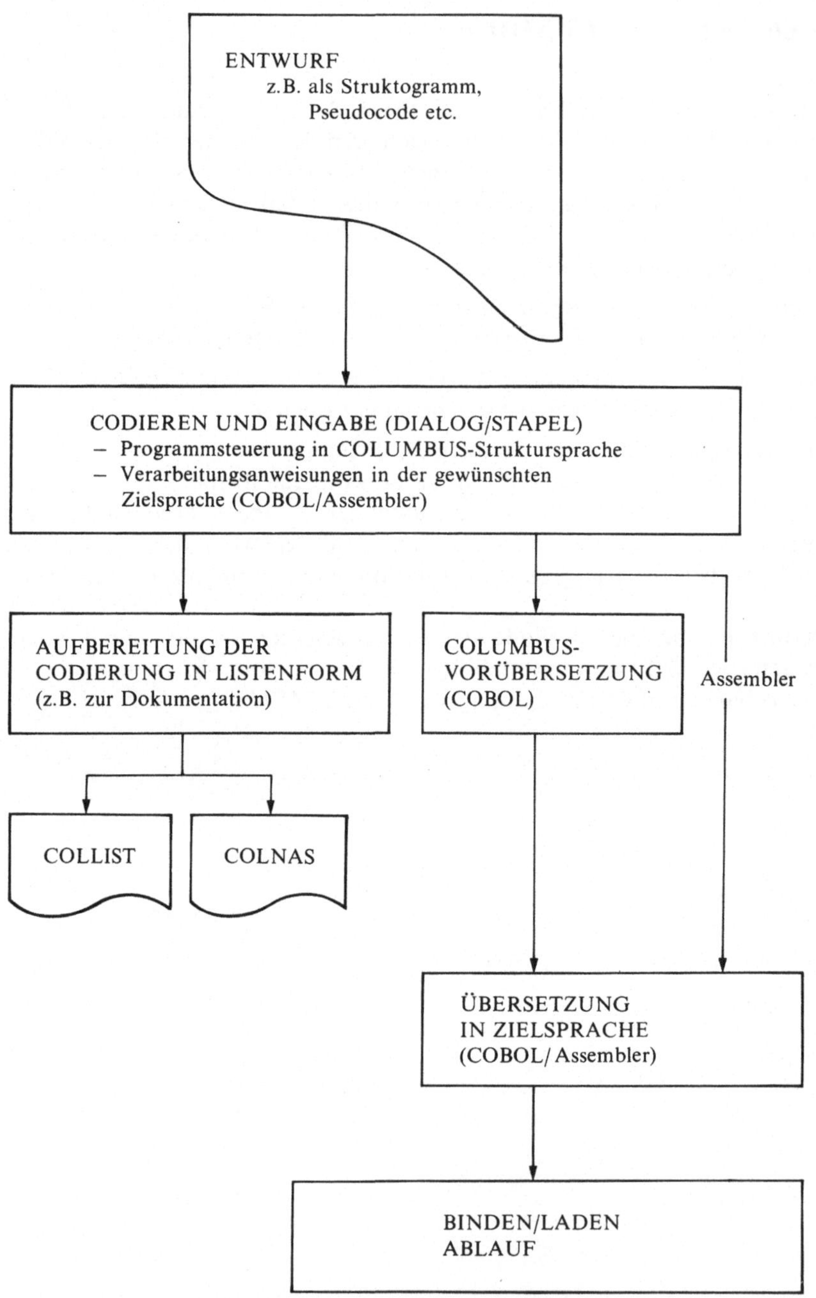

Wie ist nun dieses System aufgebaut? Aus der Systemübersicht ist bereits zu erkennen, daß das vom Programmierer erstellte Programm, das sog. COLUMBUS-Quellprogramm, aus zwei miteinander verflochtenen Sprachtypen besteht:

– der COLUMBUS-Struktursprache und
– der Primärprogramm-Sprache.

In der Primärprogramm-Sprache COBOL oder Assembler werden alle Verarbeitungsschritte codiert. In der COLUMBUS-Struktursprache werden alle Steuerungsfunktionen realisiert. Zwei unterschiedliche Gruppen von Strukturanweisungen stehen dafür zur Verfügung:

- Prozedurvereinbarungen und -aufrufe sowie
- Strukturblockanweisungen für Sequenzen, Verzweigungen und Wiederholungen.

Die COLUMBUS-Struktursprache ist so aufgebaut, daß sie sowohl für den Assembler- als auch für COBOL-Anwender gleich ist. Nachstehend ein Überblick:

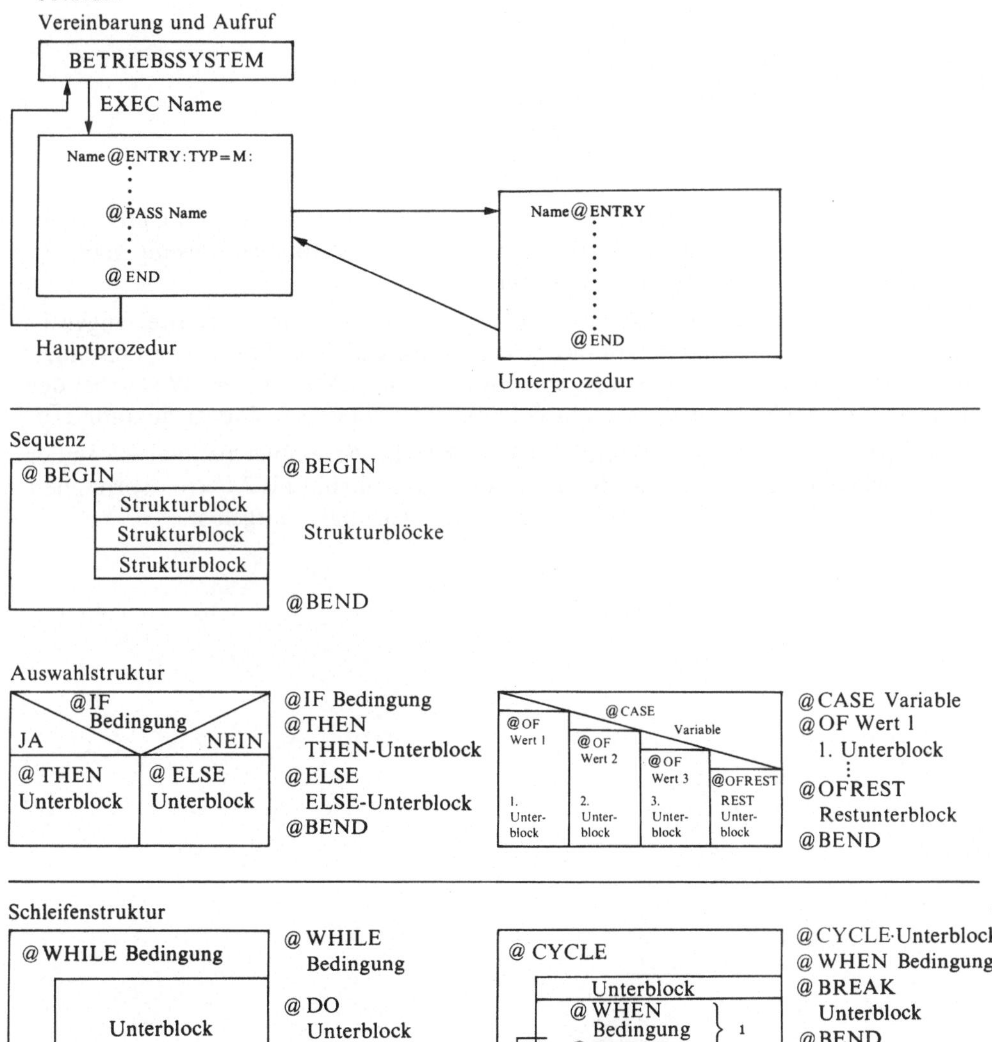

Zusammengefaßt stellt sich ein COLUMBUS-Quellprogramm wie folgt dar:

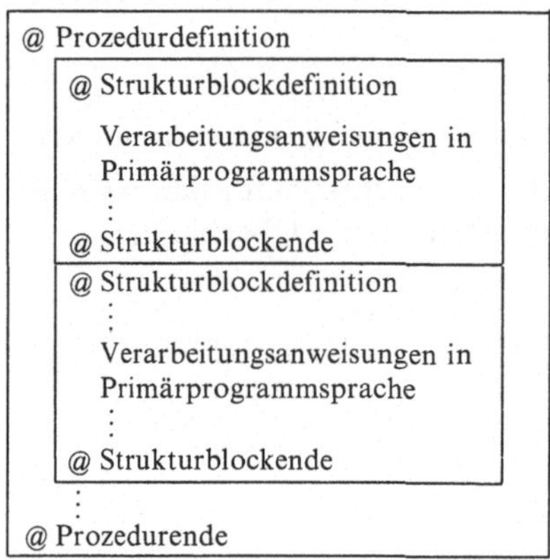

Die COLUMBUS-Programme COLNAS und COLLIST sowie COLCOB erkennen anhand des Zeichens @, daß es sich um eine Strukturanweisung handelt. Sie reagieren entsprechend ihrer Funktion.

Von dem Vorübersetzer COLCOB (COBOL) werden die Strukturanweisungen in Steuerbefehle der Primärprogrammsprache umgewandelt. Dabei werden auch Sprungadressen vergeben. Die Vergabe erfolgt ohne den Benutzer: Weder bei der Ersterstellung noch bei einer späteren Wartung braucht er sich darum zu kümmern.

Wird COLUMBUS in Verbindung mit der Sprache Assembler benutzt, so findet keine Vorübersetzung statt. Die Strukturanweisungen sind als Makros vorhanden und werden bei der Übersetzung in Assembleranweisungen aufgelöst.

Nachfolgend eine Übersicht über die Programmvorbereitung mit COLUMBUS:

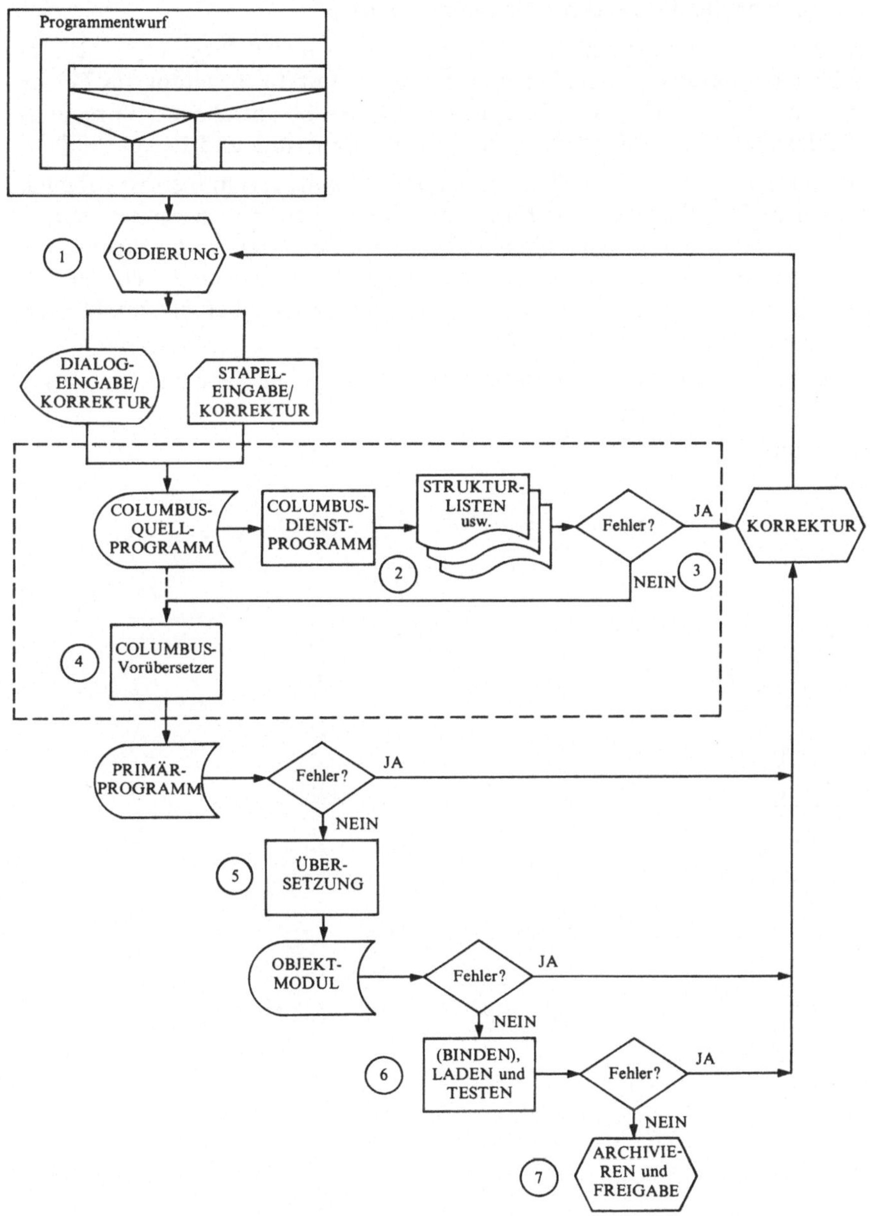

Der erste Schritt ist die Codierung des Entwurfs in Anweisungen der Zielsprache, zusammen mit den Strukturanweisungen von COLUMBUS ①. Aus dem Code kann anschließend eine Dokumentation in Diagrammform erstellt und gleichzeitig die Korrektheit der Struktur geprüft werden ②. Bei Fehlern ③, wird das COLUMBUS-Quellprogramm korrigiert und die Vorbereitung wiederholt ①, ②.

Die Umwandlung der Strukturanweisungen in Steuerbefehle der Zielsprache geschieht bei COBOL durch eine Vorübersetzung ④, bei Assembler ist sie nicht erforderlich, da hier Strukturmakros verwendet werden.

Der weitere Ablauf unterscheidet sich nicht von der normalen Programmvorbereitung: Das Primärprogramm wird übersetzt ⑤, geladen und getestet ⑥. Im Fehlerfall erfolgt eine Korrektur ③ und Wiederholung des beschriebenen Vorgehens. Sind alle Fehler beseitigt, so folgt die endgültige Archivierung und Freigabe ⑦.

Eine Verbindung von COLUMBUS mit anderen Software-Techniken ist möglich, z.B. kann auch ein Vorübersetzer für Entscheidungstabellen mit verwendet werden. In diesem Fall werden durch den COLUMBUS-Vorübersetzer ④ die Strukturanweisungen in Zielsprachenbefehle umgesetzt. Ein sich anschließender Umsetzlauf wandelt den Entscheidungstabellenentwurf in Primärprogrammbefehle um. Danach findet die übliche Übersetzung in den Objektcode statt ⑤.

COLUMBUS bietet zwei Dienstprogramme an, die für die Fehlersuche und Dokumentation von Bedeutung sind:

- COLLIST und
- COLNAS.

Ihre Funktionen sind nachfolgend in Kurzform beschrieben.

COLLIST

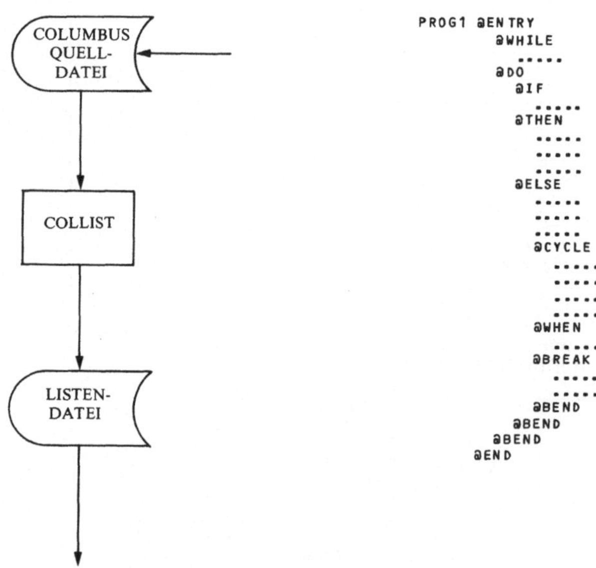

Das erzeugte Listenbild ist nachfolgend dargestellt.

```
 1     +PROG1+                                            |
 1     |-@ENTRY---------------------------1-001-|
 2     |    +-@WHILE--------------------2-001-|
 3     |    |     .....                       |
 4     |    |-@DO-----------------------2-002-|
 5     |    |    +-@IF------------------3-001-|
 6     |    |    |     .....                  |
 7     |    |    |-@THEN---------------3-002-|
 8     |    |    |     .....                  |
 9     |    |    |     .....                  |
10     |    |    |     .....                  |
11     |    |    |-@ELSE---------------3-003-|
12     |    |    |     .....                  |
13     |    |    |     .....                  |
14     |    |    |     .....                  |
15     |    |    |    +-@CYCLE--------4-001-|
16     |    |    |    |     .....            |
17     |    |    |    |     .....            |
18     |    |    |    |     .....            |
19     |    |    |    |     .....            |
20     |    |    |    |  @WHEN         4     |
21     |    |    |    |     .....            |
22     |    |    |    |  @BREAK        4     |
23     |    |    |    |     .....            |
24     |    |    |    |     .....            |
25     |    |    |    +-@BEND---------4-----|
26     |    |    +-@BEND-------------3-----|
27     |    +-@BEND-----------------2-----|
28     +-@END---------------------1-----|
```

Das vom COLUMBUS-Dienstprogramm COLLIST erzeugte Listenbild stellt die
Gliederung der Prozeduren und innerhalb der Prozeduren die Schachtelung der
Strukturblöcke grafisch heraus. Die Zahlen in der linken Spalte verweisen auf
die Anweisungsnummer der COLUMBUS-Quellprogrammdatei. Nach einer relativ
kurzen Einarbeitungszeit in COLUMBUS erkennt man, daß sich diese Listenform
sehr gut zum Testen eignet. Im allgemeinen ist die eigentliche Primärprogrammliste
für die logische Fehlersuche nicht erforderlich. Die in der rechten Spalte erscheinende,
durch Bindestrich getrennte vierstellige Nummer gibt die Schachtelungsstufe der
Blöcke innerhalb einer Prozedur an und dient beim Übersetzungsvorgang zum Erzeugen von Sprungadressen.

COLNAS

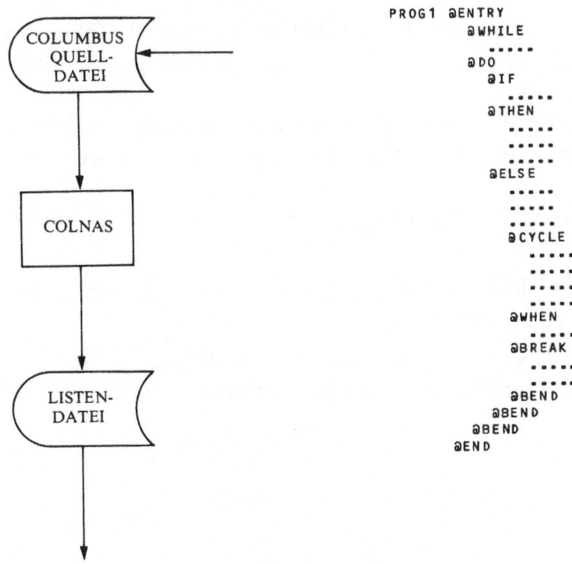

Das erzeugte Listenbild ist nachfolgend dargestellt.

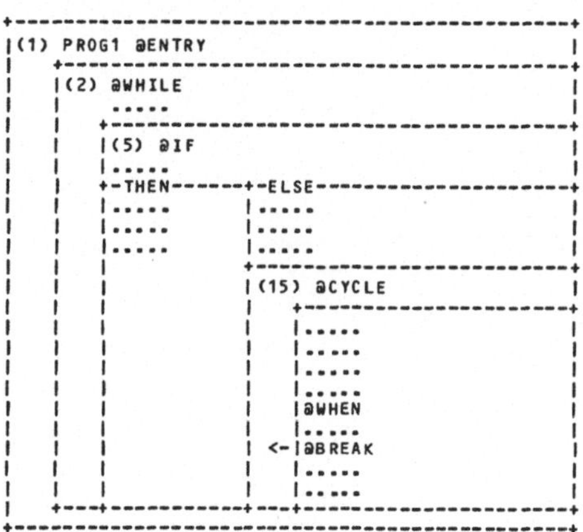

Das COLUMBUS-Dienstprogramm COLNAS bereitet die COLUMBUS-Quellprogrammdatei in der Darstellungsform von Struktogrammen auf. Die in Klam-
mern stehenden Ziffern vor den COLUMBUS-Strukturanweisungen am Anfang
eines Strukturblockes stellen einen Verweis auf die Anweisungsnummer in der
COLUMBUS-Quellprogrammdatei dar.

Diese Listenform wird bevorzugt erst dann erstellt, wenn die Testphase eines Programms oder einer Prozedur abgeschlossen ist und die Dokumentation dafür abgeschlossen werden muß. Die Diagrammausgabe eignet sich gut zum Einlesen in
ein Programm oder einen Programmteil und erleichtert damit bei späteren Änderungen und Wartungsarbeiten besonders den „Nichtautoren" des Programms die Arbeit.

Kurzgefaßt sprechen folgende Gründe für den Einsatz von COLUMBUS:

— Die Programme erhalten einen klaren hierarchischen Aufbau mit wenigen
  Grundmustern, die schnell erlernbar, leicht verständlich, gut überschaubar und
  schnell zu entwerfen sind.
— Die gute Übersichtlichkeit erlaubt ein schnelles und sicheres Überprüfen der
  Programme auf Richtigkeit; eine Einarbeitung in die Struktur ist erheblich
  einfacher als früher.
— Der Test sowie Wartung und Änderung werden wesentlich erleichtert und ver-
  kürzt.

Damit hilft COLUMBUS „lesbare und zuverlässige" Programme in wirtschaftlich
und zeitlich planbarer Weise zu erstellen.

Das Beispiel „Primzahlen" soll diese Aussage verdeutlichen. Es wird in den Programmiersprachen COBOL und Assembler in Verbindung mit COLUMBUS gezeigt[1].

---

[1] Die Aufgabenstellung und ein allgemeiner Lösungsentwurf als Pseudocode/Struktogramm wurde bereits im Abschnitt 3.4 beschrieben.

Programm „Primzahlen" in COBOL

a) Codierung des Entwurfs
   (mit Kommentaren des Pseudocodes)

```
IDENTIFICATION DIVISION.
PROGRAM-ID. PRIMZAHL.
ENVIRONMENT DIVISION.
DATA DIVISION.
WORKING-STORAGE SECTION.
01  ZUSTAND                 PIC 9.
       88  RICHTIGE-EINGABE     VALUE 0.
       88  VERARBEITUNG-ENDE    VALUE 1.
       88  EINGABE-FEHLER       VALUE 2.
01  RICHTIGEINGABE          PIC 9       VALUE 0.
01  PROGRAMMENDE            PIC 9       VALUE 1.
01  EINGABEFEHLER           PIC 9       VALUE 2.
01  PROGRAMM-HALT           PIC X(2)    VALUE "/*".
01  ZAHL                    PIC 9(7).
01  ZAEHLER                 PIC 9(7)    REDEFINES ZAHL.
01  BEREICH.
       02  ANFANG    PIC 9(6).
       02  FILLER    PIC 9.
       02  ENDE      PIC 9(6).
77  EINGABEAUFFORDERUNG PIC X(48) VALUE
    "EINGEBEN: BEREICH XXXXXX,YYYYYY ODER /* ALS STOP".
77  FEHLERMELDUNG-1 PIC X(51) VALUE
    "*** EINGABEFEHLER: EINGABEWERTE NICHT NUMERISCH ***".
77  FEHLERMELDUNG-2 PIC X(50) VALUE
    "*** EINGABEFEHLER: ENDE < ANFANG ODER ENDE < 2 ***".
77  PRIMZAHL PIC A(20) VALUE  "   IST EINE PRIMZAHL".
77  PROGRAMM-ENDE PIC X(22) VALUE "NORMALER PROGRAMM-HALT".
77  DIVISOR       PIC 9(6).
77  QUOTIENT      PIC 9(6).
77  REST          PIC 9(6).
77  VERGLEICH     PIC 9(7).
```

```
PRIMZAHL @ENTRY :TYP=M:
  **BERECHNEN DER PRIMZAHLEN
  **AUSGABE DER PRIMZAHLEN
@CYCLE
  **BERECHNUNG FUER BELIEBIG VIELE EINGABEN
@PASS EINGABE.
  * BEREICH LESEN UND PRUEFEN
@WHEN
  * BENUTZER WILL PROGRAMM BEENDEN
  * (EINGABEZUSTAND AUF PROGRAMMENDE GESETZT)
  VERARBEITUNG-ENDE
@BREAK
  **PRUEFUNG BEREICHSANFANG < 3  UND GERADZAHLIGKEIT
@IF
  * BEREICHSANFANG < 3
  ANFANG < 3
@THEN
  * UEBERTRAGE 2 -> BEREICHSANFANG, ZAHL
  MOVE 2 TO ANFANG ZAHL.
  * DA ZAHL EINE PRIMZAHL: AUSGEBEN
  DISPLAY ZAHL PRIMZAHL UPON TERMINAL.
@BEND
  * FESTSTELLEN, OB ZAHL GERADZAHLIG IST
  DIVIDE 2 INTO ANFANG GIVING ZAHL REMAINDER REST.
@IF
  * BEREICHSANFANG GERADZAHLIG
  REST IS ZERO
@THEN
  * BEREICHSANFANG + 1
  ADD 1 TO ANFANG.
@BEND
  * UEBERTRAGE BEREICHSANFANG -> ZAHL
  MOVE ANFANG TO ZAHL.
@WHILE
  * ZAHL < ODER = BEREICHSENDE
  ZAEHLER NOT > ENDE
@DO
  * 1 -> DIVISOR
  MOVE 1 TO DIVISOR.
@CYCLE
  ** PRUEFEN DER EINZELNEN UNGERADEN ZAHLEN AUF
  ** PRIMZAHLEIGENSCHAFT: KEINE PRIMZAHL, WENN
  **TEILBAR DURCH EINE DER UNGERADEN ZAHLEN DES
  **WERTEBEREICHES DIVISOR=3 BIS DIVISOR*DIVISOR>ZAHL
  **UND DABEI EIN GANZZAHLIGES ERGEBNIS(OHNE REST)
  * DIVISOR + 2
  ADD 2 TO DIVISOR.
  * VERGLEICHSWERT =  DIVISOR**2
  MULTIPLY DIVISOR  BY DIVISOR GIVING VERGLEICH.
@IF
  * VERGLEICHSWERT > ZAHL
  VERGLEICH > ZAHL
@THEN
  * DA ZAHL EIN PRIMZAHL: AUSGEBEN
  DISPLAY ZAHL PRIMZAHL UPON TERMINAL.
@ELSE
  * DIVISIONSREST ERMITTELN AUS ZAHL/PRIMZAHL
  DIVIDE DIVISOR INTO ZAHL GIVING QUOTIENT REMAINDER REST.
@BEND
@WHEN
  * VERGLEICHSWERT > ZAHL ODER QUOTIENT GANZZAHLIG
  VERGLEICH > ZAHL OR REST IS ZERO
@BREAK
@BEND
  * NAECHSTE UNGERADE ZAHL
  ADD 2 TO ZAHL.
@BEND
@BEND
  * PROGRAMMENDEMELDUNG AUSGEBEN
  DISPLAY PROGRAMM-ENDE UPON TERMINAL.
@END
```

```
EINGABE  aENTRY
  **BEREICH EINGEBEN
  **EINGABE AUF RICHTIGKEIT PRUEFEN
  * EINGABEZUSTAND AUF EINGABEBEREIT SETZEN
  MOVE EINGABEFEHLER TO ZUSTAND.
aWHILE
  * EINGABEZUSTAND EINGABEBEREIT
  EINGABE-FEHLER
aDO
  * ANWENDER ZUR EINGABE/BEENDIGUNG AUFFORDERN
  DISPLAY EINGABEAUFFORDERUNG UPON TERMINAL.
  * ANWENDEREINGABE LESEN
  ACCEPT BEREICH FROM TERMINAL.
aIF
  * PROGRAMMBEENDIGUNG  GEWUENSCHT
  ANFANG = PROGRAMM-HALT
aTHEN
  * EINGABEZUSTAND AUF PROGRAMMENDE SETZEN
  MOVE PROGRAMMENDE TO ZUSTAND.
aELSE
  **EINGABE AUF GUELTIGE WERTE PRUEFEN
aIF
  * EINGABE NICHT NUMERISCH
  ANFANG NOT NUMERIC OR ENDE NOT NUMERIC
aTHEN
  * FEHLERMELDUNG AUSGEBEN
  DISPLAY FEHLERMELDUNG-1 UPON TERMINAL.
aELSE
aIF
  * BEREICHSENDE < BEREICHSANFANG
  * ODER BEREICHSENDE < 2
  ENDE < ANFANG OR ENDE  < 2
aTHEN
  * FEHLERMELDUNG AUSGEBEN
  DISPLAY FEHLERMELDUNG-2 UPON TERMINAL.
aELSE
  * EINGABEZUSTAND AUF GESPERRT SETZEN
  MOVE RICHTIGEINGABE TO ZUSTAND.
aBEND
aBEND
aBEND
aBEND
aEND
```

b) Auflistung des Entwurfs als Struktogramm (COLNAS)

```
IDENTIFICATION DIVISION.
PROGRAM-ID. PRIMZAHL.
ENVIRONMENT DIVISION.
DATA DIVISION.
WORKING-STORAGE SECTION.
01  ZUSTAND                  PIC 9.
    88  RICHTIGE-EINGABE     VALUE 0.
    88  VERARBEITUNG-ENDE    VALUE 1.
    88  EINGABE-FEHLER       VALUE 2.
01  RICHTIGEINGABE           PIC 9       VALUE 0.
01  PROGRAMMENDE             PIC 9       VALUE 1.
01  EINGABEFEHLER            PIC 9       VALUE 2.
01  PROGRAMM-HALT            PIC X(2)    VALUE "/*".
01  ZAHL                     PIC 9(7).
01  ZAEHLER                  PIC 9(7)    REDEFINES ZAHL.
01  BEREICH.
    02  ANFANG   PIC 9(6).
    02  FILLER   PIC 9.
    02  ENDE     PIC 9(6).
77  EINGABEAUFFORDERUNG PIC X(48) VALUE
    "EINGEBEN: BEREICH XXXXXX,YYYYYY ODER /* ALS STOP".
77  FEHLERMELDUNG-1 PIC X(51) VALUE
    "*** EINGABEFEHLER: EINGABEWERTE NICHT NUMERISCH ***".
77  FEHLERMELDUNG-2 PIC X(50) VALUE
    "*** EINGABEFEHLER: ENDE < ANFANG ODER ENDE < 2 ***".
77  PRIMZAHL PIC A(20) VALUE "   IST EINE PRIMZAHL".
77  PROGRAMM-ENDE PIC X(22) VALUE "NORMALER PROGRAMM-HALT".
77  DIVISOR        PIC 9(6).
77  QUOTIENT       PIC 9(6).
77  REST           PIC 9(6).
77  VERGLEICH      PIC 9(7).
```

```
+-----------------------------------------------------------------------------------+
|(32) PRIMZAHL aENTRY :TYP=M:                                                        |
|   **BERECHNEN DER PRIMZAHLEN                                                       |
|   -**AUSGABE DER PRIMZAHLEN                                                        |
|   +---------------------------------------------------------------------------+    |
|   |(35) aCYCLE                                                                |    |
|   |   +-------------------------------------------------------------------+   |    |
|   |   |**BERECHNUNG FUER BELIEBIG VIELE EINGABEN                          |   |    |
|   |   |aPASS EINGABE.                                                     |   |<->
|   |   |* BEREICH LESEN UND PRUEFEN                                        |   |    |
|   |   |aWHEN                                                             |   |    |
|   |   |* BENUTZER WILL PROGRAMM BEENDEN                                   |   |    |
|   |   |* (EINGABEZUSTAND AUF PROGRAMMENDE GESETZT)                        |   |    |
|   |   |VERARBEITUNG-ENDE                                                 |   |    |
| <-|aBREAK                                                                   |    |
|   |   |**PRUEFUNG BEREICHSANFANG < 3  UND GERADZAHLIGKEIT                 |   |    |
|   |   +-------------------------------------------------------------------+   |    |
|   |   |(45) aIF                                                          |   |    |
|   |   |* BEREICHSANFANG < 3                                              |   |    |
|   |   |ANFANG < 3                                                        |   |    |
|   |   +-THEN----------------------------------------------------------+---+    |
|   |   |* UEBERTRAGE 2 -> BEREICHSANFANG, ZAHL                         |   |   |    |
|   |   |MOVE 2 TO ANFANG ZAHL.                                         |   |   |    |
|   |   |* DA ZAHL EINE PRIMZAHL: AUSGEBEN                              |   |   |    |
|   |   |DISPLAY ZAHL PRIMZAHL UPON TERMINAL.                           |   |   |    |
|   |   +-------------------------------------------------------------+---+    |
|   |   |* FESTSTELLEN, OB ZAHL GERADZAHLIG IST                            |   |    |
|   |   |DIVIDE 2 INTO ANFANG GIVING ZAHL REMAINDER REST.                  |   |    |
|   |   +-------------------------------------------------------------------+   |    |
|   |   |(56) aIF                                                          |   |    |
|   |   |* BEREICHSANFANG GERADZAHLIG                                      |   |    |
|   |   |REST IS ZERO                                                      |   |    |
|   |   +-THEN---------------------------------------------------------+---+    |
|   |   |* BEREICHSANFANG + 1                                          |   |   |    |
|   |   |ADD 1 TO ANFANG.                                              |   |   |    |
|   |   +-------------------------------------------------------------+---+    |
|   |   |* UEBERTRAGE BEREICHSANFANG -> ZAHL                              |   |    |
|   |   |MOVE ANFANG TO ZAHL.                                              |   |    |
|   |   +-------------------------------------------------------------------+   |    |
|   |   |(65) aWHILE                                                       |   |    |
|   |   |   * ZAHL < ODER = BEREICHSENDE                                   |   |    |
|   |   |   ZAEHLER NOT > ENDE                                             |   |    |
|   |   |   +-----------------------------------------------------------+  |   |    |
|   |   |   |* 1 -> DIVISOR                                             |  |   |    |
|   |   |   |MOVE 1 TO DIVISOR.                                         |  |   |    |
|   |   |   +---------------------------------------^-------------------+  |   |    |
|   |   |   |(71) aCYCLE                                                |  |   |    |
|   |   |   |   +---------------------------------------------------+   |  |   |    |
|   |   |   |   |** PRUEFEN DER EINZELNEN UNGERADEN ZAHLEN AUF      |   |  |   |    |
|   |   |   |   |** PRIMZAHLEIGENSCHAFT: KEINE PRIMZAHL, WENN       |   |  |   |    |
|   |   |   |   |**TEILBAR DURCH EINE DER UNGERADEN ZAHLEN DES      |   |  |   |    |
|   |   |   |   |**WERTEBEREICHES DIVISOR=3 BIS DIVISOR*DIVISOR>ZAHL|   |  |   |    |
|   |   |   |   |**UND DABEI EIN GANZZAHLIGES ERGEBNIS(OHNE REST)   |   |  |   |    |
|   |   |   |   |* DIVISOR + 2                                      |   |  |   |    |
|   |   |   |   |ADD 2 TO DIVISOR.                                  |   |  |   |    |
|   |   |   |   |* VERGLEICHSWERT = DIVISOR**2                      |   |  |   |    |
|   |   |   |   |MULTIPLY DIVISOR  BY DIVISOR GIVING VERGLEICH.     |   |  |   |    |
|   |   |   |   +---------------------------------------------------+   |  |   |    |
|   |   |   |   |(81) aIF                                           |   |  |   |    |
|   |   |   |   |* VERGLEICHSWERT > ZAHL                            |   |  |   |    |
|   |   |   |   |VERGLEICH > ZAHL                                   |   |  |   |    |
|   |   |   |   +-THEN-------------------------------+-ELSE---------------------------+
|   |   |   |   |* DA ZAHL EIN PRIMZAHL: AUSGEBEN    |* DIVISIONSREST ERMITTELN AUS ZAHL/PRIM|
|   |   |   |   |DISPLAY ZAHL PRIMZAHL UPON TERMINAL.|ZAHL                               |
|   |   |   |   |                                   |DIVIDE DIVISOR INTO ZAHL GIVING QUOTIEN|
|   |   |   |   |                                   |T REMAINDER REST.                  |
|   |   |   |   +-----------------------------------+-------------------------------+
|   |   |   |   |aWHEN                                              |   |  |   |    |
|   |   |   |   |* VERGLEICHSWERT > ZAHL ODER QUOTIENT GANZZAHLIG   |   |  |   |    |
|   |   |   |   |VERGLEICH > ZAHL OR REST IS ZERO                   |   |  |   |    |
|   |   |   | <-|aBREAK                                             |   |  |   |    |
|   |   |   +---+-----------------------------------------------------------+  |   |    |
|   |   | |  |* NAECHSTE UNGERADE ZAHL                                      |      |    |
|   |   | |  |ADD 2 TO ZAHL.                                                |      |    |
|   +---+---+-------------------------------------------------------------------+   |    |
|   * PROGRAMMENDEMELDUNG AUSGEBEN                                                   |
|   DISPLAY PROGRAMM-ENDE UPON TERMINAL.                                             |
+-----------------------------------------------------------------------------------+
```

```
+-----------------------------------------------------------------------------------+
|(103) EINGABE  @ENTRY                                                              |
|    **BEREICH EINGEBEN                                                             |
|    **EINGABE AUF RICHTIGKEIT PRUEFEN                                              |
|    * EINGABEZUSTAND AUF EINGABEBEREIT SETZEN                                      |
|    MOVE EINGABEFEHLER TO ZUSTAND.                                                 |
|    +------------------------------------------------------------------------------+
|    |(108) @WHILE                                                                  |
|    |    * EINGABEZUSTAND EINGABEBEREIT                                            |
|    |      EINGABE-FEHLER                                                          |
|    |    +-------------------------------------------------------------------------+
|    |    |* ANWENDER ZUR EINGABE/BEENDIGUNG AUFFORDERN                            |
|    |    |DISPLAY EINGABEAUFFORDERUNG UPON TERMINAL.                              |
|    |    |* ANWENDEREINGABE LESEN                                                 |
|    |    |ACCEPT BEREICH FROM TERMINAL.                                           |
|    |    +-------------------------------------------------------------------------+
|    |    |(116) @IF                                                               |
|    |    |* PROGRAMMBEENDIGUNG  GEWUENSCHT                                        |
|    |    |ANFANG = PROGRAMM-HALT                                                  |
|    |    +-THEN-------+-ELSE-----------------------------------------------------+
|    |    |* EINGABEZU|**EINGABE AUF GUELTIGE WERTE PRUEFEN                        |
|    |    |STAND AUF P+-----------------------------------------------------------+
|    |    |ROGRAMMENDE|(124) @IF                                                   |
|    |    |SETZEN     |* EINGABE NICHT NUMERISCH                                   |
|    |    |MOVE PROGRA|ANFANG NOT NUMERIC OR ENDE NOT NUMERIC                      |
|    |    |MMENDE TO Z+-THEN-------+-ELSE------------------------------------------+
|    |    |USTAND.    |* FEHLERMEL|(131) @IF                                       |
|    |    |           |DUNG AUSGEB|* BEREICHSENDE < BEREICHSANFANG                 |
|    |    |           |EN         |* ODER BEREICHSENDE < 2                         |
|    |    |           |DISPLAY FEH|ENDE < ANFANG OR ENDE  < 2                      |
|    |    |           |LERMELDUNG-+-THEN----------------------+-ELSE-------------+
|    |    |           |1 UPON TERM|* FEHLERMELDUNG AUSGEBEN   |* EINGABEZUSTAND AUF GESPERRT S|
|    |    |           |INAL.      |DISPLAY FEHLERMELDUNG-2 UPON T|ETZEN          |
|    |    |           |           |ERMINAL.                  |MOVE RICHTIGEINGABE TO ZUSTAND.|
|    +---+-----------+-----------+--------------------------+------------------+
+-----------------------------------------------------------------------------------+
```

c) Auflistung des Entwurfs als Strukturliste (COLLIST)

```
 1              IDENTIFICATION DIVISION.                                    |
 2              PROGRAM-ID. PRIMZAHL.                                       |
 3              ENVIRONMENT DIVISION.                                       |
 4              DATA DIVISION.                                              |
 5              WORKING-STORAGE SECTION.                                    |
 6              01  ZUSTAND                 PIC 9.                          |
 7                  88  RICHTIGE-EINGABE    VALUE 0.                        |
 8                  88  VERARBEITUNG-ENDE   VALUE 1.                        |
 9                  88  EINGABE-FEHLER      VALUE 2.                        |
10              01  RICHTIGEINGABE          PIC 9       VALUE 0.            |
11              01  PROGRAMMENDE            PIC 9       VALUE 1.            |
12              01  EINGABEFEHLER           PIC 9       VALUE 2.            |
13              01  PROGRAMM-HALT           PIC X(2)    VALUE "/*".         |
14              01  ZAHL                    PIC 9(7).                       |
15              01  ZAEHLER                 PIC 9(7) REDEFINES ZAHL.        |
16              01  BEREICH.                                                |
17                  02  ANFANG  PIC 9(6).                                   |
18                  02  FILLER  PIC 9.                                      |
19                  02  ENDE    PIC 9(6).                                   |
20              77  EINGABEAUFFORDERUNG PIC X(48) VALUE                     |
21              "EINGEBEN: BEREICH XXXXXX,YYYYYY ODER /* ALS STOP".         |
22              77  FEHLERMELDUNG-1 PIC X(51) VALUE                         |
23              "*** EINGABEFEHLER: EINGABEWERTE NICHT NUMERISCH ***".      |
24              77  FEHLERMELDUNG-2 PIC X(50) VALUE                         |
25              "*** EINGABEFEHLER: ENDE < ANFANG ODER ENDE < 2 ***".       |
26              77  PRIMZAHL PIC A(20) VALUE "    IST EINE PRIMZAHL".       |
27              77  PROGRAMM-ENDE PIC X(22) VALUE "NORMALER PROGRAMM-HALT". |
28              77  DIVISOR         PIC 9(6).                               |
29              77  QUOTIENT        PIC 9(6).                               |
30              77  REST            PIC 9(6).                               |
31              77  VERGLEICH       PIC 9(7).                               |


32    +PRIMZAHL+                                                           |
32    I-@ENTRY :TYP=M:----------------------------------------------1-001-|
33    I   +-@CYCLE--------------------------------------------------2-001-|
34  **I   I   @PASS EINGABE.                                               |
35    I   I   @WHEN                                             2          |
36    I   I      VERARBEITUNG-ENDE                                         |
37    I   I   @BREAK                                            2          |
38    I   I      +-@IF--------------------------------------------3-002-|
39    I   I      I   ANFANG < 3                                          |
40    I   I      I-@THEN-------------------------------------------3-003-|
41    I   I      I   MOVE 2 TO ANFANG ZAHL.                             |
42    I   I      I   DISPLAY ZAHL PRIMZAHL UPON TERMINAL.               |
43    I   I      +-@BEND-------------------------------------------3-----|
44    I   I      DIVIDE 2 INTO ANFANG GIVING ZAHL REMAINDER REST.       |
45    I   I      +-@IF--------------------------------------------3-005-|
46    I   I      I   REST IS ZERO                                       |
47    I   I      I-@THEN-------------------------------------------3-006-|
48    I   I      I   ADD 1 TO ANFANG.                                   |
49    I   I      +-@BEND-------------------------------------------3-----|
50    I   I      MOVE ANFANG TO ZAHL.                                   |
51    I   I      +-@WHILE-----------------------------------------3-008-|
52    I   I      I   ZAEHLER NOT > ENDE                                 |
53    I   I      I-@DO---------------------------------------------3-009-|
54    I   I      I   MOVE 1 TO DIVISOR.                                 |
55    I   I      I   +-@CYCLE-------------------------------------4-001-|
56    I   I      I   I   ADD 2 TO DIVISOR.                             |
57    I   I      I   I   MULTIPLY DIVISOR  BY DIVISOR GIVING VERGLEICH.|
58    I   I      I   I   +-@IF----------------------------------5-001-|
59    I   I      I   I   I   VERGLEICH > ZAHL                         |
60    I   I      I   I   I-@THEN---------------------------------5-002-|
61    I   I      I   I   I   DISPLAY ZAHL PRIMZAHL UPON TERMINAL.      |
62    I   I      I   I   I-@ELSE---------------------------------5-003-|
63    I   I      I   I   I   DIVIDE DIVISOR INTO ZAHL GIVING QUOTIENT REMAINDER REST.|
64    I   I      I   I   +-@BEND---------------------------------5-----|
65    I   I      I   I   @WHEN                                    4      |
66    I   I      I   I   VERGLEICH > ZAHL OR REST IS ZERO                |
67    I   I      I   I   @BREAK                                   4      |
68    I   I      I   +-@BEND-------------------------------------4-----|
69    I   I      I   ADD 2 TO ZAHL.                                     |
70    I   I      +-@BEND-------------------------------------------3-----|
71    I   +-@BEND--------------------------------------------------2-----|
72    I   DISPLAY PROGRAMM-ENDE UPON TERMINAL.                           |
73    +-@END-----------------------------------------------------------1-----|
```

```
 74     +EINGABE+                                                                        |
 74     |-@ENTRY----------------------------------------------------------------1-001-|
 75     |    MOVE EINGABEFEHLER TO ZUSTAND.                                              |
 76     |    +-@WHILE----------------------------------------------------------2-001-|
 77     |    |   EINGABE-FEHLER                                                         |
 78     |    |-@DO-------------------------------------------------------------2-002-|
 79     |    |   DISPLAY EINGABEAUFFORDERUNG UPON TERMINAL.                             |
 80     |    |   ACCEPT BEREICH FROM TERMINAL.                                          |
 81     |    |   +-@IF---------------------------------------------------------3-001-|
 82     |    |   |   ANFANG = PROGRAMM-HALT                                            |
 83     |    |   |-@THEN------------------------------------------------------3-002-|
 84     |    |   |   MOVE PROGRAMMENDE TO ZUSTAND.                                      |
 85     |    |   |-@ELSE------------------------------------------------------3-003-|
 86     |    |   |   +-@IF-----------------------------------------------------4-001-|
 87     |    |   |   |   ANFANG NOT NUMERIC OR ENDE NOT NUMERIC                         |
 88     |    |   |   |-@THEN--------------------------------------------------4-002-|
 89     |    |   |   |   DISPLAY FEHLERMELDUNG-1 UPON TERMINAL.                         |
 90     |    |   |   |-@ELSE--------------------------------------------------4-003-|
 91     |    |   |   |   +-@IF-------------------------------------------------5-001-|
 92     |    |   |   |   |   ENDE < ANFANG OR ENDE < 2                                  |
 93     |    |   |   |   |-@THEN----------------------------------------------5-002-|
 94     |    |   |   |   |   DISPLAY FEHLERMELDUNG-2 UPON TERMINAL.                     |
 95     |    |   |   |   |-@ELSE----------------------------------------------5-C03-|
 96     |    |   |   |   |   MOVE RICHTIGEINGABE TO ZUSTAND.                            |
 97     |    |   |   |   +-@BEND-----------------------------------------------5-----|
 98     |    |   |   +-@BEND---------------------------------------------------4-----|
 99     |    |   +-@BEND-------------------------------------------------------3-----|
100     |    +-@BEND-----------------------------------------------------------2-----|
101     +-@END----------------------------------------------------------------1-----|
```

*d) Auflistung des vom Vorübersetzer (COLCOB)
erzeugten Primärprogrammcodes*

```
 1          IDENTIFICATION DIVISION.
 2          PROGRAM-ID. PRIMZAHL.
 3          ENVIRONMENT DIVISION.
 4          DATA DIVISION.
 5          WORKING-STORAGE SECTION.
 6          01  ZUSTAND                 PIC 9.
 7              88  RICHTIGE-EINGABE     VALUE 0.
 8              88  VERARBEITUNG-ENDE    VALUE 1.
 9              88  EINGABE-FEHLER       VALUE 2.
10          01  RICHTIGEINGABE          PIC 9      VALUE 0.
11          01  PROGRAMMENDE            PIC 9      VALUE 1.
12          01  EINGABEFEHLER           PIC 9      VALUE 2.
13          01  PROGRAMM-HALT           PIC X(2)   VALUE "/*".
14          01  ZAHL                    PIC 9(7).
15          01  ZAEHLER                 PIC 9(7)   REDEFINES ZAHL.
16          01  BEREICH.
17              02  ANFANG   PIC 9(6).
18              02  FILLER   PIC 9.
19              02  ENDE     PIC 9(6).
20          77  EINGABEAUFFORDERUNG PIC X(48) VALUE
21              "EINGEBEN: BEREICH XXXXXX,YYYYYY ODER /* ALS STOP".
22          77  FEHLERMELDUNG-1 PIC X(51) VALUE
23              "*** EINGABEFEHLER: EINGABEWERTE NICHT NUMERISCH ***".
24          77  FEHLERMELDUNG-2 PIC X(50) VALUE
25              "*** EINGABEFEHLER: ENDE < ANFANG ODER ENDE < 2 ***".
26          77  PRIMZAHL PIC A(20) VALUE "   IST EINE PRIMZAHL".
27          77  PROGRAMM-ENDE PIC X(22) VALUE "NORMALER PROGRAMM-HALT".
28          77  DIVISOR        PIC 9(6).
29          77  QUOTIENT       PIC 9(6).
30          77  REST           PIC 9(6).
31          77  VERGLEICH      PIC 9(7).
```

```
32          PROCEDURE DIVISION.
33          PRIMZAHL SECTION.
34          PRIMZAHL-1001.
35             NOTE.
36          PRIMZAHL-2001.
37             PERFORM EINGABE.
38             IF
39             VERARBEITUNG-ENDE
40             THEN GO TO PRIMZAHL-2004.
41          PRIMZAHL-3002.
42             IF
43             ANFANG < 3
44             THEN GO TO PRIMZAHL-3003.
45             GO TO PRIMZAHL-3004.
46          PRIMZAHL-3003.
47             MOVE 2 TO ANFANG ZAHL.
48             DISPLAY ZAHL PRIMZAHL UPON TERMINAL.
49          PRIMZAHL-3004.
50             DIVIDE 2 INTO ANFANG GIVING ZAHL REMAINDER REST.
51          PRIMZAHL-3005.
52             IF
53             REST IS ZERO
54             THEN GO TO PRIMZAHL-3006.
55             GO TO PRIMZAHL-3007.
56          PRIMZAHL-3006.
57             ADD 1 TO ANFANG.
58          PRIMZAHL-3007.
59             MOVE ANFANG TO ZAHL.
60          PRIMZAHL-3008.
61             IF
62             ZAEHLER NOT > ENDE
63             THEN GO TO PRIMZAHL-3009.
64             GO TO PRIMZAHL-3010.
65          PRIMZAHL-3009.
66             MOVE 1 TO DIVISOR.
67          PRIMZAHL-4001.
68             ADD 2 TO DIVISOR.
69             MULTIPLY DIVISOR  BY DIVISOR GIVING VERGLEICH.
70          PRIMZAHL-5001.
71             IF
72             VERGLEICH > ZAHL
73             THEN GO TO PRIMZAHL-5002.
74             GO TO PRIMZAHL-5003.
75          PRIMZAHL-5002.
76             DISPLAY ZAHL PRIMZAHL UPON TERMINAL.
77             GO TO PRIMZAHL-5004.
78          PRIMZAHL-5003.
79             DIVIDE DIVISOR INTO ZAHL GIVING QUOTIENT REMAINDER REST.
80          PRIMZAHL-5004.
81             IF
82             VERGLEICH > ZAHL OR REST IS ZERO
83             THEN GO TO PRIMZAHL-4004.
84             GO TO PRIMZAHL-4001.
85          PRIMZAHL-4004.
86             ADD 2 TO ZAHL.
87             GO TO PRIMZAHL-3008.
88          PRIMZAHL-3010.
89             GO TO PRIMZAHL-2001.
90          PRIMZAHL-2004.
91             DISPLAY PROGRAMM-ENDE UPON TERMINAL.
92             STOP RUN.
```

```
 93              EINGABE SECTION.
 94              EINGABE-1001.
 95                 MOVE EINGABEFEHLER TO ZUSTAND.
 96              EINGABE-2001.
 97                 IF
 98                 EINGABE-FEHLER
 99                 THEN GO TO EINGABE-2002.
100                 GO TO EINGABE-2003.
101              EINGABE-2002.
102                 DISPLAY EINGABEAUFFORDERUNG UPON TERMINAL.
103                 ACCEPT BEREICH FROM TERMINAL.
104              EINGABE-3001.
105                 IF
106                 ANFANG = PROGRAMM-HALT
107                 THEN GO TO EINGABE-3002.
108                 GO TO EINGABE-3003.
109              EINGABE-3002.
110                 MOVE PROGRAMMENDE TO ZUSTAND.
111                 GO TO EINGABE-3004.
112              EINGABE-3003.
113                 NOTE.
114              EINGABE-4001.
115                 IF
116                 ANFANG NOT NUMERIC OR ENDE NOT NUMERIC
117                 THEN GO TO EINGABE-4002.
118                 GO TO EINGABE-4003.
119              EINGABE-4002.
120                 DISPLAY FEHLERMELDUNG-1 UPON TERMINAL.
121                 GO TO EINGABE-4004.
122              EINGABE-4003.
123                 NOTE.
124              EINGABE-5001.
125                 IF
126                 ENDE < ANFANG OR ENDE  < 2
127                 THEN GO TO EINGABE-5002.
128                 GO TO EINGABE-5003.
129              EINGABE-5002.
130                 DISPLAY FEHLERMELDUNG-2 UPON TERMINAL.
131                 GO TO EINGABE-5004.
132              EINGABE-5003.
133                 MOVE RICHTIGEINGABE TO ZUSTAND.
134              EINGABE-5004.
135                 NOTE.
136              EINGABE-4004.
137                 NOTE.
138              EINGABE-3004.
139                 GO TO EINGABE-2001.
140              EINGABE-2003.
141                 NOTE.
142              EINGABE-1002.
143                 EXIT.
```

Programm „Primzahlen" in Assembler

Das Programm ist im Siemens-Betriebssystem BS 2000 erstellt. Die Codierung erfolgt so, daß es reentrant abläuft, d.h. mehrere Benutzer können gleichzeitig mit demselben Programm arbeiten. Dazu wird ein ablaufinvarianter Programmteil mit den zugehörigen Konstanten codiert. Für die während der Bearbeitung anfallenden variablen Daten (VDATEN) werden automatisch für jeden Benutzer Bereiche angelegt (DATA CLASS = C....) und bei Verlassen des Programms wieder freigegeben (FREE....).

Die Ein-/Ausgabemakros des BS 2000 verlangen eine Adresse, auf die im Fehlerfall zu verzweigen ist. Um die Darstellung nicht unnötig zu erschweren, sind diese Adressen identisch mit der Anweisung, die dem Makro folgt.

Da die Codierung dieses Beispiels mehr Anweisungen erfordert als in den Sprachen COBOL oder FORTRAN, wurde die Arbeitsweise zur Primzahlen-Berechnung in zwei überschaubare Prozeduren geteilt und eine Hauptsteuerprozedur eingeführt. Damit ergibt sich für das Programm die folgende Struktur:

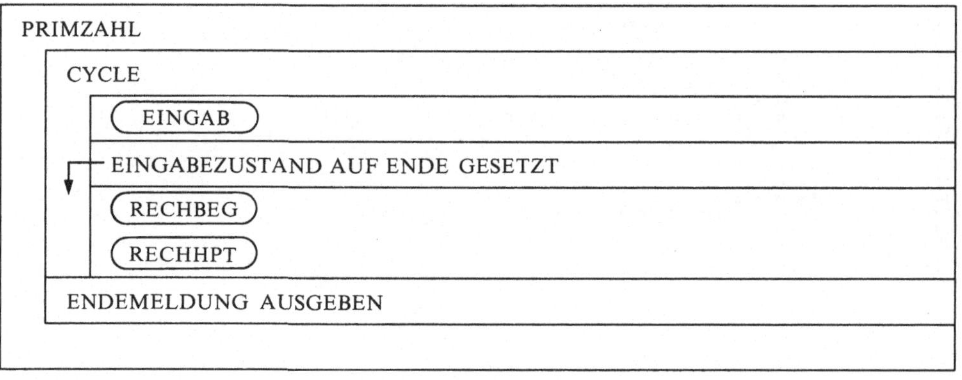

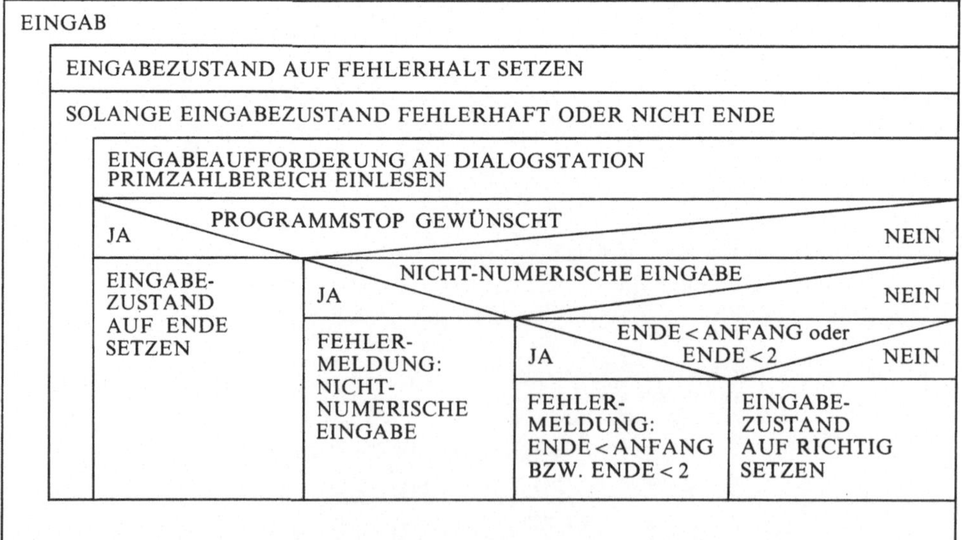

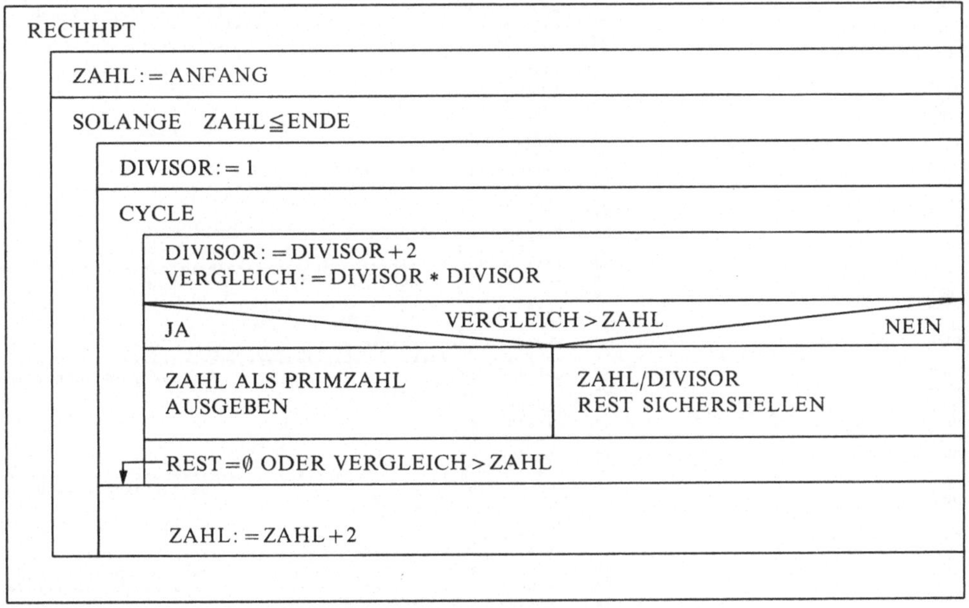

+ ≙ Addition, − ≙ Subtraktion, * ≙ Multiplikation, / ≙ Division, : = ≙ Ergibtanweisung

a) Codierung des Entwurfs

```
FLAG LOCTN OBJECT CODE     ADDR1   ADDR2   STMNT M SOURCE STATEMENT

                                             1             PRINT NOGEN
                                             2     *********************************************************
                                             3     *    SYMBOL. NAMEN EQUAL = ...                           *
                                             4     *********************************************************
   000000                                    5     $OKAY     EQU   0
   000001                                    6     $HALT     EQU   1
   000002                                    7     $ERROR    EQU   2
                                             8     *
   00000B                                    9     RVAR      EQU   11
                                            10     *
   000003                                   11     RANFANG   EQU   3
   000003                                   12     RZAHL     EQU   3
   000005                                   13     RDIVIS    EQU   5
   000007                                   14     RVERGL    EQU   7
                                            15     *
                                            16     *********************************************************
                                            17     *    DSECT FUER CONTROLLED DATEN (VARIABLE)              *
                                            18     *********************************************************
   000000                                   19     VDATEN    DSECT
                                            20     *********************************************************
   000000                                   21     $ZUSTAND DS   C              EINGABEDATEN-ZUSTAND
                                            22     *********************************************************
   000001                                   23     EINGABE   DS    0L17         EINGABEBEREICH ZAHLENBEREICH
   000001                                   24               DS    L4
   000005                                   25     EINGBE    DS    0L13
   000005                                   26     ANFANG    DS    0L6
   000005                                   27     BEENDE    DS    L2
   000007                                   28               DS    L4
   00000B                                   29     KOMMA     DS    L1
   00000C                                   30     ENDE      DS    L6
   000011                                   31     LEINGABE EQU    *-EINGABE
                                            32     *********************************************************
   000018                                   33     PANFANG   DS    0D
   000018                                   34               DS    F
   00001C                                   35     PANFANG1 DS     F
   000020                                   36     PENDE     DS    D
                                            37     *********************************************************
   000028                                   38     AUSGABE   DS    0L32
   000028                                   39               DS    L5
   00002D                                   40     PRIMZAL   DS    L8
   000035                                   41               DS    L19
   000020                                   42     LAUSGABE EQU    *-AUSGABE
                                            43     *********************************************************
   000048                                   44     WRTRD     DS    4F           ADRESSLEISTE FUER WRTRD
   000048                                   45               ORG   WRTRD
   000048                                   46     ADRAUSG   DS    F
   00004C                                   47     ADREING   DS    F
   000050                                   48     LEINGAB   DS    F
   000054                                   49     ADRFEHL1 DS     F
                                            50     *********************************************************
   000058                                   51     WROUT     DS    2F           ADRESSLEISTE FUER WROUT
   000058                                   52               ORG   WROUT
   000058                                   53     ADRAUS    DS    F
   00005C                                   54     ADRFEHL2 DS     F
                                            55     *********************************************************
   000060                                   56     FENDE     DS    F            STORE FUER BEREICHSENDE
                                            57     *********************************************************
   000064                                   58     LVDATEN  EQU    *-VDATEN
                                            59     *********************************************************
   000064                                   60     PRIMZAHL @ENTR TYP=M
                                           161     *** F U N K T I O N **************************************
                                           162     *    1. SOLANGE KEINE AUFFORDERUNG FUER PROGRAMMHALT     *
                                           163     *       AUFRUF PROZEDUR EINGAB FUER EINGABE + EINGABEPRUEFUNG*
                                           164     *       AUFRUF PROZEDUR RECHBEG FUER BERECHNUNG ANFANGSWERT *
                                           165     *       AUFRUF PROZEDUR RECHHPT FUER PRIMZAHLENERRECHNUNG  *
                                           166     *    2. BEI PROGRAMMHALT ENDEMELDUNG UND STOP            *
                                           167     *                                                        *
                                           168     *    PROGRAMM IST  R E E N T R A N T  (VARIABLE IN CLASS=C) *
                                           169     *********************************************************
   00001C                                  170               @DATA CLASS=C,BASE=RVAR,DSECT=VDATEN
   000028                                  177               @CYCL
   000028                                  180               @PASS NAME=EINGAB
   00002E                                  183               @WHEN EQ
   00002E 95 01 B000       000000         184               CLI   $ZUSTAND,$HALT
   000032                                  185               @BREA
   000036                                  189               @PASS NAME=RECHBEG
   00003C                                  192               @PASS NAME=RECHHPT
   000042                                  195               @BEND
   000046                                  199               WROUT PROGEND,FEHLA1

   000056                                  216     FEHLA1    EQU   *
   000056                                  217               @FREE BASE=RVAR
   00005E                                  222               @EXIT
                                           226     *********************************************************
```

```
FLAG LOCTN OBJECT CODE     ADDR1  ADDR2  STMNT M SOURCE STATEMENT


  000064 001B                         227  PROGEND  DC    Y(LPROGEND)
  000066 404041                       228           DC    X'404041'
  000069 D5D6D9D4C1D3C5D9             229           DC    'NORMALER PROGRAMM-HALT'
  00001B                              230  LPROGEND EQU   *-PROGEND
  00007F                              231           @END
  0000A4                              234  EINGAB   @ENTR TYP=I
                                      248  *** F U N K T I O N ******************************************
                                      249  *   1. ZUSTANDSKENNZEICHEN ZURUECKSETZEN                    *
                                      250  *   2. SOLANGE EINGABEAUFFORDERUNG UND EINGABE,             *
                                      251  *      BIS KORREKTE DATENEINGABE                            *
                                      252  *   3. PRUEFEN DER EINGABEWERTE AUF                         *
                                      253  *       - AUFFORDERUNG ZUR PROGRAMMBEENDIGUNG               *
                                      254  *       - NICHT-NUMERISCHE WERTE                            *
                                      255  *       - BEREICHSENDE < (BEREICHSANFANG ODER 2)           *
                                      256  **********************************************************
  0000BC                              257           @DATA CLASS=B,BASE=RVAR,DSECT=VDATEN
  0000BC 92 02 B000        000000     259           MVI   $ZUSTAND,$ERROR
  0000C0                              260           @WHIL EQ
  0000C0 95 02 B000        000000     263           CLI   $ZUSTAND,$ERROR        EINGABEFEHLER ?
  0000C4                              264           @DO
  0000C8 41 10 A0A8        000164     268           LA    R1,AUFFORD             AUSGABE VORBEREITEN
  0000CC 50 10 B048        000048     269           ST    R1,ADRAUSG
  0000D0 41 10 B001        000001     270           LA    R1,EINGABE
  0000D4 50 10 B04C        00004C     271           ST    R1,ADREING
  0000D8 58 10 A260        00031C     272           L     R1,=A(LEINGABE)
  0000DC 50 10 B050        000050     273           ST    R1,LEINGAB
  0000E0 41 10 A032        0000EE     274           LA    R1,FEHLA2
  0000E4 50 10 B054        000054     275           ST    R1,ADRFEHL1
  0000E8 41 10 B048        000048     276           LA    R1,WRTRD
  0000EC                              277           WRTRD (1)
  0000EE                              281  FEHLA2   EQU   *
  0000EE                              282           @IF   EQ
  0000EE D5 01 B005A24D 000005 000309 284           CLC   BEENDE,HALT            PROGRAMMSTOP GEWUENSCHT ?
  0000F4                              285           @THEN
  0000F8 92 01 B000        000000     289           MVI   $ZUSTAND,$HALT
  0000FC                              290           @ELSE
  000100 D2 00 B00BA255 00000B 000311 295           MVC   KOMMA,NULL             NICHT-NUMERISCHE
  000106                              296           @IF   NZ
  000106 DD 0C B005A0DD 000005 000199 298           TRT   EINGBE,NUMERISH        EINGABE ?
  00010C                              299           @THEN
  000110                              303           WROUT FEHLM1,FEHLA3

  00011E                              320  FEHLA3   EQU   *
  00011E                              321           @ELSE
  000122                              326           @IF   LT
  000122 D5 05 B00CB005 00000C 000005 328           CLC   ENDE,ANFANG            ENDEWERT < ANFANGSWERT ?
  000128                              329           @OR   LT
  00012C D5 05 B00CA24F 00000C 00030B 333           CLC   ENDE,ZWEI              BEREICHSENDE < 2 ?
  000132                              334           @THEN
  000136                              339           WROUT FEHLM2,FEHLA4

  000146                              356  FEHLA4   EQU   *
  000146                              357           @ELSE
  00014A 92 00 B000        000000     362           MVI   $ZUSTAND,$OKAY
  00014E F2 75 B018B005 000018 000005 363           PACK  PANFANG,ANFANG
  000154 F2 75 B020B00C 000020 00000C 364           PACK  PENDE,ENDE
  00015A                              365           @BEND
  00015A                              367           @BEND
  00015A                              369           @BEND
  00015A                              371           @BEND
  00015E                              375           @EXIT
                                      379  **********************************************************
  000164 0035                         380  AUFFORD  DC    Y(LAUFFORD)
  000166 404041                       381           DC    X'404041'
  000169 C5C9D5C7C5C2C5D5             382           DC    'EINGEBEN: BEREICH XXXXXX,YYYYYY ODER /* ALS HALT'
  000035                              383  LAUFFORD EQU   *-AUFFORD
                                      384  **********************************************************
  000199 FF                           385  NUMERISH DC    240X'FF'
  000289 00                           386           DC    10X'00'
  000293 FF                           387           DC    6X'FF'
                                      388  **********************************************************
  00029A 0038                         389  FEHLM1   DC    Y(LFEHLM1)
  00029C 404041                       390           DC    X'404041'
  00029F 5C5C5C40C5C9D5C7             391           DC    '*** EINGABEFEHLER: EINGABEWERTE NICHT NUMERISCH ***'
  000038                              392  LFEHLM1  EQU   *-FEHLM1
                                      393  **********************************************************
  0002D2 0037                         394  FEHLM2   DC    Y(LFEHLM2)
  0002D4 404041                       395           DC    X'404041'
  0002D7 5C5C5C40C5C9D5C7             396           DC    '*** EINGABEFEHLER: ENDE < ANFANG ODER ENDE < 2 ***'
  000037                              397  LFEHLM2  EQU   *-FEHLM2
                                      398  **********************************************************
  000309 615C                         399  HALT     DC    '/*'
  00030B F0F0F0F0F0F2                 400  ZWEI     DC    L6'000002'
  000311 F0                           401  NULL     DC    '0'
                                      402  **********************************************************
  000312                              403           @END
  000324                              406  RECHBEG  @ENTR TYP=I
```

```
FLAG LOCTN  OBJECT CODE      ADDR1   ADDR2   STMNT M SOURCE STATEMENT

                                             420     *** F U N K T I O N ***************************************
                                             421     *    1. BEI BEREICHSANFANG < 3 ZAHL 2 ALS PRIMZAHL DRUCKEN   *
                                             422     *       UND BEREICHSANFANG AUF 2 SETZEN                       *
                                             423     *    2. BEI GERADEM BEREICHSANFANG (KANN KEINE PRIMZAHL SEIN)*
                                             424     *       BEREICHSANFANG UM 1 ERHOEHEN                          *
                                             425     *********************************************************
     00033C                                  426            @DATA CLASS=B,BASE=RVAR,DSECT=VDATEN
     00033C                                  428            @IF   LT
     00033C D5 03 B01CA042 00001C 00037E     430            CLC   PANFANG1,PDREI        ANFANG < 3 ?
     000342                                  431            @THEN
     000346 F8 70 B018A046 000018 000382     435            ZAP   PANFANG,PZWEI
     00034C D2 1F B028A04E 000028 00038A     436            MVC   AUSGABE,AUSGA
     000352                                  437            WROUT AUSGA,FEHLA5

     000362                                  454     FEHLA5 EQU   *
     000362                                  455            @BEND
     000362 4F 30 B018      000018           458            CVB   RANFANG,PANFANG
     000366 1B 22                            459            SR    RANFANG-1,RANFANG-1
     000368 5D 20 A048      000384           460            D     RANFANG-1,FZWEI
     00036C                                  461            @IF   ZE
     00036C 16 22                            463            OR    RANFANG-1,RANFANG-1 REST=0,D.H. GERADE ZAHL ?
     00036E                                  464            @THEN
     000372 FA 70 B018A04C 000018 000388     468            AP    PANFANG,PEINS         BEREICHSANFANG + 1
     000378                                  469            @BEND
     000378                                  472            @EXIT
                                             476     *********************************************************
     00037E 0000003C                         477     PDREI  DC    PL4'3'
     000382 2C                               478     PZWEI  DC    P'2'
     000384 00000002                         479     FZWEI  DC    F'2'
     000388 1C                               480     PEINS  DC    P'1'
                                             481     *********************************************************
     00038A 0020                             482     AUSGA  DC    Y(LAUSGA)
     00038C 404041                           483            DC    X'404041'
     00038F 4040404040404F2                  484            DC    '      2'
     000397 4040C9E2340C5C9                  485            DC    '  IST EINE PRIMZAHL'
     000020                                  486     LAUSGA EQU   *-AUSGA
                                             487     *********************************************************
     0003AA                                  488            @END
     0003B8                                  491     RECHHPT @ENTR TYP=I
                                             505     *** F U N K T I O N ***************************************
                                             506     *    1. PRUEFEN ALLER UNGERADEN ZAHLEN DES BEREICHES,        *
                                             507     *       OB PRIMZAHL-EIGENSCHAFT                              '
                                             508     *    2. DIE ZAHL IST KEINE PRIMZAHL, WENN SIE SICH DURCH     *
                                             509     *       EINE ANDERE UNGERADE ZAHL (DIVISOR) OHNE REST TEILEN *
                                             510     *       LAESST                                              *
                                             511     *       DER DIVISOR HAT DEN BEREICH 3 - DIVISOR*DIVISOR <    *
                                             512     *       ZU PRUEFENDE ZAHL                                   *
                                             513     *                                                          *
                                             514     *********************************************************
     0003CC                                  515            @DATA CLASS=B,BASE=RVAR,DSECT=VDATEN
     0003CC 4F 30 B018      000018           517            CVB   RZAHL,PANFANG
     0003D0 4F 10 B020      00G020           518            CVB   R1,PENDE
     0003D4 50 10 B060      000060           519            ST    R1,FENDE
     0003D8                                  520            @WHIL LE
     0003D8 59 30 B060      000060           523            C     RZAHL,FENDE           ZAHL <= ENDE ?
     0003DC                                  524            @DO
     0003E0 48 50 A094      000460           528            LH    RDIVIS,HEINS          DIVISOR = 1
     0003E4                                  529            @CYCL
     0003E4 4A 50 A096      000462           532            AH    RDIVIS,HZWEI          DIVISOR + 2
     0003E8 18 75                            533            LR    RVERGL,RDIVIS
     0003EA 1C 65                            534            MR    RVERGL-1,RDIVIS       VERGLEICH = DIVISOR*DIVISOR
     0003EC                                  535            @IF   GT
     0003EC 19 73                            537            CR    RVERGL,RZAHL          VERGLEICH > ZAHL ?
     0003EE                                  538            @THEN
     0003F2 4E 30 B018      000018           542            CVD   RZAHL,PANFANG         PRIMZAHL-
     0003F6 D2 1F B028A074 000028 000440     543            MVC   AUSGABE,AUSGAB        AUSGABE
     0003FC DE 07 B02DB01C 00002D 00001C     544            ED    PRIMZAL,PANFANG1
     000402 41 10 B028      000028           545            LA    R1,AUSGABE
     000406 50 10 B058      000058           546            ST    R1,ADRAUS
     00040A 41 10 A04C      000418           547            LA    R1,FEHLA6
     00040E 50 10 B05C      00005C           548            ST    R1,ADRFEHL2
     000412 41 10 B058      000058           549            LA    R1,WROUT
     000416                                  550            WROUT (1)
     000418                                  554     FEHLA6 EQU   *
     000418                                  555            @ELSE
     00041C 18 93                            560            LR    R9,RZAHL              ZAHL TEILEN
     00041E 1B 88                            561            SR    R8,R8                 DURCH
     000420 1D 85                            562            DR    R8,RDIVIS             DIVISOR
     000422                                  563            @BEND
     000422                                  565            @WHEN ZE
     000422 16 88                            566            OR    R8,R8                 DIVISIONSREST = 0 ?
     000424                                  567            @OR   GT
     000428 19 73                            571            CR    RVERGL,RZAHL          VERGLEICH > ZAHL ?
     00042A                                  572            @BREA
     00042E                                  576            @BEND
     000432 4A 30 A096      000462           581            AH    RZAHL,HZWEI           LFD. ZAHL + 2
     000436                                  582            @BEND
     00043A                                  586            @EXIT
                                             590     *********************************************************
     000440 0020                             591     AUSGAB DC    Y(LAUSGAB)
     000442 404041                           592            DC    X'404041'
```

```
FLAG LOCTN OBJECT CODE     ADDR1  ADDR2  STMNT M SOURCE STATEMENT
     000445 4020202020202120              593    MASKE    DC    X'4020202020202120'
     00044D 4040C9E2E340C5C9              594    TEXT     DC    '  IST EINE PRIMZAHL'
     000020                               595    LAUSGAB  EQU   *-AUSGAB
                                          596    ************************************************************
     000460 0001                          597    HEINS    DC    H'1'
     000462 0002                          598    HZWEI    DC    H'2'
                                          599    ************************************************************
     000464                               600             aEND
                                          603             END   *** ,NO END CARD

FLAGS IN 00000 STATEMENTS, 000 PRIVILEGED FLAGS, 000 MNOTES

THIS PROGRAM WAS ASSEMBLED BY THE SIEMENS ASSEMBLER (F)
```

b) *Auflistung des Entwurfs als Struktogramm (COLNAS)*

```
          PRINT NOGEN
*****************************************************************
*    SYMBOL. NAMEN EQUAL = ...                                  *
*****************************************************************
$OKAY     EQU    0
$HALT     EQU    1
$ERROR    EQU    2
*
RVAR      EQU    11
*
RANFANG   EQU    3
RZAHL     EQU    3
RDIVIS    EQU    5
RVERGL    EQU    7
*
*****************************************************************
*    DSECT FUER CONTROLLED DATEN (VARIABLE)                     *
*****************************************************************
VDATEN    DSECT
*****************************************************************
$ZUSTAND  DS     C                 EINGABEDATEN-ZUSTAND
*****************************************************************
EINGABE   DS     0L17              EINGABEBEREICH ZAHLENBEREICH
          DS     L4
EINGBE    DS     0L13
ANFANG    DS     0L6
BEENDE    DS     L2
          DS     L4
KOMMA     DS     L1
ENDE      DS     L6
LEINGABE  EQU    *-EINGABE
*****************************************************************
PANFANG   DS     0D
          DS     F
PANFANG1  DS     F
PENDE     DS     D
*****************************************************************
AUSGABE   DS     0L32
          DS     L5
PRIMZAL   DS     L8
          DS     L19
LAUSGABE  EQU    *-AUSGABE
*****************************************************************
WRTRD     DS     4F                ADRESSLEISTE FUER WRTRD
          ORG    WRTRD
ADRAUSG   DS     F
ADREING   DS     F
LEINGAB   DS     F
ADRFEHL1  DS     F
*****************************************************************
WROUT     DS     2F                ADRESSLEISTE FUER WROUT
          ORG    WROUT
ADRAUS    DS     F
ADRFEHL2  DS     F
*****************************************************************
FENDE     DS     F                 STORE FUER BEREICHSENDE
*****************************************************************
LVDATEN   EQU    *-VDATEN
*****************************************************************
```

```
+------------------------------------------------------------------------+
I(60) PRIMZAHL @ENTR                                                     I
I    TYP=M                                                               I
I    *** F U N K T I O N ************************************************  I
I    *    1. SOLANGE KEINE AUFFORDERUNG FUER PROGRAMMHALT            *   I
I    *         AUFRUF PROZEDUR EINGAB FUER EINGABE + EINGABEPRUEFUNG*    I
I    *         AUFRUF PROZEDUR RECHBEG FUER BERECHNUNG ANFANGSWERT  *    I
I    *         AUFRUF PROZEDUR RECHHPT FUER PRIMZAHLENERRECHNUNG    *    I
I    *    2. BEI PROGRAMMHALT ENDEMELDUNG UND STOP                  *    I
I    *                                                             *    I
I    *    PROGRAMM IST  R E E N T R A N T  (VARIABLE IN CLASS=C)   *    I
I    ************************************************************         I
I    @DATA CLASS=C,BASE=RVAR,DSECT=VDATEN                               I
I    +-----------------------------------------------------------------+ I
I    I(71) @CYCL                                                       I
I    I   +-------------------------------------------------------------+ I
I    I   I@PASS NAME=EINGAB                                            I<->
I    I   I@WHEN EQ                                                     I
I    I   ICLI   $ZUSTAND,$HALT                                        I
I    I <-I@BREA                                                       I
I    I   I@PASS NAME=RECHBEG                                          I<->
I    I   I@PASS NAME=RECHHPT                                          I<->
I    +---+-----------------------------------------------------------+ I
I    WROUT PROGEND,FEHLA1                                             I
I    FEHLA1   EQU   *                                                 I
I    @FREE BASE=RVAR                                                  I
I    @EXIT                                                            I  ->
I    *****************************************************************  I
I    PROGEND  DC    Y(LPROGEND)                                       I
I    DC    X'404041'                                                  I
I    DC    'NORMALER PROGRAMM-HALT'                                   I
I    LPROGEND EQU   *-PROGEND                                         I
+------------------------------------------------------------------------+
```

```
+----------------------------------------------------------------------------+
|(89) EINGAB   @ENTR                                                         |
|    TYP=I                                                                    |
|    *** F U N K T I O N ***************************************************  |
|    *   1. ZUSTANDSKENNZEICHEN ZURUECKSETZEN                             *   |
|    *   2. SOLANGE EINGABEAUFFORDERUNG UND EINGABE,                      *   |
|    *      BIS KORREKTE DATENEINGABE                                     *   |
|    *   3. PRUEFEN DER EINGABEWERTE AUF                                  *   |
|    *      - AUFFORDERUNG ZUR PROGRAMMBEENDIGUNG                         *   |
|    *      - NICHT-NUMERISCHE WERTE                                      *   |
|    *      - BEREICHSENDE < (BEREICHSANFANG ODER 2)                      *   |
|    ***********************************************************************  |
|    @DATA CLASS=B,BASE=RVAR,DSECT=VDATEN                                     |
|    MVI    $ZUSTAND,$ERROR                                                   |
|   +------------------------------------------------------------------------+
|   |(101) @WHIL                                                             |
|   |    EQ                                                                  |
|   |    CLI    $ZUSTAND,$ERROR      EINGABEFEHLER ?                         |
|   |   +--------------------------------------------------------------------+
|   |   |LA     R1,AUFFORD           AUSGABE VORBEREITEN                     |
|   |   |ST     R1,ADRAUSG                                                   |
|   |   |LA     R1,EINGABE                                                   |
|   |   |ST     R1,ADREING                                                   |
|   |   |L      R1,=A(LEINGABE)                                              |
|   |   |ST     R1,LEINGAB                                                   |
|   |   |LA     R1,FEHLA2                                                    |
|   |   |ST     R1,ADRFEHL1                                                  |
|   |   |LA     R1,WRTRD                                                     |
|   |   |WRTRD (1)                                                           |
|   |   |FEHLA2    EQU    *                                                  |
|   |   +--------------------------------------------------------------------+
|   |   |(115) @IF                                                           |
|   |   |EQ                                                                  |
|   |   |CLC    BEENDE,HALT          PROGRAMMSTOP GEWUENSCHT ?               |
|   |   +-THEN-------+-ELSE----------------------------------------------+---+
|   |   |MVI   $ZUST|MVC    KOMMA,NULL            NICHT-NUMERISCHE            |
|   |   |AND,$HALT  +------------------------------------------------------+ |
|   |   |           |(121) @IF                                             | |
|   |   |           |NZ                                                    | |
|   |   |           |TRT    EINGBE,NUMERISH      EINGABE ?                  | |
|   |   |           +-THEN-------+-ELSE-------------------------------------+ |
|   |   |           |WROUT FEHLM|(127) @IF                                 | |
|   |   |           |1,FEHLA3   |LT                                        | |
|   |   |           |FEHLA3   EQ|CLC    ENDE,ANFANG        ENDEWERT < ANFANGSWERT ? |
|   |   |           |U    *     |@OR    LT                                 | |
|   |   |           |           |CLC    ENDE,ZWEI         BEREICHSENDE < 2 ? |
|   |   |           |           +-THEN----------------------------+-ELSE----+ |
|   |   |           |           |WROUT FEHLM2,FEHLA4     |MVI    $ZUSTAND,$OKAY |
|   |   |           |           |FEHLA4    EQU    *      |PACK   PANFANG,ANFANG |
|   |   |           |           |                        |PACK   PENDE,ENDE  |
|   +---+-----------+-----------+--------------------------+-----------------+
|    @EXIT                                                              |  ->
|    ***************************************************************************
|    AUFFORD   DC    Y(LAUFFORD)                                              |
|    DC    X'404041'                                                         |
|    DC    'EINGEBEN: BEREICH XXXXXX,YYYYYY ODER /* ALS HALT'                 |
|    LAUFFORD EQU    *-AUFFORD                                                |
|    ***************************************************************************
|    NUMERISH DC     240X'FF'                                                 |
|    DC    10X'00'                                                           |
|    DC    6X'FF'                                                            |
|    ***************************************************************************
|    FEHLM1    DC    Y(LFEHLM1)                                               |
|    DC    X'404041'                                                         |
|    DC    '*** EINGABEFEHLER: EINGABEWERTE NICHT NUMERISCH ***'             |
|    LFEHLM1   EQU    *-FEHLM1                                                |
|    ***************************************************************************
|    FEHLM2    DC    Y(LFEHLM2)                                               |
|    DC    X'404041'                                                         |
|    DC    '*** EINGABEFEHLER: ENDE < ANFANG ODER ENDE < 2 ***'              |
|    LFEHLM2 EQU    *-FEHLM2                                                  |
|    ***************************************************************************
|    HALT      DC    '/*'                                                     |
|    ZWEI      DC    L6'000002'                                               |
|    NULL      DC    '0'                                                      |
|    ***************************************************************************
+----------------------------------------------------------------------------+
```

```
+-------------------------------------------------------------------------------+
|(168) RECHBEG   aENTR                                                          |
|   TYP=I                                                                       |
|   *** F U N K T I O N *****************************************               |
|   *   1. BEI BEREICHSANFANG < 3 ZAHL 2 ALS PRIMZAHL DRUCKEN    *             |
|   *      UND BEREICHSANFANG AUF 2 SETZEN                       *             |
|   *   2. BEI GERADEM BEREICHSANFANG (KANN KEINE PRIMZAHL SEIN)*              |
|   *      BEREICHSANFANG UM 1 ERHOEHEN                          *             |
|   ********************************************************                    |
|   aDATA CLASS=B,BASE=RVAR,DSECT=VDATEN                                        |
|   +-----------------------------------------------------------------------+  |
|   |(176) aIF                                                              |  |
|   |LT                                                                     |  |
|   |CLC   PANFANG1,PDREI       ANFANG < 3 ?                                |  |
|   +-THEN-----------------------------------------------------------------+-+|
|   |ZAP   PANFANG,PZWEI                                              | ||
|   |MVC   AUSGABE,AUSGA                                              | ||
|   |WROUT AUSGA,FEHLA5                                               | ||
|   |FEHLA5   EQU   *                                                | ||
|   +-----------------------------------------------------------------------+-+|
|    CVB   RANFANG,PANFANG                                                   |  |
|    SR    RANFANG-1,RANFANG-1                                               |  |
|    D     RANFANG-1,FZWEI                                                   |  |
|   +-----------------------------------------------------------------------+  |
|   |(187) aIF                                                              |  |
|   |ZE                                                                     |  |
|   |OR    RANFANG-1,RANFANG-1 REST=0,D.H. GERADE ZAHL ?                    |  |
|   +-THEN-----------------------------------------------------------------+-+|
|   |AP    PANFANG,PEINS        BEREICHSANFANG + 1                    | ||
|   +-----------------------------------------------------------------------+-+|
|    aEXIT                                                                   |  -->
|    *************************************************************            |
|    PDREI    DC    PL4'3'                                                   |
|    PZWEI    DC    P'2'                                                     |
|    FZWEI    DC    F'2'                                                     |
|    PEINS    DC    P'1'                                                     |
|    *************************************************************            |
|    AUSGA    DC    Y(LAUSGA)                                                |
|    DC    X'404041'                                                        |
|    DC    '       2'                                                       |
|    DC    '  IST EINE PRIMZAHL'                                            |
|    LAUSGA   EQU   *-AUSGA                                                  |
|    *************************************************************            |
+-------------------------------------------------------------------------------+
```

```
+----------------------------------------------------------------------------+
|(206) RECHHPT   aENTR                                                       |
|   TYP=I                                                                     |
|   *** F U N K T I O N ****************************************************   |
|   *   1. PRUEFEN ALLER UNGERADEN ZAHLEN DES BEREICHES,            *        |
|   *      OB PRIMZAHL-EIGENSCHAFT                                  *        |
|   *   2. DIE ZAHL IST KEINE PRIMZAHL, WENN SIE SICH DURCH         *        |
|   *      EINE ANDERE UNGERADE ZAHL (DIVISOR) OHNE REST TEILEN *            |
|   *      LAESST                                                   *        |
|   *      DER DIVISOR HAT DEN BEREICH 3 - DIVISOR*DIVISOR <        *        |
|   *      ZU PRUEFENDE ZAHL                                        *        |
|   *                                                              *        |
|   ***********************************************************************   |
|   aDATA CLASS=B,BASE=RVAR,DSECT=VDATEN                                      |
|   CVB     RZAHL,PANFANG                                                     |
|   CVB     R1,PENDE                                                          |
|   ST      R1,FENDE                                                         |
+----------------------------------------------------------------------------+
| |(221) aWHIL                                                              |
| |   LE                                                                     |
| |     C     RZAHL,FENDE          ZAHL <= ENDE ?                            |
| +--------------------------------------------------------------------------+
| |   LH     RDIVIS,HEINS          DIVISOR = 1                               |
| | +------------------------------------------------------------------------+
| | |(225) aCYCL                                                            |
| | | +----------------------------------------------------------------------+
| | | |AH     RDIVIS,HZWEI          DIVISOR + 2                              |
| | | |LR     RVERGL,RDIVIS                                                  |
| | | |MR     RVERGL-1,RDIVIS      VERGLEICH = DIVISOR*DIVISOR              |
| | | +----------------------------------------------------------------------+
| | | |(229) aIF                                                            |
| | | |GT                                                                   |
| | | |CR     RVERGL,RZAHL        VERGLEICH > ZAHL ?                         |
| | | +-THEN-----------------------------------------------+-ELSE-----------+
| | | |CVD    RZAHL,PANFANG       PRIMZAHL-            |LR     R9,RZAHL     |
| | | |MVC    AUSGABE,AUSGAB       AUSGABE             |ZAHL TEILEN         |
| | | |ED     PRIMZAL,PANFANG1                         |SR     R8,R8        |
| | | |LA     R1,AUSGABE                               |DURCH               |
| | | |ST     R1,ADRAUS                                |DR     R8,RDIVIS    |
| | | |LA     R1,FEHLA6                                |DIVISOR             |
| | | |ST     R1,ADRFEHL2                              |                    |
| | | |LA     R1,WROUT                                 |                    |
| | | |WROUT (1)                                       |                    |
| | | |FEHLA6   EQU   *                                |                    |
| | | +-----------------------------------------------+--------------------+
| | | |aWHEN ZE                                                            |
| | | |OR     R8,R8               DIVISIONSREST = 0 ?                        |
| | | |aOR    GT                                                            |
| | | |CR     RVERGL,RZAHL        VERGLEICH > ZAHL ?                         |
| | | <-|aBREA                                                              |
| | +----------------------------------------------------------------------+
| |   |AH    RZAHL,HZWEI          LFD. ZAHL + 2                             |
| +--+-------------------------------------------------------------------------+
|   aEXIT                                                                    | ->
|   ********************************************************************       |
|   AUSGAB   DC    Y(LAUSGAB)                                                 |
|   DC    X'404041'                                                          |
|   MASKE    DC    X'40202020202020202120'                                   |
|   TEXT     DC    '   IST EINE PRIMZAHL'                                     |
|   LAUSGAB  EQU   *-AUSGAB                                                   |
|   ********************************************************************       |
|   HEINS    DC    H'1'                                                      |
|   HZWEI    DC    H'2'                                                      |
|   ********************************************************************       |
+----------------------------------------------------------------------------+
```

Bei einer Codierung mit der Sprache Assembler sind die COLUMBUS-Strukturanweisungen als Makros im Primärprogramm enthalten. Zur Erzeugung eines Objekt-
codes ist also keine Vorübersetzung notwendig.

c) Auflistung des Entwurfs als Strukturliste (COLLIST)

```
  1            PRINT NOGEN
  2   **********************************************************
  3   *    SYMBOL. NAMEN EQUAL = ...                           *
  4   **********************************************************
  5   $OKAY     EQU    0
  6   $HALT     EQU    1
  7   $ERROR    EQU    2
  8   *
  9   RVAR      EQU    11
 10   *
 11   RANFANG   EQU    3
 12   RZAHL     EQU    3
 13   RDIVIS    EQU    5
 14   RVERGL    EQU    7
 15   *
 16   **********************************************************
 17   *    DSECT FUER CONTROLLED DATEN (VARIABLE)              *
 18   **********************************************************
 19   VDATEN    DSECT
 20   **********************************************************
 21   $ZUSTAND  DS     C               EINGABEDATEN-ZUSTAND
 22   **********************************************************
 23   EINGABE   DS     0L17            EINGABEBEREICH ZAHLENBEREICH
 24             DS     L4
 25   EINGBE    DS     0L13
 26   ANFANG    DS     0L6
 27   BEENDE    DS     L2
 28             DS     L4
 29   KOMMA     DS     L1
 30   ENDE      DS     L6
 31   LEINGABE  EQU    *-EINGABE
 32   **********************************************************
 33   PANFANG   DS     0D
 34             DS     F
 35   PANFANG1  DS     F
 36   PENDE     DS     D
 37   **********************************************************
 38   AUSGABE   DS     0L32
 39             DS     L5
 40   PRIMZAL   DS     L8
 41             DS     L19
 42   LAUSGABE  EQU    *-AUSGABE
 43   **********************************************************
 44   WRTRD     DS     4F              ADRESSLEISTE FUER WRTRD
 45             ORG    WRTRD
 46   ADRAUSG   DS     F
 47   ADREING   DS     F
 48   LEINGAB   DS     F
 49   ADRFEHL1  DS     F
 50   **********************************************************
 51   WROUT     DS     2F              ADRESSLEISTE FUER WROUT
 52             ORG    WROUT
 53   ADRAUS    DS     F
 54   ADRFEHL2  DS     F
 55   **********************************************************
 56   FENDE     DS     F               STORE FUER BEREICHSENDE
 57   **********************************************************
 58   LVDATEN   EQU    *-VDATEN
 59   **********************************************************
```

```
60     +PRIMZAHL+                                                                  |
60     |-ƏENTR----+---------------------------------------------------------------1-001-|
60     |  TYP=M                                                                    |
61     |  *** F U N K T I O N ***************************************************   |
62     |  *    1. SOLANGE KEINE AUFFORDERUNG FUER PROGRAMMHALT              *      |
63     |  *       AUFRUF PROZEDUR EINGAB FUER EINGABE + EINGABEPRUEFUNG*           |
64     )  *        AUFRUF PROZEDUR RECHBEG FUER BERECHNUNG ANFANGSWERT   *         )
65     |  *        AUFRUF PROZEDUR RECHHPT FUER PRIMZAHLENERRECHNUNG      *         |
66     |  *    2. BEI PROGRAMMHALT ENDEMELDUNG UND STOP                    *       |
67     |  *                                                                *       |
68     |  *    PROGRAMM IST  R E E N T R A N T  (VARIABLE IN CLASS=C)  *           |
69     |  ****************************************************************         |
70     |  ƏDATA CLASS=C,BASE=RVAR,DSECT=VDATEN                                     |
71     |  +-ƏCYCL-----------------------------------------------------------2-002-|
72  **|  |  ƏPASS NAME=EINGAB                                                      |
73     |  |  ƏWHEN                                              2                   |
73     |  |  EQ                                                                    |
74     |  |  CLI    $ZUSTAND,$HALT                                                 |
75     |  |  ƏBREA                                              2                   |
76  **|  |  ƏPASS NAME=RECHBEG                                                     |
77  **|  [  ƏPASS NAME=RECHHPT                                                     |
78     |  +-ƏBEND------------------------------------------------------------2-----|
79     |  WROUT PROGEND,FEHLA1                                                     |
80     |  FEHLA1    EQU    *                                                       |
81     |  ƏFREE BASE=RVAR                                                          |
82  **|  ƏEXIT                                                                     |
83     |  **********************************************************************   |
84     |  PROGEND  DC    Y(LPROGEND)                                               |
85     |  DC    X'404041'                                                         |
86     |  DC    'NORMALER PROGRAMM-HALT'                                          |
87     |  LPROGEND EQU    *-PROGEND                                               |
88     +-ƏEND----------------------------------------------------------------1-----|
```

```
 89      +EINGAB+                                                                        |
 89      |-@ENTR---------------------------------------------------------------1-001-|
 89      |   TYP=I                                                                    |
 90      |   *** F U N K T I O N *****************************************************
 91      |   *   1. ZUSTANDSKENNZEICHEN ZURUECKSETZEN                        *
 92      |   *   2. SOLANGE EINGABEAUFFORDERUNG UND EINGABE,                  *
 93      |   *      BIS KORREKTE DATENEINGABE                                 *
 94      |   *   3. PRUEFEN DER EINGABEWERTE AUF                              *
 95      |   *        - AUFFORDERUNG ZUR PROGRAMMBEENDIGUNG                   *
 96      |   *        - NICHT-NUMERISCHE WERTE                               *
 97      |   *        - BEREICHSENDE < (BEREICHSANFANG ODER 2)               *
 98      |   *****************************************************************
 99      |   @DATA CLASS=B,BASE=RVAR,DSECT=VDATEN                                      |
100      |   MVI    $ZUSTAND,$ERROR                                                   |
101      |   +-@WHIL-------------------------------------------------------------2-002-|
101      |   |   EQ                                                                   |
102      |   |   CLI    $ZUSTAND,$ERROR     EINGABEFEHLER ?                           |
103      |   |-@DO---------------------------------------------------------------2-003-|
104      |   |   LA     R1,AUFFORD          AUSGABE VORBEREITEN                       |
105      |   |   ST     R1,ADRAUSG                                                    |
106      |   |   LA     R1,EINGABE                                                    |
107      |   |   ST     R1,ADREING                                                    |
108      |   |   L      R1,=A(LEINGABE)                                               |
109      |   |   ST     R1,LEINGAB                                                    |
110      |   |   LA     R1,FEHLA2                                                     |
111      |   |   ST     R1,ADRFEHL1                                                   |
112      |   |   LA     R1,WRTRD                                                      |
113      |   |   WRTRD (1)                                                            |
114      |   |   FEHLA2   EQU   *                                                     |
115      |   |   +-@IF---------------------------------------------------------3-001-|
115      |   |   |   EQ                                                               |
116      |   |   |   CLC    BEENDE,HALT         PROGRAMMSTOP GEWUENSCHT ?              |
117      |   |   |-@THEN-------------------------------------------------------3-002-|
118      |   |   |   MVI    $ZUSTAND,$HALT                                            |
119      |   |   |-@ELSE-------------------------------------------------------3-003-|
120      |   |   |   MVC    KOMMA,NULL          NICHT-NUMERISCHE                       |
121      |   |   |   +-@IF-----------------------------------------------------4-001-|
121      |   |   |   |   NZ                                                           |
122      |   |   |   |   TRT    EINGBE,NUMERISH     EINGABE ?                         |
123      |   |   |   |-@THEN---------------------------------------------------4-002-|
124      |   |   |   |   WROUT FEHLM1,FEHLA3                                          |
125      |   |   |   |   FEHLA3   EQU   *                                             |
126      |   |   |   |-@ELSE---------------------------------------------------4-003-|
127      |   |   |   |   +-@IF-------------------------------------------------5-001-|
127      |   |   |   |   |   LT                                                       |
128      |   |   |   |   |   CLC    ENDE,ANFANG        ENDEWERT < ANFANGSWERT ?        |
129      |   |   |   |   |   @OR    LT                                                |
130      |   |   |   |   |   CLC    ENDE,ZWEI          BEREICHSENDE < 2 ?              |
131      |   |   |   |   |-@THEN-----------------------------------------------5-003-|
132      |   |   |   |   |   WROUT FEHLM2,FEHLA4                                      |
133      |   |   |   |   |   FEHLA4   EQU   *                                         |
134      |   |   |   |   |-@ELSE-----------------------------------------------5-004-|
135      |   |   |   |   |   MVI    $ZUSTAND,$OKAY                                    |
136      |   |   |   |   |   PACK   PANFANG,ANFANG                                    |
137      |   |   |   |   |   PACK   PENDE,ENDE                                        |
138      |   |   |   |   +-@BEND----------------------------------------------5-----|
139      |   |   |   +-@BEND--------------------------------------------------4-----|
140      |   |   +-@BEND------------------------------------------------------3-----|
141      |   +-@BEND----------------------------------------------------------2-----|
142  **| @EXIT                                                                      |
143      |   ***********************************************************************
144      |   AUFFORD  DC    Y(LAUFFORD)                                              |
145      |   DC    X'404041'                                                         |
146      |   DC    'EINGEBEN: BEREICH XXXXXX,YYYYYY ODER /* ALS HALT'                |
147      |   LAUFFORD EQU   *-AUFFORD                                                |
148      |   ***********************************************************************
149      |   NUMERISH DC    240X'FF'                                                 |
150      |   DC    10X'00'                                                           |
151      |   DC    6X'FF'                                                            |
152      |   ***********************************************************************
153      |   FEHLM1   DC    Y(LFEHLM1)                                               |
154      |   DC    X'404041'                                                         |
155      |   DC    '*** EINGABEFEHLER: EINGABEWERTE NICHT NUMERISCH ***'             |
156      |   LFEHLM1  EQU   *-FEHLM1                                                 |
157      |   ***********************************************************************
158      |   FEHLM2   DC    Y(LFEHLM2)                                               |
159      |   DC    X'404041'                                                         |
160      |   DC    '*** EINGABEFEHLER: ENDE < ANFANG ODER ENDE < 2 ***'              |
161      |   LFEHLM2  EQU   *-FEHLM2                                                 |
162      |   ***********************************************************************
163      |   HALT     DC    '/*'                                                     |
164      |   ZWEI     DC    L6'000002'                                               |
165      |   NULL     DC    '0'                                                      |
166      |   ***********************************************************************
167      +-@END-------------------------------------------------------------------1-----|
```

```
168    +RECHBEG+                                                                    |
168    |-aENTR---------------------------------------------------------------1-001-|
168    |   TYP=I                                                                    |
169    | *** F U N K T I O N ************************************************        |
170    | *   1. BEI BEREICHSANFANG < 3 ZAHL 2 ALS PRIMZAHL DRUCKEN   *              |
171    | *       UND BEREICHSANFANG AUF 2 SETZEN                     *              |
172    | *   2. BEI GERADEM BEREICHSANFANG (KANN KEINE PRIMZAHL SEIN)*              |
173    | *       BEREICHSANFANG UM 1 ERHOEHEN                        *              |
174    | ************************************************************               |
175    |   aDATA CLASS=B,BASE=RVAR,DSECT=VDATEN                                     |
176    |   +-aIF--------------------------------------------------------------2-002-|
176    |   |   LT                                                                   |
177    |   |   CLC    PANFANG1,PDREI        ANFANG < 3 ?                            |
178    |   |-aTHEN------------------------------------------------------------2-003-|
179    |   |   ZAP    PANFANG,PZWEI                                                 |
180    |   |   MVC    AUSGABE,AUSGA                                                 |
181    |   |   WROUT AUSGA,FEHLA5                                                   |
182    |   |   FEHLA5    EQU    *                                                   |
183    |   +-aBEND---------------------------------------------------------2-----|
184    |   CVB    RANFANG,PANFANG                                                   |
185    |   SR     RANFANG-1,RANFANG-1                                               |
186    |   D      RANFANG-1,FZWEI                                                   |
187    |   +-aIF--------------------------------------------------------------2-005-|
187    |   |   ZE                                                                   |
188    |   |   OR     RANFANG-1,RANFANG-1 REST=0,D.H. GERADE ZAHL ?                 |
189    |   |-aTHEN------------------------------------------------------------2-006-|
190    |   |   AP     PANFANG,PEINS        BEREICHSANFANG + 1                       |
191    |   +-aBEND---------------------------------------------------------2-----|
192  **|   aEXIT                                                                    |
193    | ************************************************************               |
194    |   PDREI    DC    PL4'3'                                                    |
195    |   PZWEI    DC    P'2'                                                      |
196    |   FZWEI    DC    F'2'                                                      |
197    |   PEINS    DC    P'1'                                                      |
198    | ************************************************************               |
199    |   AUSGA    DC    Y(LAUSGA)                                                 |
200    |   DC    X'404041'                                                          |
201    |   DC    '     2'                                                           |
202    |   DC    ' IST EINE PRIMZAHL'                                               |
203    |   LAUSGA    EQU    *-AUSGA                                                 |
204    | ************************************************************               |
205    +-aEND---------------------------------------------------------------1-----|
```

```
206    +RECHHPT+                                                                      |
206    |-@ENTR------------------------------------------------------------------1-001-|
206    |   TYP=I                                                                       |
207    |   *** F U N K T I O N **********************************************           |
208    |   *   1. PRUEFEN ALLER UNGERADEN ZAHLEN DES BEREICHES,          *             |
209    |   *      OB PRIMZAHL-EIGENSCHAFT                                *             |
210    |   *   2. DIE ZAHL IST KEINE PRIMZAHL, WENN SIE SICH DURCH       *             |
211    |   *      EINE ANDERE UNGERADE ZAHL (DIVISOR) OHNE REST TEILEN   *             |
212    |   *      LAESST                                                 *             |
213    |   *      DER DIVISOR HAT DEN BEREICH 3 - DIVISOR*DIVISOR <      *             |
214    |   *      ZU PRUEFENDE ZAHL                                      *             |
215    |   *                                                             *             |
216    |   ***********************************************************                  |
217    |   @DATA CLASS=B,BASE=RVAR,DSECT=VDATEN                                         |
218    |   CVB    RZAHL,PANFANG                                                         |
219    |   CVB    R1,PENDE                                                              |
220    |   ST     R1,FENDE                                                             |
221    |   +-@WHIL----------------------------------------------------------2-002-|     |
221    |   |   LE                                                                  |     |
222    |   |   C      RZAHL,FENDE         ZAHL <= ENDE ?                           |     |
223    |   |-@DO-------------------------------------------------------------2-003-|     |
224    |   |   LH     RDIVIS,HEINS        DIVISOR = 1                             |     |
225    |   |   +-@CYCL---------------------------------------------------3-001-|   |     |
226    |   |   |   AH     RDIVIS,HZWEI         DIVISOR + 2                    |   |     |
227    |   |   |   LR     RVERGL,RDIVIS                                       |   |     |
228    |   |   |   MR     RVERGL-1,RDIVIS      VERGLEICH = DIVISOR*DIVISOR    |   |     |
229    |   |   |   +-@IF----------------------------------------------4-001-| |   |     |
229    |   |   |   |   GT                                                  | |   |     |
230    |   |   |   |   CR     RVERGL,RZAHL         VERGLEICH > ZAHL ?       | |   |     |
231    |   |   |   |-@THEN-----------------------------------------4-002-| | |   |     |
232    |   |   |   |   CVD    RZAHL,PANFANG        PRIMZAHL-              | | |   |     |
233    |   |   |   |   MVC    AUSGABE,AUSGAB         AUSGABE             | | |   |     |
234    |   |   |   |   ED     PRIMZAL,PANFANG1                          | | |   |     |
235    |   |   |   |   LA     R1,AUSGABE                                | | |   |     |
236    |   |   |   |   ST     R1,ADRAUS                                 | | |   |     |
237    |   |   |   |   LA     R1,FEHLA6                                 | | |   |     |
238    |   |   |   |   ST     R1,ADRFEHL2                               | | |   |     |
239    |   |   |   |   LA     R1,WROUT                                  | | |   |     |
240    |   |   |   |   WROUT (1)                                        | | |   |     |
241    |   |   |   |   FEHLA6     EQU    *                              | | |   |     |
242    |   |   |   |-@ELSE-----------------------------------------4-003-| | |   |     |
243    |   |   |   |   LR     R9,RZAHL             ZAHL TEILEN         | | |   |     |
244    |   |   |   |   SR     R8,R8                DURCH               | | |   |     |
245    |   |   |   |   DR     R8,RDIVIS            DIVISOR             | | |   |     |
246    |   |   |   +-@BEND--------------------------------------------4-----| | |   |     |
247    |   |   |   @WHEN                                          3        |   |     |
247    |   |   |   ZE                                                      |   |     |
248    |   |   |   OR     R8,R8             DIVISIONSREST = 0 ?             |   |     |
249    |   |   |   @OR    GT                                               |   |     |
250    |   |   |   CR     RVERGL,RZAHL      VERGLEICH > ZAHL ?              |   |     |
251    |   |   |   @BREA                                          3        |   |     |
252    |   |   +-@BEND-------------------------------------------------3-----|   |     |
253    |   |   AH     RZAHL,HZWEI          LFD. ZAHL + 2                        |     |
254    |   +-@BEND-----------------------------------------------------------2-----|     |
255 **|   @EXIT                                                                       |
256    |   *********************************************************                    |
257    |   AUSGAB   DC     Y(LAUSGAB)                                                   |
258    |   DC     X'404041'                                                            |
259    |   MASKE    DC     X'402020202020202120'                                        |
260    |   TEXT     DC     '  IST EINE PRIMZAHL'                                         |
261    |   LAUSGAB  EQU    *-AUSGABE                                                     |
262    |   *********************************************************                    |
263    |   HEINS    DC     H'1'                                                          |
264    |   HZWEI    DC     H'2'                                                          |
265    |   *********************************************************                    |
266    +-@END---------------------------------------------------------------1-----|     |
```

4.2 Manuelle Implementierung eines Entwurfs mit COBOL

Soweit zur Implementierung eines Entwurfs mit der Programmiersprache COBOL nicht das System COLUMBUS verwendet wird, sollten folgende Codierregeln beachtet werden:

1. Einfacher Strukturblock

a) Einzelner Verarbeitungsschritt

Ein oder mehrere Verarbeitungsschritte sind darstellbar als
— Kapitel (SECTION),
— Paragraph,
— Satz oder
— Anweisung,

soweit sie keine COBOL-Verben zur Ablaufsteuerung enthalten.

b) Definition und Aufruf einer Prozedur

Eine Prozedur kann definiert sein als
— intern oder
— extern.

Interne Prozeduren werden durch eine PERFORM-Anweisung angesprungen und als Kapitel definiert. Ebenfalls können sie als COPY-Prozedur aus einer Programmbibliothek an der gewünschten Stelle im eigenen Programm eingefügt werden:

Interne Prozedur

```
        PERFORM Kapitelname.
        :

Kapitelname SECTION.
P1.
        :
P2.
        :
Pn.     EXIT.
```

Copy-Prozedur zum Einfügen eines Paragraphen

```
          PERFORM  Kapelname.
             ⋮
Kapitelname  SECTION.
P 1.
             ⋮
          COPY  Sourcecodename.

Pn.       EXIT.
```

Copy-Prozedur zum Einfügen eines Kapitels

```
          PERFORM  Kapitelname.
             ⋮
Kapitelname  SECTION.
P1.
             ⋮
          COPY  Sourcecodename.
```

Externe Prozeduren sind Moduln, die getrennt codiert und übersetzt wurden. Für den Programmablauf können sie zu einem Lademodul zusammengebunden oder zum Zeitpunkt der Verarbeitung nachgeladen werden. In beiden Fällen werden sie mit CALL aufgerufen, wobei die Adressen von Datenbereichen mit der Klausel USING übergeben werden können.

Externe Prozedur

```
     [ENTER LINKAGE.]
      CALL Modulname USING Argument,...•¹
     [ENTER COBOL.]


     ⎡ENTER LINKAGE.⎤
     ⎢RETURN.        ⎥  oder EXIT PROGRAM.¹
     ⎣ENTER COBOL.  ⎦
```

¹ Bei COBOL Standard 1974 nur diese beiden Anweisungen notwendig.

2. Auswahlstrukturblock

a) Zweifachverzweigung

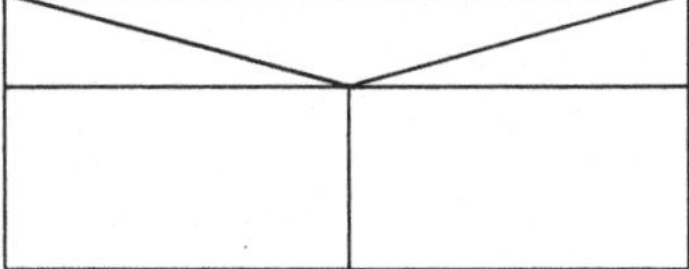

Soweit die Anweisungen des gesamten Strukturblocks auf einer Listenseite unterzu-
bringen sind, kann wie folgt codiert werden:

```
        IF Bedingung THEN  NEXT  SENTENCE
                     ELSE GO  TO Paragraphenname-1.
          :
          : } THEN − Strukturblock
          :
        GO TO Paragraphenname-2.
Paragraphenname-1.
          :
          : } ELSE −  Strukturblock
          :
Paragraphenname-2. NOTE.
```

Ist der Strukturblock sehr umfangreich und sein Inhalt nicht auf einer Seite darstellbar, so sollten aus Gründen der Lesbarkeit die JA-/NEIN-Zweige als Prozeduren
entworfen werden.

```
        IF Bedingung THEN PERFORM Ja-Kapitelname
                     ELSE  PERFORM Nein-Kapitelname.

 JA-Kapitelname SECTION.
 P 1.
          :
 Pn.     EXIT.
 NEIN-Kapitelname SECTION.
 Q 1.
          :
 Qn.     EXIT.
```

Enthält die Zweifachverzweigung nur zwei oder drei Befehle, so kann der Strukturblock als COBOL-Satz codiert werden:

```
        IF Bedingung THEN ....
                     ELSE ..... .
```

Die COBOL-Sprache erlaubt in einigen Anweisungen Ergänzungen wie ON SIZE
ERROR, INVALID KEY und AT END. Da diese Ergänzungen unbedingte Anweisungen zur Folge haben und an die COBOL-Syntax gebunden sind, kann die
statische Niederschrift nicht von oben nach unten und von links nach rechts implementiert werden.

Für diese Sonderfälle folgen Codiervorschläge.

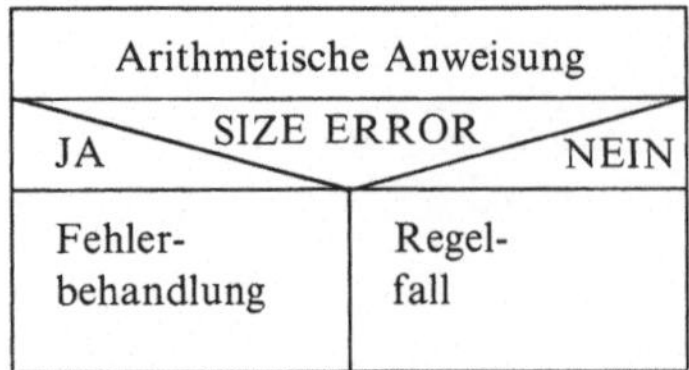

Arithmetische Anweisung ON SIZE ERROR GO TO Paragraphenname-2.

Paragraphenname-1.
$\left.\vdots\right\}$ Regelfall
GO TO Paragraphenname-3.
Paragraphenname-2.
$\left.\vdots\right\}$ Fehlerbehandlung
Paragraphenname-3. NOTE.

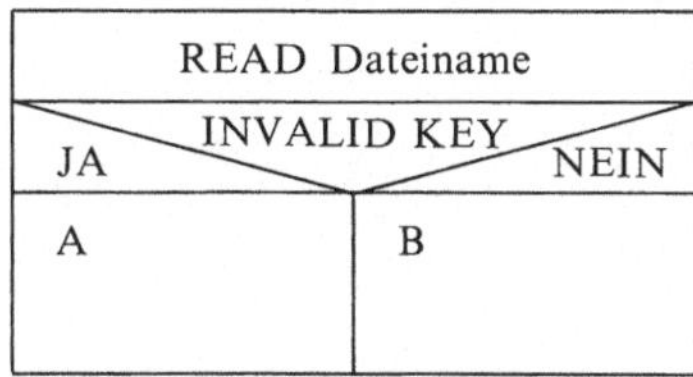

(Die gleiche Konstruktion gilt analog auch für:
READ Dateiname AT END...)

READ Dateiname $\left\{\begin{array}{c}\text{INVALID KEY}\\ \text{AT END}\end{array}\right\}$ GO TO Paragraphenname-2.

Paragraphenname-1.
$\left.\vdots\right\}$ B
GO TO Paragraphenname-3.
Paragraphenname-2.
$\left.\vdots\right\}$ A
Paragraphenname-3. NOTE.

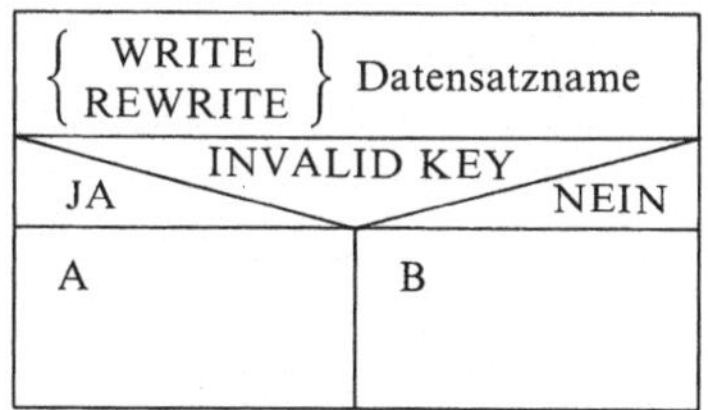

$\left\{\begin{array}{l}\text{WRITE}\\ \text{REWRITE}\end{array}\right\}$ Datensatzname INVALID KEY GO TO Paragraphenname-2.

Paragraphenname-1.
$\left.\vdots\right\}$ B
GO TO Paragraphenname-3.
Paragraphenname-2.
$\left.\vdots\right\}$ A
Paragraphenname-3. NOTE.

Die Strukturblöcke werden meist mit einer Endadresse auf die Scheinoperation NOTE versehen. Dadurch erreicht man ein problemloses Ändern und Streichen der Strukturblöcke, da sich Adressen immer nur auf einen Strukturblock beziehen.

b) Mehrfachverzweigung

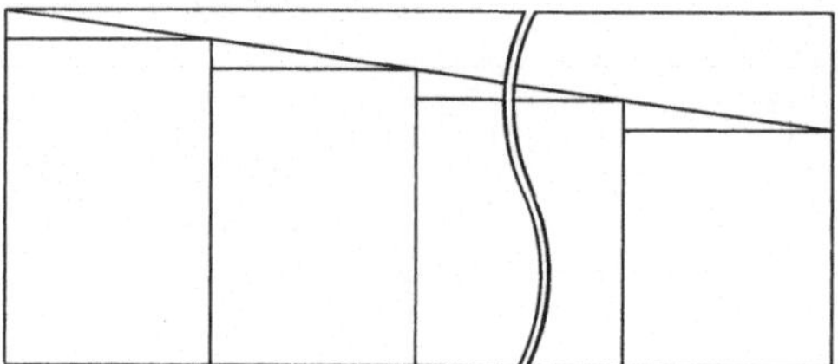

Das Kriterium bei einer Mehrfachverzweigung kann eine numerische oder nichtnumerische Bedingungsvariable sein. Dementsprechend unterscheidet sich die Codierung nur in der Formulierung der Bedingungen.

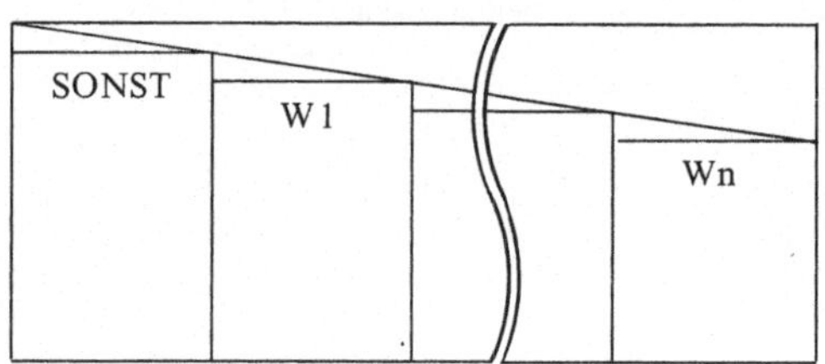


```
Bedingungsvariable nichtnumerisch:
        IF  Bedingungsvariable = W 1 GO TO Paragraphenname-1.
        IF  Bedingungsvariable = W 2 GO TO Paragraphenname-2.
        :
        :
        :
        IF  Bedingungsvariable = Wn GO TO Paragraphenname-n.
Paragraphenname-SONST.
        :  ⎫
        :  ⎬ Zweig SONST
        :  ⎭
        GO TO Paragraphenname-m.
Paragraphenname-1.
        :  ⎫
        :  ⎬ Zweig W 1
        :  ⎭
        GO TO Paragraphenname-m.
Paragraphenname-2.


Paragraphenname-n.
        :  ⎫
        :  ⎬ Zweig Wn
        :  ⎭
Paragraphenname-m. NOTE.
```

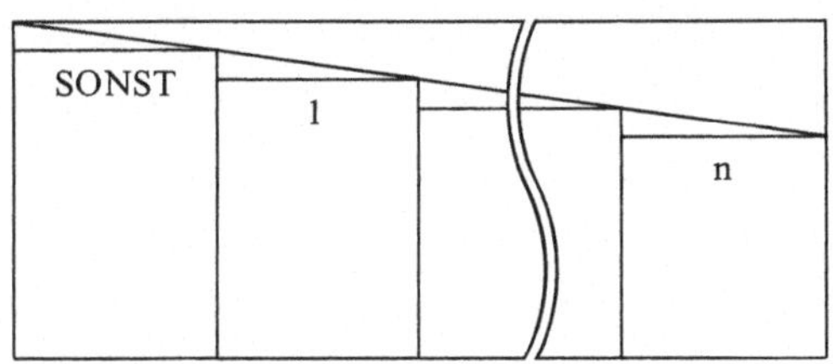


```
Bedingungsvariable numerisch (Wertebereich 1,2,...,n):
        GO TO Paragraphenname-1, Paragraphenname-2,...
        DEPENDING ON Bedingungsvariable.
Paragraphenname-SONST.
    :  }
    :  }  Zweig SONST
    :  }
        GO TO Paragraphenname-m.
Paragraphenname-1.
    :  }
    :  }  Zweig1
    :  }
        GO TO Paragraphenname-m.
Paragraphenname-2.
    :  }
    :  }  Zweig2
    :  }
        GO TO Paragraphenname-m.

Paragraphenname-m. NOTE.
```

Für den Spezialfall der SEARCH-Anweisung wird folgende Codierung vorgeschlagen:

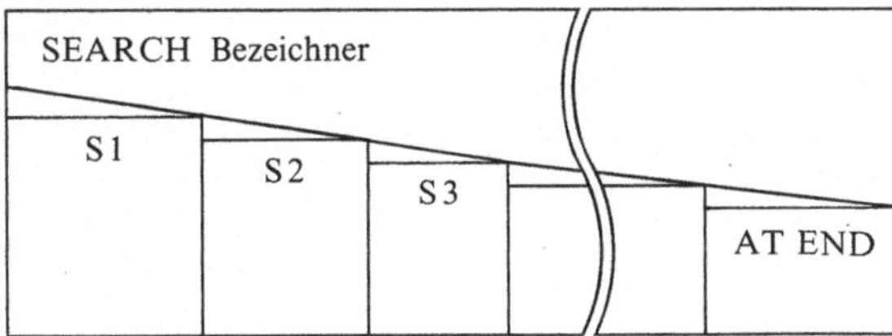

```
        SEARCH Bezeichner AT END GO TO Paragraphenname-m-1.
        WHEN S1 GO TO Paragraphenname-1.
        WHEN S2 GO TO Paragraphenname-2.
        WHEN......
          :
          :
          :
Paragraphenname-1.
          :  }  Zweig S1
          :  }
        GO TO Paragraphenname-m.
Paragraphenname-2.
          :  }  Zweig S2
          :  }
        GO TO Paragraphenname-m.
```

```
Paragraphenname-m-1.
          :  }  Zweig AT END
          :  }
Paragraphenname-m. NOTE.
```

3. Schleifenstrukturblock

a) Schleife mit Vorabtest

```
WHILE Bedingung
  ┌─────────────────┐
  │                 │
  │                 │
  │                 │
  └─────────────────┘
```

Die Codierung einer solchen Struktur bietet keine Schwierigkeiten:

```
Anfangsname.
        IF Bedingung THEN NEXT SENTENCE
                ELSE GO TO Endename.
          :  }  DO-Strukturblock
          :  }
        GO TO Anfangsname.
Endename. NOTE.
```

Bei der Formulierung der WHILE-Abbruchbedingung kann auch die PERFORM-Anweisung eingesetzt werden:

```
PERFORM Kapitelname UNTIL NOT Bedingung.
```

```
PERFORM Kapitelname
        VARYING Laufvariable
        FROM    Anfangswert
        BY      Schrittweite
        UNTIL   Laufvariable = Endwert
        [AFTER  ..........].
```

```
PERFORM Kapitelname Bezeichner TIMES.
```

b) Schleife mit Abbruchbedingung

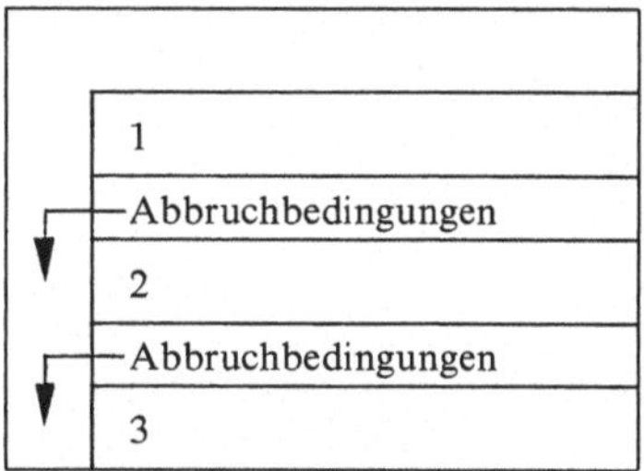

Die Codierung geschieht in einfacher Weise:

```
Paragraphenname-1.
        :  ⎫
        :  ⎬ Schleifenteil 1
        :  ⎭
        IF  Bedingung THEN GO TO Paragraphenname-m.
        :  ⎫
        :  ⎬ Schleifenteil 2
        :  ⎭
        IF  Bedingung THEN GO TO Paragraphenname-m.
        :  ⎫
        :  ⎬ Schleifenteil 3
        :  ⎭
        GO TO Paragraphenname-1.
Paragraphenname-m. NOTE.
```

Manuelle Implementierung eines Entwurfs mit COBOL

Die Aufgabenstellung „Primzahlen" ist in Anweisungen der COBOL-Sprache umzusetzen[1]. Hierbei sind die Empfehlungen zu verwenden, die für die manuelle
Umsetzung in dieser Lerneinheit dargestellt wurden.

---

[1] Siehe Abschnitt 3.4.

Manuelle Implementierung eines Entwurfs mit COBOL

Die dargestellte Codierung stellt eine mögliche Lösung dar. Bei einem Vergleich mit der eigenen Ausarbeitung müßten im Befehlsteil die wesentlichen Teile ziemlich genau übereinstimmen.

```
 1      IDENTIFICATION DIVISION.
 2      PROGRAM-ID. PRIMZAHL.
 3      ENVIRONMENT DIVISION.
 4      DATA DIVISION.
 5      WORKING-STORAGE SECTION.
 6          01  ZUSTAND                 PIC 9.
 7              88  RICHTIGE-EINGABE     VALUE 0.
 8              88  VERARBEITUNG-ENDE    VALUE 1.
 9              88  EINGABE-FEHLER       VALUE 2.
10          01  RICHTIGEINGABE      PIC 9     VALUE 0.
11          01  PROGRAMMENDE        PIC 9     VALUE 1.
12          01  EINGABEFEHLER       PIC 9     VALUE 2.
13          01  PROGRAMM-HALT       PIC X(2)  VALUE  "/*".
14          01  ZAHL                PIC 9(7).
15          01  ZAEHLER             PIC 9(7)  REDEFINES ZAHL.
16          01  BEREICH.
17              02  ANFANG    PIC 9(6).
18              02  FILLER    PIC 9.
19              02  ENDE      PIC 9(6).
20          77  EINGABEAUFFORDERUNG PIC X(48) VALUE
21          "EINGEBEN: BEREICH XXXXXX,YYYYYY ODER /* ALS STOP".
22          77  FEHLERMELDUNG-1 PIC X(51) VALUE
23          "*** EINGABEFEHLER: EINGABEWERTE NICHT NUMERISCH ***".
24          77  FEHLERMELDUNG-2 PIC X(50) VALUE
25          "*** EINGABEFEHLER: ENDE < ANFANG ODER ENDE < 2 ***".
26          77  PRIMZAHL PIC A(20) VALUE "   IST EINE PRIMZAHL".
27          77  PROGRAMM-ENDE PIC X(22) VALUE "NORMALER PROGRAMM-HALT".
28          77  DIVISOR        PIC 9(6).
29          77  QUOTIENT       PIC 9(6).
30          77  REST           PIC 9(6).
31          77  VERGLEICH      PIC 9(7).
32      PROCEDURE DIVISION.
33      PRIMZAHL SECTION.
34      PRZ-BEGINN.
35          PERFORM EINGABE.
36          IF VERARBEITUNG-ENDE
37          THEN GO TO PRZ-ENDE.
38          IF ANFANG < 3
39          THEN MOVE 2 TO ANFANG ZAHL
40          DISPLAY ZAHL PRIMZAHL UPON TERMINAL.
41          DIVIDE 2 INTO ANFANG GIVING ZAHL REMAINDER REST.
42          IF REST IS ZERO
43          THEN ADD 1 TO ANFANG.
44          MOVE ANFANG TO ZAHL.
45      PRZ-SCHLEIFE1.
46          IF ZAEHLER NOT > ENDE
47          THEN NEXT SENTENCE
48          ELSE GO TO PRZ-SCHLEIFE1-ENDE.
49          MOVE 1 TO DIVISOR.
50      PRZ-SCHLEIFE2.
51          ADD 2 TO DIVISOR.
52          MULTIPLY DIVISOR BY DIVISOR GIVING VERGLEICH.
53          IF VERGLEICH > ZAHL
54          THEN DISPLAY ZAHL PRIMZAHL UPON TERMINAL
55          ELSE DIVIDE DIVISOR INTO ZAHL
56          GIVING QUOTIENT REMAINDER REST.
57          IF VERGLEICH > ZAHL OR REST IS ZERO
58          THEN GO TO PRZ-SCHLEIFE2-ENDE.
59          GO TO PRZ-SCHLEIFE2.
60      PRZ-SCHLEIFE2-ENDE.
61          ADD 2 TO ZAHL.
62          GO TO PRZ-SCHLEIFE1.
63      PRZ-SCHLEIFE1-ENDE.
64          GO TO PRZ-BEGINN.
65      PRZ-ENDE.
66          DISPLAY PROGRAMM-ENDE UPON TERMINAL.
67          STOP RUN.
```

```
 68            EINGABE SECTION.
 69            EIN-BEGINN.
 70               MOVE EINGABEFEHLER TO ZUSTAND.
 71            EIN-SCHLEIFE.
 72               IF EINGABE-FEHLER
 73               THEN NEXT SENTENCE
 74               ELSE GO TO EIN-SCHLEIFE-ENDE.
 75               DISPLAY EINGABEAUFFORDERUNG UPON TERMINAL.
 76               ACCEPT BEREICH FROM TERMINAL.
 77               IF ANFANG = PROGRAMM-HALT
 78               THEN NEXT SENTENCE
 79               ELSE GO TO EIN-HALTPRUEFG-1.
 80               MOVE PROGRAMMENDE TO ZUSTAND.
 81               GO TO EIN-HALTPRUEFG-2.
 82            EIN-HALTPRUEFG-1.
 83               IF ANFANG NOT NUMERIC OR ENDE NOT NUMERIC
 84               THEN NEXT SENTENCE
 85               ELSE GO TO EIN-NUMERISCHPRUEFG-1.
 86               DISPLAY FEHLERMELDUNG-1 UPON TERMINAL.
 87               GO TO EIN-NUMERISCHPRUEFG-2.
 88            EIN-NUMERISCHPRUEFG-1.
 89               IF ENDE < ANFANG OR ENDE < 2
 90               THEN NEXT SENTENCE
 91               ELSE GO TO EIN-BEREICHPRUEFG-1.
 92               DISPLAY FEHLERMELDUNG-2 UPON TERMINAL.
 93               GO TO EIN-BEREICHPRUEFG-2.
 94            EIN-BEREICHPRUEFG-1.
 95               MOVE RICHTIGEINGABE TO ZUSTAND.
 96            EIN-BEREICHPRUEFG-2. NOTE.
 97            EIN-NUMERISCHPRUEFG-2. NOTE.
 98            EIN-HALTPRUEFG-2.
 99               GO TO EIN-SCHLEIFE.
100            EIN-SCHLEIFE-ENDE. NOTE.
101            EIN-ENDE. EXIT.
```

4.3 Manuelle Implementierung eines Entwurfs mit Assembler

Wird zur Implementierung eines Entwurfs in der Programmiersprache Assembler nicht das System COLUMBUS eingesetzt, so kann die Steuerstruktur entsprechend den folgenden Empfehlungen codiert werden.

1. Einfacher Strukturblock

a) Einzelner Verarbeitungsschritt

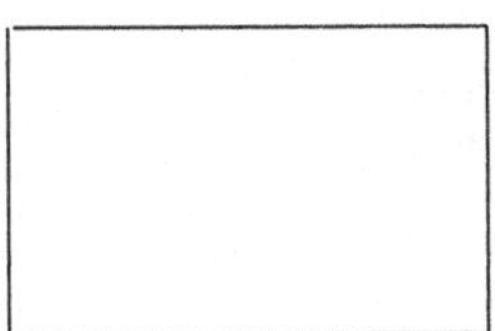

Ein oder mehrere Verarbeitungsschritte sind durch einen oder mehrere Assembler-Befehle dargestellt, die keine Steueranweisung enthalten. Soweit Makroaufrufe verwendet werden, können diese als einfache Strukturblöcke betrachtet werden.

b) Definition und Aufruf einer Prozedur

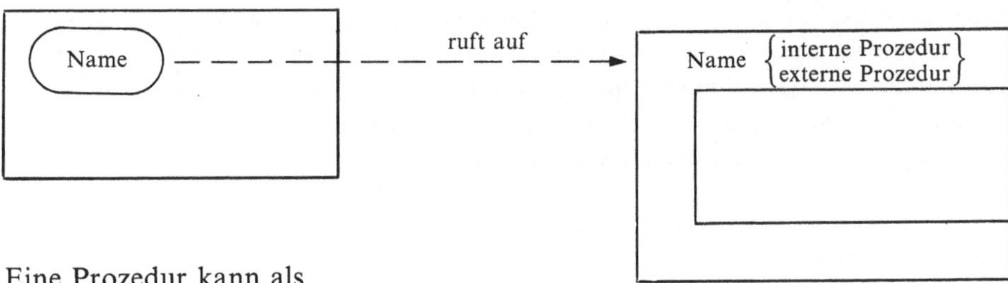

Eine Prozedur kann als

— intern oder
— extern

definiert sein.

Eine interne Prozedur wird mit dem Befehl BAL (branch and link) oder BALR angesprungen. Soweit erforderlich, werden Registerinhalte der aufrufenden Prozedur zunächst sichergestellt, bevor in der Unterprozedur die Bearbeitung beginnt.

	BAL B	Rücksprungregister, Prozedurname Fortsetzungsname
Datenname 1 Datenname 2 ⋮ Datenname n	DS/DC-Anweisungen als Definition der Parameter	
Fortsetzungsname	CNOP EQU	0,8 *
Prozedurname	STM	Register a, Register b, Bereichsname soweit erforderlich
	⋮	Zugriff auf einen Parameter geschieht über den in der rufenden Prozedur vergebenen Datennamen
	LM BR	Register a, Register b, Bereichsname Rücksprungregister
Bereichsname	DS	....F

Externe Prozeduren sind Befehlsfolgen, die getrennt von der aufrufenden Prozedur codiert und übersetzt wurden. Für den Programmablauf können sie mit der rufenden Prozedur zusammengebunden oder zum Aufrufzeitpunkt nachgeladen werden.

Bei den aufgerufenen Prozeduren unterscheidet man zwischen einem

— dynamischen und
— statischen

Anfang oder Ende.

Während des Maschinenlaufs beginnt die Bearbeitung einer Prozedur beim dynamischen Anfang und wird bei ihrem dynamischen Ende wieder verlassen. Da jedoch im allgemeinen vor dem dynamischen Anfang oder nach dem dynamischen Ende noch Konstanten und Bereichsdefinitionen notwendig sind, fallen statische und dynamische Anfangs- und Endeangaben auseinander.

Bei der folgenden Darstellung wird der Aufruf und die Vereinbarung einer externen
Prozedur dargestellt.

	EXTRN	Prozedurname
	LA	13, Saveareaname
	LA	14, Fortsetzungsname
	L	15, Prozeduradreßname
	LA	1, Datenadreßname
	BR	15
Saveareaname	DS	18A
Prozeduradreßname	DC	A(Prozedurname)
Datenadreßname	DC	A(Datenname 1)
	⋮	
	DC	A(Datenname n)
	CNOP	0,8
Fortsetzungsname	EQU	*
Prozedurname[1]	CSECT	
	STM	14, 12, 12(13)
	⋮	
	L	1, 24(13) Adresse der Datenadreßliste nach Register 1
	⋮	
	LM	14, 12, 12(13)
	BR	14
	⋮ } lokale ⋮ } Definitionen	
	END	

[1] Anmerkung: Falls aus besonderen Gründen (z.B. Dateierklärungen in der Prozedur) statischer und
dynamischer Prozeduranfang nicht zusammenfallen, muß „Prozedurname" den dynamischen Prozeduranfang bezeichnen.

Die meisten folgenden Strukturblöcke sind mit einer Abschlußadresse (Name
EQU *) versehen. Damit kann ein Strukturblock ohne Adreßänderungen bzw.
ohne Eingriffe in weitere Strukturen geändert oder gestrichen werden. Aus diesen
Gründen empfiehlt es sich, den Strukturblock stets in dieser Form abzuschließen.

2. *Auswahlstrukturblock*

a) Zweifachverzweigung

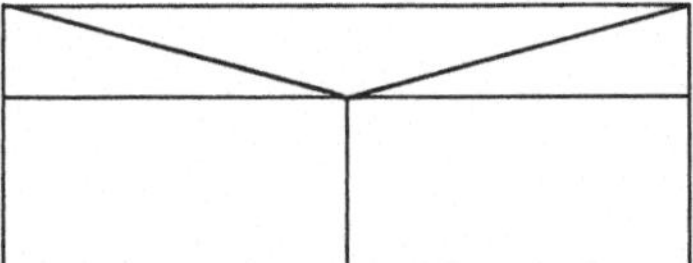

Eine Codierung kann in folgender Weise stattfinden:

Anfangsname	EQU	*
	Abfragebefehle	
	BC	X′NEIN-Maske′, NEIN-Name
JA-Name	EQU	*
	⋮ JA-Zweig	
	B	Endname
NEIN-Name	EQU	*
	⋮ NEIN-Zweig	
Endname	EQU	*

In den Fällen, in denen der NEIN- oder JA-Zweig nicht ausgefüllt ist, sind folgende Möglichkeiten gegeben:

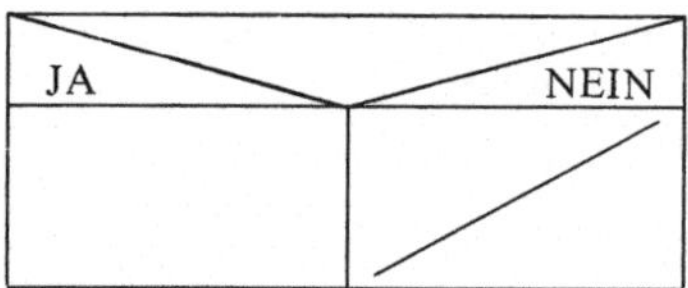

Anfangsname	EQU	*
	Abfragebefehle	
	BC	X′NEIN-Maske′, Endname
JA-Name	EQU	*
	⋮ } JA-Zweig	
Endname	EQU	*

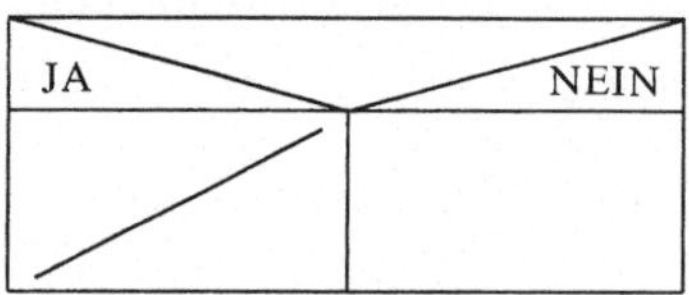

Anfangsname	EQU	*
	Abfragebefehle	
	BC	X′JA-Maske′, Endname
NEIN-Name	EQU	*
	⋮ } NEIN-Zweig	
Endname	EQU	*

b) Mehrfachverzweigung

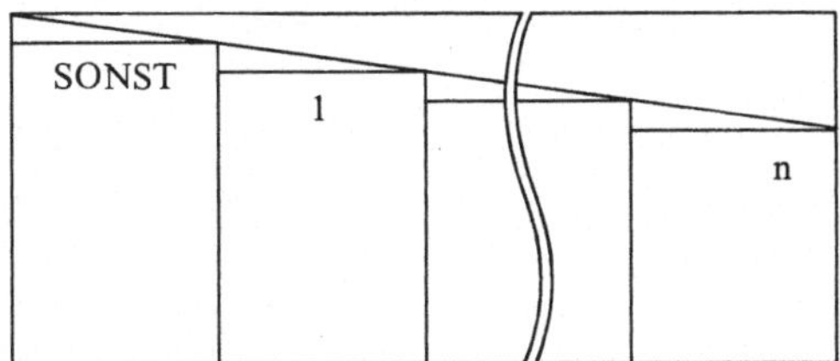

Bei der dargestellten Codierung für numerische Bedingungsvariable wird mit einer Adreßtabelle gearbeitet, deren Einträge je ein Wort (4 Byte) lang sind. Die Anfangsadresse, erhöht um die Fallvariable * 4, ergibt die Adresse des zugehörigen Bearbeitungszweiges.

	Anfangsname	EQU	*
①		L	Steuerreg., Fallvariable
		CH	Steuerreg., Fallkonstante
		BNH	Verteilername
②		LA	Steuerregister, ∅
	Verteilername	EQU	*
③		SLA	Steuerregister, 2
④		L	Steuerreg., Adreßtabelle (Steuerreg.)
		BR	Steuerregister
	Fallkonstante	DC	H′n′
	Adreßtabelle	DC	A(Zweigname-SONST)
		DC	A(Zweigname-1)
		DC	A(Zweigname-2)
		CNOP	0,8
		⋮	⋮
	Zweigname-SONST	EQU	*
		⋮ } Sonstzweig	
		B	Endname
	Zweigname-1	EQU	*
		⋮ } Zweig 1	
		B	Endname
	Zweigname-n	EQU	*
		⋮ } Zweig n	
	Endname	EQU	*

Wertebereich der Fallvariablen von 1,2,...,n im Wortformat. Fallkonstante = vorgesehener Höchstwert n der Fallvariablen.

Beispiel:

Steuer- reg.-Inhalt \ Fallvariable	1	2	3	Rest
①	1	2	3	0 oder 4,5,…
②	–	–	–	0
③	4	8	12	0
④	Adreß- tabelle +4	Adreß- tabelle +8	Adreß- tabelle +12	Adreß- tabelle +0

Treten entweder nichtnumerische oder unstetige numerische Variable auf oder sollen nur wenige Fälle codiert werden, so ist folgendes Vorgehen möglich:

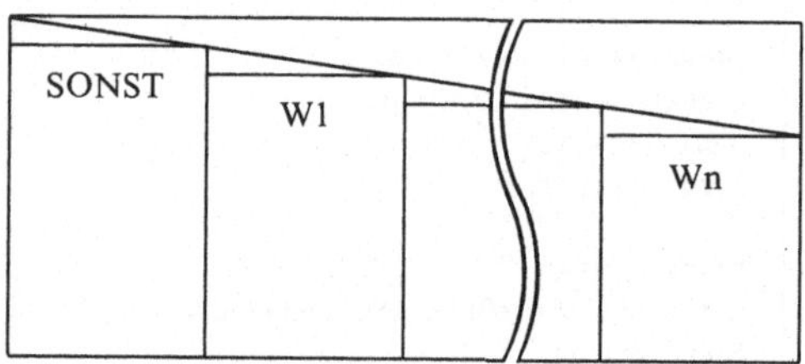

Anfangsname	EQU	*
	Abfrage f. Bedingung 1	
	BC	X′JA-Maske 1′, Zweigname 1
	Abfrage f. Bedingung 2	
	BC	X′JA-Maske 2′, Zweigname 2
	⋮	⋮
SONST-Name	EQU	*
	⋮ } Zweig SONST	
	B	Endname
Zweigname 1	EQU	*
	⋮ } Zweig W1	
	B	Endname
Zweigname 2	EQU	*
	⋮ } Zweig W2	
	B	Endname
⋮	⋮	⋮
Endname	EQU	*

3. Schleifenstrukturblock

a) Schleife mit Vorabtest

<table>
<tr><td>WHILE Bedingung</td></tr>
<tr><td></td></tr>
</table>

Eine Codierung ist im Normalfall in folgender Weise möglich:

Anfangsname	EQU	*
	Abfragebefehl	
	BC	X'NEIN-Maske', Endname
DO-Name	EQU	*
	⋮ } Schleifeninhalt	
	B	Anfangsname
Endname	EQU	*

In vielen Fällen ist der Schleifendurchlauf von dem Inhalt einer numerischen Variablen abhängig, die vom Anfangswert bis zum Endwert kontinuierlich um einen bestimmten Betrag erhöht wird. Ist diese Erhöhung konstant um den Wert 1, wird man eine Konstruktion mit dem Befehl BCT (branch on count) wählen:

Anfangsname	EQU	*
	LA	Zählregister, Zahl[1]
WHILE-Name	BCT	Zählregister, DO-Name
	B	Endname
DO-Name	EQU	*
	⋮ } Schleifeninhalt	
	B	WHILE-Name
Endname	EQU	*

[1] Zahl = Anzahl der Ausführungen plus 1.

Erhöht sich das Schleifenkriterium jedoch bei jedem Durchlauf um mehr als den Wert 1, so empfiehlt sich der Befehl BXLE (branch on index low or equal):

Anfangsname	EQU	*
	LA	Register für Anfangswert, Anfangswert
	LA oder L	Register für Schrittweite, Schrittweite[1]
	LA	Register für Endewert, Endewert
WHILE-Name	BXLE	Register für Anfangswert, Register für Schrittweite, DO-Name
	B	Endname
DO-Name	EQU	*
	⋮ } Schleifeninhalt	
	B	WHILE-Name
Endname	EQU	*

[1] Registernummer für Schrittweite geradzahlig. Registernummer für Endewert ist die Registernummer für Schrittweite $+1$.

b) Schleife mit Abbruchbedingung

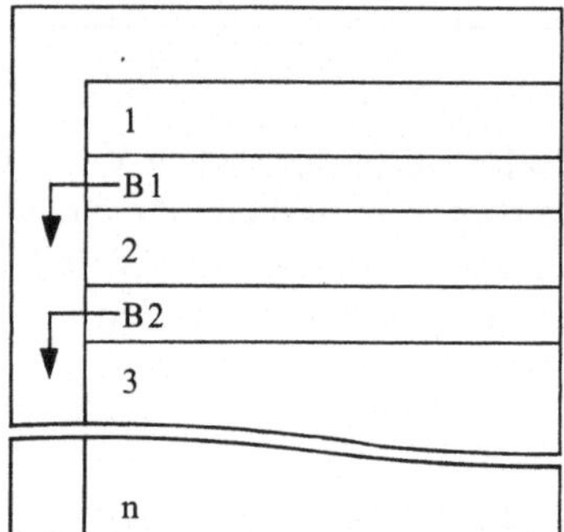

Es empfiehlt sich folgende Codierung:

Anfangsname	EQU	*
	⋮ } Schleifenteil 1	
	Frage, ob Abbruchbedingung (B 1) erfüllt	*
	BC	X'JA-Maske 1', Endname
	⋮ } Schleifenteil 2	
	Frage, ob Abbruchbedingung (B 2) erfüllt	
	BC	X'JA-Maske 2', Endname
	⋮ } Schleifenteil 3	
	B	Anfangsname
Endname	EQU	*

Handelt es sich um eine reine Zählschleife, so kann der Befehl BCT (branch on count) eingesetzt werden.

Anfangsname	EQU	*
	LA oder L	Zählregister, Anzahl[1]
DO-Name	EQU	*
	⋮ } Schleifeninhalt	
	BCT	Zählregister, DO-Name
Endname	EQU	*

[1] Zählschleife nicht abweisend. Anzahl der Ausführungen (>0).

Manuelle Implementierung eines Entwurfs mit Assembler

Die folgenden Struktogramme des Programms „Primzahlen" sind in Befehle der Assembler-Sprache umzusetzen. Hierbei sollen die Empfehlungen verwendet werden, die für die manuelle Umsetzung in dieser Lerneinheit dargestellt wurden. Da die Codierung der Funktion in Assembler umfangreicher ist als in einer problemorientierten Sprache, wurde die Arbeitsweise gegenüber den bisherigen Beispielen etwas geändert:

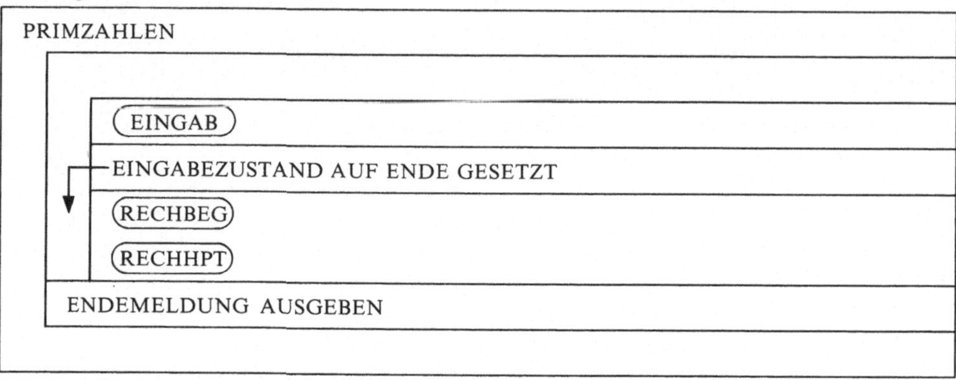

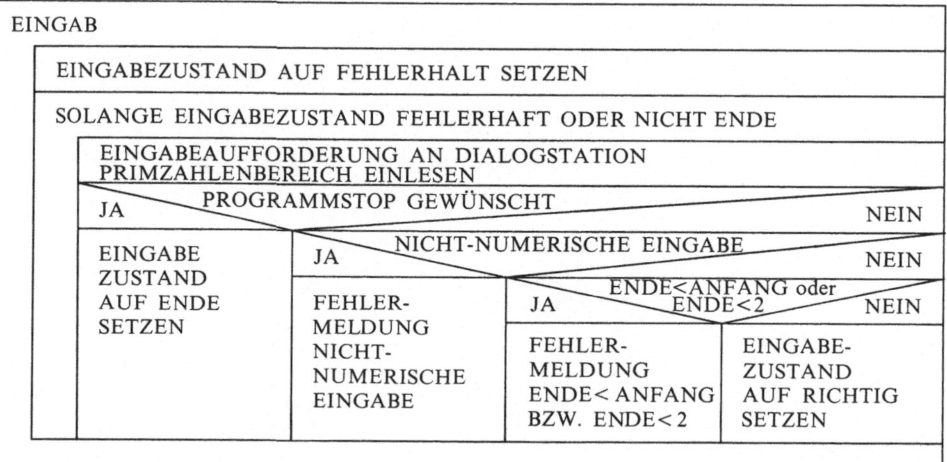

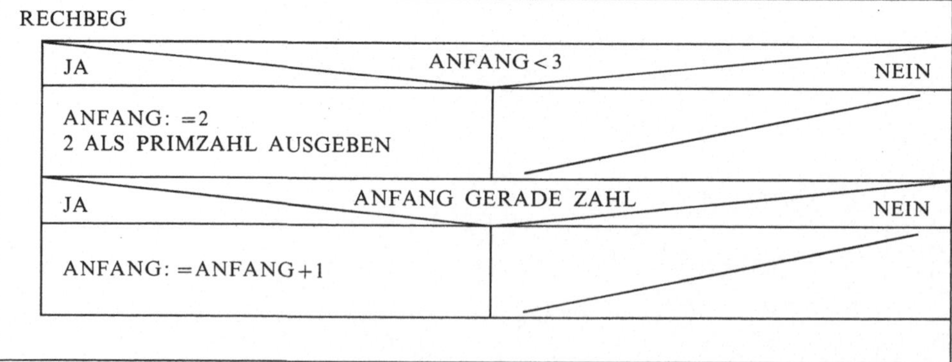

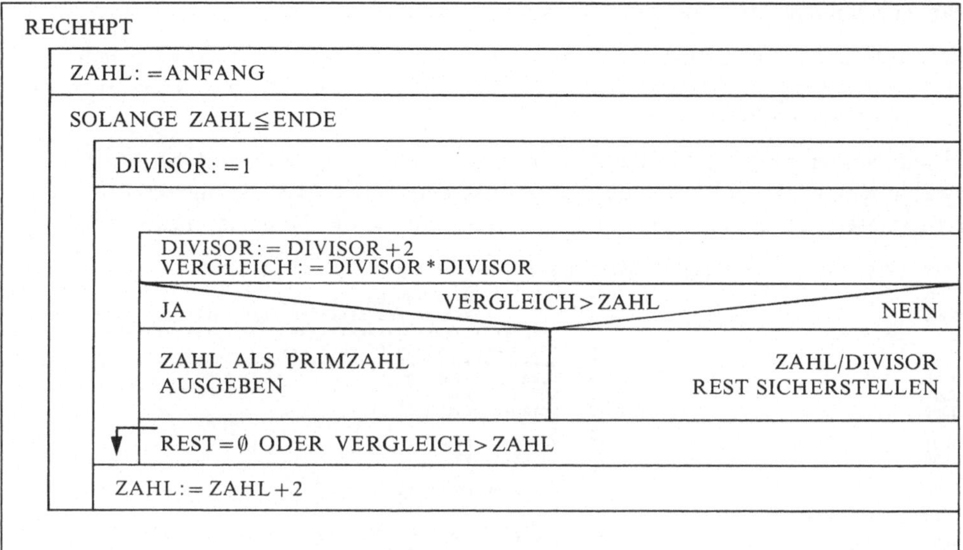

Das Programm soll ablaufinvariant erstellt werden, d.h. Bereiche, die variable Werte aufnehmen können, sind klar von Konstanten und ablaufinvariantem Code zu trennen.

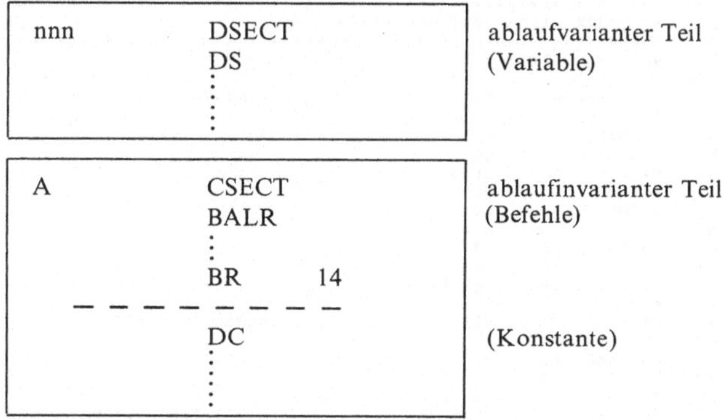

ablaufvarianter Teil
(Variable)

ablaufinvarianter Teil
(Befehle)

(Konstante)

Soweit im BS 2000 codiert wird, kann auch für den ablaufvarianten Teil je Benutzer dynamisch Speicherplatz angefordert und bei Programmende wieder freigegeben werden.

Manuelle Implementierung eines Entwurfs mit Assembler

Die dargestellte Codierung stellt eine mögliche Lösung dar. Ein Vergleich mit der Ausarbeitung des Lesers müßte zeigen, daß die wesentlichen Teile ziemlich genau übereinstimmen.

Bei der Namensvergabe für Befehlsadressen wurden mnemotechnische Ausdrücke gewählt, wie sie zur Definition des Steuerflusses in COLUMBUS eingesetzt wurden. Selbstverständlich ist auch eine andere Systematik bei der Namensvergabe möglich.

```
FLAG LOCTN OBJECT CODE     ADDR1   ADDR2   STMNT M SOURCE STATEMENT

                                      1                PRINT NOGEN
     000000                           2                TITLE 'FESTLEGUNGEN FUER EQUAL =...'
                                      3      ***********************************************************
                                      4      *    SYMBOL. NAMEN EQUAL = ...                            *
                                      5      ***********************************************************
     000000                           6      $OKAY     EQU   0
     000001                           7      $HALT     EQU   1
     000002                           8      $ERROR    EQU   2
                                      9      *
     00000A                          10      RBASIS    EQU   10
     00000B                          11      RVARDAT   EQU   11
                                     12      *
     00000E                          13      RZURUECK  EQU   14
                                     14      *
     000003                          15      RANFANG   EQU   3
     000003                          16      RZAHL     EQU   3
     000005                          17      RDIVIS    EQU   5
     000007                          18      RVERGL    EQU   7
                                     19      *
     000000                          20      RNULL     EQU   0
     000001                          21      R1        EQU   1
     000008                          22      R8        EQU   8
     000009                          23      R9        EQU   9
     00000F                          24      R15       EQU   15
                                     25      *
     00000C                          26      SHIFT     EQU   12
                                     27      *
                                     28                TITLE 'DSECT FUER VARIABLE (REENTRANT)'
                                     29      ***********************************************************
                                     30      *    DSECT FUER VARIABLE (REENTRANT)                       *
                                     31      ***********************************************************
     000000                          32      VDATEN    DSECT
                                     33      *
     000000                          34      $ZUSTAND  DS    C                 EINGABEDATEN-ZUSTAND
                                     35      *
     000001                          36      EINGABE   DS    0L17              EINGABEBEREICH ZAHLENBEREICH
     000001                          37                DS    L4
     000005                          38      EINGBE    DS    0L13
     000005                          39      ANFANG    DS    0L6
     000005                          40      BEENDE    DS    L2
     000007                          41                DS    L4
     00000B                          42      KOMMA     DS    L1
     00000C                          43      ENDE      DS    L6
     000011                          44      LEINGABE  EQU   *-EINGABE
                                     45      *
     000018                          46      PANFANG   DS    0D                GEPACKTE EINGABEDATEN
     000018                          47                DS    F
     00001C                          48      PANFANG1  DS    F
     000020                          49      PENDE     DS    D
                                     50      *
     000028                          51      AUSGABE   DS    0L32              AUSGABEBEREICH PRIMZAHLEN
     000028                          52                DS    L5
     00002D                          53      PRIMZAL   DS    L8
     000035                          54                DS    L19
     000020                          55      LAUSGABE  EQU   *-AUSGABE
                                     56      *
     000048                          57      WRTRD     DS    4F                ADRESSLEISTE FUER WRTRD
     000048                          58                ORG   WRTRD
     000048                          59      ADRAUSG   DS    F
     00004C                          60      ADREING   DS    F
     000050                          61      LEINGAB   DS    F
     000054                          62      ADRFEHL1  DS    F
                                     63      *
     000058                          64      WROUT     DS    2F                ADRESSLEISTE FUER WROUT
     000058                          65                ORG   WROUT
     000058                          66      ADRAUS    DS    F
     00005C                          67      ADRFEHL2  DS    F
                                     68      *
     000060                          69      FENDE     DS    F                 STORE FUER BEREICHSENDE
                                     70      *
     000064                          71      RELM      DS    2F                DYNAM. SPEICHERPLATZVERWALTG.
     000064                          72                ORG   RELM
     000064                          73      RELMSZ    DS    F
     000068                          74      RELMS#    DS    F
                                     75      *
```

```
PRIMZAHL - HAUPTPROZEDUR


FLAG LOCTN OBJECT CODE      ADDR1  ADDR2  STMNT M SOURCE STATEMENT

                                          76              TITLE 'PRIMZAHL - HAUPTPROZEDUR '
       000000                             77   PRIMZAHL CSECT
                                          78   *** F U N K T I O N ***********************************
                                          79   *    1. SOLANGE KEINE AUFFORDERUNG FUER PROGRAMMHALT        *
                                          80   *       AUFRUF PROZEDUR EINGAB FUER EINGABE + EINGABEPRUEFUNG*
                                          81   *       AUFRUF PROZEDUR RECHBEG FUER BERECHNUNG ANFANGSWERT  *
                                          82   *       AUFRUF PROZEDUR RECHHPT FUER PRIMZAHLENERRECHNUNG    *
                                          83   *    2. BEI PROGRAMMHALT ENDEMELDUNG UND STOP               *
                                          84   *                                                          *
                                          85   ***********************************************************
       000000 05 AO                       86              BALR RBASIS,RNULL
       000002                             87              USING *,RBASIS
                                          88   *                               DYNM. SPEICHERPLATZ ANFORDERN
       000002                             89              REQM
       000012                             96   @IFREQM  EQU  *
       000012 12 FF                       97              LTR  R15,R15          ANFORDERUNG OKAY ?
       000014 47 80 A01A        00001C    98              BZ   @IFREQME
       000018                             99   @THEREQM TERM
       00001C                            102   @IFREQME EQU  *
       00001C 18 B1                      103   @DATA10  LR   RVARDAT,R1
       000000                            104            USING VDATEN,RVARDAT
       00001E 88 10 000C        00000C   105              SRL  R1,SHIFT          SEITEN-# ERMITTELN  UND
       000022 50 10 B068        000068   106              ST   R1,RELMS#         ABSPEICHERN
       000026 D2 03 B064A086 000064 000088 107           MVC  RELMSZ,RELMSEIZ   SEITENZAHL ABSPEICHERN
       00002C                           108   @CYC10   EQU  *
       00002C 45 EO A08A        00008C   109   @PASS10  BAL  RZURUECK,EINGAB
       000030 95 01 B000        000000   110   @WHE10   CLI  $ZUSTAND,$HALT
       000034 47 80 A042        000044   111   @BRE10   BE   @CYC10E
       000038 45 EO A2EO        0002E2   112   @PASS20  BAL  RZURUECK,RECHBEG
       00003C 45 EO A358        00035A   113   @PASS30  BAL  RZURUECK,RECHHPT
       000040 47 FO A02A        00002C   114            B    @CYC10
       000044                           115   @CYC10E  EQU  *
       000044 41 10 B064        000064   116   @FREE    LA   R1,RELM             DYN. SPEICHERPLATZ ZURUECKGEBEN
       000048                           117            RELM MF=(E,(R1))
       00004C                           120   @IFRELM  EQU  *
       00004C 12 FF                     121            LTR  R15,R15             RUECKGABE OKAY ?
       00004E 47 80 A054        000056  122            BZ   @IFRELME
       000052                           123   @THERELM TERM
       000056                           126   @IFRELME EQU  *
       000056                           127            WROUT PROGEND,FEHLA1

       000066                           144   FEHLA1   EQU  *                   !!
                                        145   *
       000066                           146   @EXIT10  TERM
                                        149   ***********************************************************
                                        150   *
       00006A 001B                      151   PROGEND  DC   Y(LPROGEND)
       00006C 404041                    152            DC   X'404041'
       00006F D5D6D9D4C1D3C5D9           153            DC   'NORMALER PROGRAMM-HALT'
       00001B                           154   LPROGEND EQU  *-PROGEND
       000088 00000001                  155   RELMSEIZ DC   F'1'
                                        156   ***********************************************************
       00011A                           243   FEHLA4   EQU  *                   !!
       00011A 47 FO A12C        00012E  244            B    @IF30E
       00011E                           245   @ELS30   EQU  *
       00011E 92 00 B000        000000  246            MVI  $ZUSTAND,$OKAY
       000122 F2 75 B018B005 000018 000005 247         PACK PANFANG,ANFANG
       000128 F2 75 B020B00C 000020 00000C 248         PACK PENDE,ENDE
       00012E                           249   @IF30E   EQU  *
       00012E                           250   @IF20E   EQU  *
       00012E                           251   @IF10E   EQU  *
       00012E 47 FO A08E        000090  252            B    @WHI10
       000132                           253   @WHI10E  EQU  *
       000132 07 FE                     254   @EXIT20  BR   RZURUECK
                                        255   ***********************************************************
       000134 0035                      256   AUFFORD  DC   Y(LAUFFORD)
       000136 404041                    257            DC   X'404041'
       000139 C5C9D5C7C5C2C5D5           258            DC   'EINGEBEN: BEREICH XXXXXX,YYYYYY ODER /* ALS HALT'
       000035                           259   LAUFFORD EQU  *-AUFFORD
                                        260   *
       000169 FF                        261   NUMERISH DC   240X'FF'
       000259 00                        262            DC   10X'00'
       000263 FF                        263            DC   6X'FF'
                                        264   *
       00026A 0038                      265   FEHLM1   DC   Y(LFEHLM1)
       00026C 404041                    266            DC   X'404041'
       00026F 5C5C5C40C5C9D5C7           267            DC   '*** EINGABEFEHLER: EINGABEWERTE NICHT NUMERISCH ***'
       000038                           268   LFEHLM1  EQU  *-FEHLM1
                                        269   *
       0002A2 0037                      270   FEHLM2   DC   Y(LFEHLM2)
       0002A4 404041                    271            DC   X'404041'
       0002A7 5C5C5C40C5C9D5C7           272            DC   '*** EINGABEFEHLER: ENDE < ANFANG ODER ENDE < 2 ***'
       000037                           273   LFEHLM2  EQU  *-FEHLM2
                                        274   *
       0002D9 615C                      275   HALT     DC   '/*'
       0002DB FO                        276   NULL     DC   '0'
       0002DC FOFOFOFOFOF2              277   ZWEI     DC   L6'000002'
                                        278   ***********************************************************
```

```
EINGAB - INTERNE UNTERPROZEDUR


FLAG LOCTN OBJECT CODE     ADDR1  ADDR2  STMNT M SOURCE STATEMENT
                                         157         TITLE 'EINGAB - INTERNE UNTERPROZEDUR'
     00008C                             158 EINGAB  EQU   *
                                         159 *** F U N K T I O N ****************************************
                                         160 *   1. ZUSTANDSKENNZEICHEN ZURUECKSETZEN                  *
                                         161 *   2. SOLANGE EINGABEAUFFORDERUNG UND EINGABE,           *
                                         162 *      BIS KORREKTE DATENEINGABE                          *
                                         163 *   3. PRUEFEN DER EINGABEWERTE AUF                       *
                                         164 *      - AUFFORDERUNG ZUR PROGRAMMBEENDIGUNG              *
                                         165 *      - NICHT-NUMERISCHE WERTE                           *
                                         166 *      - BEREICHSENDE < (BEREICHSANFANG ODER 2)           *
                                         167 *********************************************************
     00008C 92 02 B000     000000        168         MVI   $ZUSTAND,$ERROR
     000090                             169 @WHI10  EQU   *
     000090 95 02 B000     000000        170         CLI   $ZUSTAND,$ERROR        EINGABEFEHLER ?
     000094 47 70 A130     000132        171         BNE   @WHI10E
     000098                             172 @DO10   EQU   *
     000098 41 10 A132     000134        173         LA    R1,AUFFORD             AUSGABE VORBEREITEN
     00009C 50 10 B048     000048        174         ST    R1,ADRAUSG
     0000A0 41 10 B001     000001        175         LA    R1,EINGABE
     0000A4 50 10 B04C     00004C        176         ST    R1,ADREING
     0000A8 58 10 A3EE     0003F0        177         L     R1,=A(LEINGABE)
     0000AC 50 10 B050     000050        178         ST    R1,LEINGAB
     0000B0 41 10 A0BC     0000BE        179         LA    R1,FEHLA2
     0000B4 50 10 B054     000054        180         ST    R1,ADRFEHL1
     0000B8 41 10 B048     000048        181         LA    R1,WRTRD
     0000BC                             182         WRTRD (1)
     0000BE                             186 FEHLA2  EQU   *                       !!
     0000BE                             187 @IF10   EQU   *
     0000BE D5 01 B005A2D7 000005 0002D9 188         CLC   BEENDE,HALT            PROGRAMMSTOP GEWUENSCHT?
     0000C4 47 70 A0CE     0000D0        189         BNE   @ELS10
     0000C8                             190 @THE10  EQU   *
     0000C8 92 01 B000     000000        191         MVI   $ZUSTAND,$HALT
     0000CC 47 F0 A12C     00012E        192         B     @IF10E
     0000D0                             193 @ELS10  EQU   *
     0000D0 D2 00 B00BA2D9 00000B 0002DB 194         MVC   KOMMA,NULL
     0000D6                             195 @IF20   EQU   *
     0000D6 DD 0C B005A167 000005 000169 196         TRT   EINGBE,NUMERISH        NICHT-NUMERISCHE EINGABE ?
     0000DC 47 80 A0F0     0000F2        197         BZ    @ELS20
     0000E0                             198 @THE20  EQU   *
     0000E0                             199         WROUT FEHLM1,FEHLA3

     0000EE                             216 FEHLA3  EQU   *                       !!
     0000EE 47 F0 A12C     00012E        217         B     @IF20E
     0000F2                             218 @ELS20  EQU   *
     0000F2                             219 @IF30   EQU   *
     0000F2 D5 05 B00CB005 00000C 000005 220         CLC   ENDE,ANFANG            ENDEWERT < ANFANGSWERT ?
     0000F8 47 40 A108     00010A        221         BL    @THE30
     0000FC D5 05 B00CA2DA 00000C 0002DC 222         CLC   ENDE,ZWEI              BEREICHSENDE < 2 ?
     000102 47 40 A108     00010A        223         BL    @THE30
     000106 47 F0 A11C     00011E        224         B     @ELS30
     00010A                             225 @THE30  EQU   *
     00010A                             226         WROUT FEHLM2,FEHLA4
```

```
RECHBEG - INTERNE UNTERPROZEDUR


FLAG LOCTN OBJECT CODE        ADDR1   ADDR2  STMNT M SOURCE STATEMENT

                                             279              TITLE 'RECHBEG - INTERNE UNTERPROZEDUR'
       0002E2                                280   RECHBEG   EQU   *
                                             281   *** F U N K T I O N ************************************
                                             282   *    1. BEI BEREICHSANFANG < 3 ZAHL 2 ALS PRIMZAHL DRUCKEN   *
                                             283   *       UND BEREICHSANFANG AUF 2 SETZEN                       *
                                             284   *    2. BEI GERADEM BEREICHSANFANG (KANN KEINE PRIMZAHL SEIN)*
                                             285   *       BEREICHSANFANG UM 1 ERHOEHEN                          *
                                             286   *************************************************************
       0002E2                                287   @IF40     EQU   *
       0002E2 D5 03 B01CA32C 00001C 00032E   288             CLC   PANFANG1,PDREI        ANFANG < 3 ?
       0002E8 47 B0 A310     000312          289             BNL   @IF40E
       0002EC                                290   @THE40    EQU   *
       0002EC F8 70 B018A330 000018 000332   291             ZAP   PANFANG,PZWEI
       0002F2 D2 1F B028A338 000028 00033A   292             MVC   AUSGABE,AUSGA
       0002F8 41 10 B028     000028          293             LA    R1,AUSGABE
       0002FC 50 10 B058     000058          294             ST    R1,ADRAUS
       000300 41 10 A30C     00030E          295             LA    R1,FEHLA5
       000304 50 10 B05C     00005C          296             ST    R1,ADRFEHL2
       000308 41 10 B058     000058          297             LA    R1,WROUT
       00030C                                298             WROUT (1)
       00030E                                302   FEHLA5    EQU   *                      !!
       00030E 47 F0 A310     000312          303             B     @IF40E
       000312                                304   @ELS40    EQU   *
       000312                                305   @IF40E    EQU   *
       000312 4F 30 B018     000018          306             CVB   RANFANG,PANFANG
       000316 1B 22                          307             SR    RANFANG-1,RANFANG-1
       000318 5D 20 A332     000334          308             D     RANFANG-1,FZWEI
       00031C                                309   @IF50     EQU   *
       00031C 16 22                          310             OR    RANFANG-1,RANFANG-1 REST=0, D.H. GERADE ZAHL ?
       00031E 47 70 A32A     00032C          311             BNZ   @IF50E
       000322                                312   @THE50    EQU   *
       000322 FA 70 B018A336 000018 000338   313             AP    PANFANG,PEINS         BEREICHSANFANG + 1
       000328 47 F0 A32A     00032C          314             B     @IF50E
       00032C                                315   @IF50E    EQU   *
       00032C 07 FE                          316   @EXIT30   BR    RZURUECK
                                             317   *************************************************************
       00032E 0000003C                       318   PDREI     DC    PL4'3'
       000332 2C                             319   PZWEI     DC    P'2'
       000334 00000002                       320   FZWEI     DC    F'2'
       000338 1C                             321   PEINS     DC    P'1'
                                             322   *
       00033A 0020                           323   AUSGA     DC    Y(LAUSGA)
       00033C 404041                         324             DC    X'404041'
       00033F 40404040404040F2               325             DC    '        2'
       000347 4040C9E2E340C5C9               326             DC    '   IST EINE PRIMZAHL'
       000020                                327   LAUSGA    EQU   *-AUSGA
                                             328   *************************************************************
```

```
RECHHPT - INTERNE UNTERPROZEDUR

FLAG LOCTN OBJECT CODE     ADDR1 ADDR2 STMNT M SOURCE STATEMENT

                                       329              TITLE 'RECHHPT - INTERNE UNTERPROZEDUR'
       00035A                          330   RECHHPT  EQU   *
                                       331   *** F U N K T I O N ***************************************
                                       332   *    1. PRUEFEN ALLER UNGERADEN ZAHLEN DES BEREICHES,      *
                                       333   *       OB PRIMZAHL-EIGENSCHAFT                             *
                                       334   *    2. DIE ZAHL IST KEINE PRIMZAHL, WENN SIE SICH DURCH    *
                                       335   *       EINE ANDERE UNGERADE ZAHL (DIVISOR) OHNE REST TEILEN *
                                       336   *       LAESST                                              *
                                       337   *       DER DIVISOR HAT DEN BEREICH 3 - DIVISOR*DIVISOR <   *
                                       338   *       ZU PRUEFENDE ZAHL                                   *
                                       339   *                                                          *
                                       340   ***********************************************************
       00035A 4F 30 B018     000018    341            CVB   RZAHL,PANFANG
       00035E 4F 10 B020     000020    342            CVB   R1,PENDE
       000362 50 10 B060     000060    343            ST    R1,FENDE
       000366                          344   @WHI20   EQU   *
       000366 59 30 B060     000060    345            C     RZAHL,FENDE          ZAHL <= ENDE ?
       00036A 47 20 A3C6     0003C8    346            BH    @WHI20E
       00036E                          347   @DO20    EQU   *
       00036E 48 50 A3E8     0003EA    348            LH    RDIVIS,HEINS         DIVISOR = 1
       000372                          349   @CYC20   EQU   *
       000372 4A 50 A3EA     0003EC    350            AH    RDIVIS,HZWEI         DIVISOR + 2
       000376 18 75                    351            LR    RVERGL,RDIVIS
       000378 1C 65                    352            MR    RVERGL-1,RDIVIS      VERGLEICH = DIVISOR*DIVISOR
       00037A                          353   @IF60    EQU   *
       00037A 19 73                    354            CR    RVERGL,RZAHL         VERGLEICH > ZAHL ?
       00037C 47 D0 A3A8     0003AA    355            BNH   @ELS60
       000380                          356   @THE60   EQU   *
       000380 4E 30 B018     000018    357            CVD   RZAHL,PANFANG        PRIMZAHL AUSGABE
       000384 D2 1F B028A3C8 000028 0003CA 358        MVC   AUSGABE,AUSGAB
       00038A DE 07 B02DB01C 00002D 00001C 359        ED    PRIMZAL,PANFANG1
       000390 41 10 A3A4     0003A6    360            LA    R1,FEHLA6
       000394 50 10 B05C     00005C    361            ST    R1,ADRFEHL2
       000398 41 10 B028     000028    362            LA    R1,AUSGABE
       00039C 50 10 B058     000058    363            ST    R1,ADRAUS
       0003A0 41 10 B058     000058    364            LA    R1,WROUT
       0003A4                          365            WROUT (1)
       0003A6                          369   FEHLA6   EQU   *                    !!
       0003A6 47 F0 A3AE     0003B0    370            B     @IF60E
       0003AA 18 93                    371   @ELS60   LR    R9,RZAHL             ZAHL TEILEN DURCH DIVISOR
       0003AC 1B 88                    372            SR    R8,R8
       0003AE 1D 85                    373            DR    R8,RDIVIS
       0003B0                          374   @IF60E   EQU   *
       0003B0 16 88                    375   @WHE20   OR    R8,R8                DIVISIONSREST = 0 ?
       0003B2 47 80 A3BE     0003C0    376   @BRE20   BZ    @CYC20E
       0003B6 19 73                    377            CR    RVERGL,RZAHL         VERGLEICH > ZAHL ?
       0003B8 47 20 A3BE     0003C0    378            BH    @CYC20E
       0003BC 47 F0 A370     000372    379            B     @CYC20
       0003C0                          380   @CYC20E  EQU   *
       0003C0 4A 30 A3EA     0003EC    381            AH    RZAHL,HZWEI          LFD. ZAHL + 2
       0003C4 47 F0 A364     000366    382            B     @WHI20
       0003C8                          383   @WHI20E  EQU   *
       0003C8 07 FE                    384   @EXIT40  BR    RZURUECK
                                       385   ***********************************************************
       0003CA 0020                     386   AUSGAB   DC    Y(LAUSGAB)
       0003CC 404041                   387            DC    X'404041'
       0003CF 4020202020202120         388   MASKE    DC    X'4020202020202120'
       0003D7 4040C9E2E340C5C9         389   TEXT     DC    '  IST EINE PRIMZAHL'
       000020                          390   LAUSGAB  EQU   *-AUSGAB
                                       391   *
       0003EA 0001                     392   HEINS    DC    H'1'
       0003EC 0002                     393   HZWEI    DC    H'2'
                                       394   ***********************************************************
       0003F0 00000011                 395
                                       396            END
```

FLAGS IN 00000 STATEMENTS, 000 PRIVILEGED FLAGS, 000 MNOTES

THIS PROGRAM WAS ASSEMBLED BY THE SIEMENS ASSEMBLER (F)

4.4 Manuelle Implementierung eines Entwurfs mit FORTRAN

Wird zur Implementierung eines Entwurfs mit der Programmiersprache FOR-TRAN nicht der Vorübersetzer COLUMBUS eingesetzt, so kann die Steuerstruktur entsprechend den folgenden Empfehlungen codiert werden.

1. Einfacher Strukturblock

a) Einzelner Verarbeitungsschritt

Ein oder mehrere Verarbeitungsschritte, die keine Steueranweisung enthalten.

b) Definition und Aufruf einer Prozedur

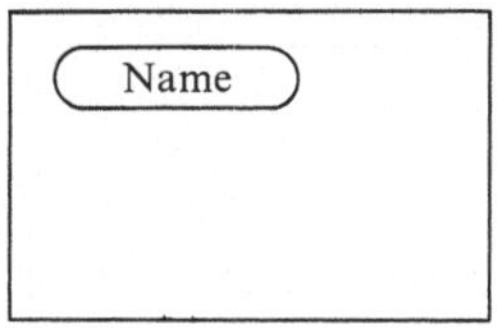

Eine Prozedur wird mit der CALL-Anweisung aufgerufen und unter SUBROUTINE definiert; der Rücksprung erfolgt mit RETURN:

```
    ⋮
    CALL Name (Parameterliste)
    ⋮
━━━━━━━━━━━━━━━━━━━━━━━━━━━━━
    SUBROUTINE Name (Parameterliste)
    ⋮
    RETURN
    END
```

2. *Auswahlstrukturblock*

a) Zweifachverzweigung

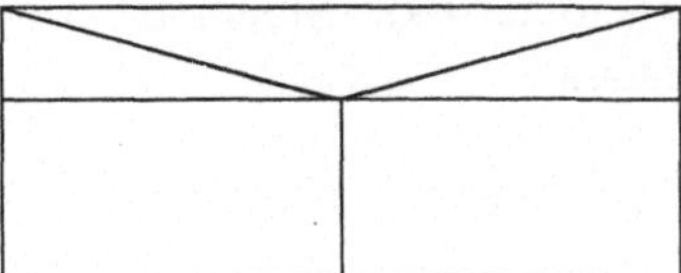

Bei der allgemeinen Codierung einer Zweifachverzweigung wird die Bedingung in der IF-Anweisung negiert, so daß die JA- und NEIN-Zweige in der richtigen Folge aneinandergereiht werden können:

```
IF(Bedingung) THEN
 :
 :}  JA-Zweig
 :
ELSE
 :
 :}  NEIN-Zweig
 :
END IF
```

Liegt für die Entscheidung ein arithmetischer Vergleich mit Null als Grundlage vor, so kann wie folgt codiert werden:

```
IF(Bedingung.LE.0.) THEN
 :
 :
 :}  Zweig bei  { ≦0
 :              { <0
 :
 :
ELSE
 :
 :
 :}  Zweig bei  { >0
 :              { ≧0
 :
 :
END IF
```

b) Mehrfachverzweigung

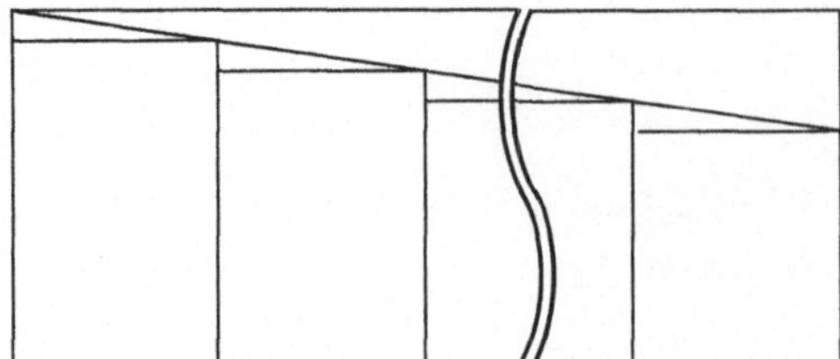

Bei der Codierung ist zu unterscheiden, ob die Fallvariable numerisch oder nichtnumerisch ist. Entsprechend sind zwei Codierweisen gegeben.

Für numerische Variable gilt:

```
            GOTO(n₁,n₂,...,nₘ), Variable
            ⋮ ⎫
            ⋮ ⎬ Sonstzweig
            ⋮ ⎭
            GOTO e
  n₁
            ⋮ ⎫
            ⋮ ⎬ Zweig 1
            ⋮ ⎭
            GOTO e
  n₂
            ⋮ ⎫
            ⋮ ⎬ Zweig 2
            ⋮ ⎭
            GOTO e
  nₘ
            ⋮ ⎫
            ⋮ ⎬ Zweig m
            ⋮ ⎭
  e         CONTINUE
```

Bei nicht-numerischen Variablen gilt:

```
            IF(W1) THEN
            ⋮ ⎫
            ⋮ ⎬ Zweig 1
            ⋮ ⎭
            ELSE IF(W2) THEN
            ⋮ ⎫
            ⋮ ⎬ Zweig 2
            ⋮ ⎭
            ELSE
            ⋮ ⎫
            ⋮ ⎬ SONST-Zweig
            ⋮ ⎭
            END IF
```

3. Schleifenstrukturblock

a) Schleife mit Vorabtest

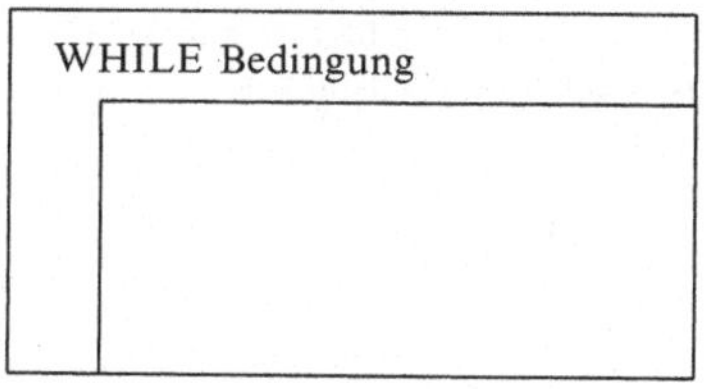

```
┌─────────────────────────────┐
│ WHILE Bedingung             │
│   ┌─────────────────────────┤
│   │                         │
│   │                         │
│   │                         │
│   │                         │
└───┴─────────────────────────┘
```

Die Schleifenbedingung wird negiert angegeben:

```
n        IF(.NOT.Bedingung) GOTO m
   :  \  Schleifeninhalt
   :  /  (enthält Bedingungsänderung)
         GOTO n
m        CONTINUE
```

b) Schleife mit Abbruchbedingung

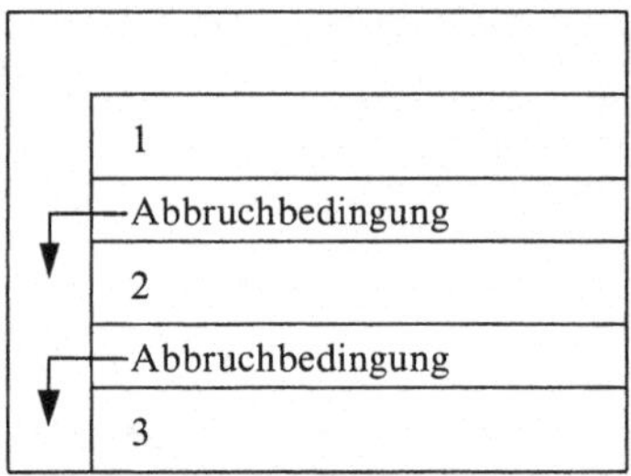

Folgende Codierung bietet sich an:

```
n        CONTINUE
   :  }  Schleifenteil 1
   :
         IF(Bedingung) GOTO m
   :  }  Schleifenteil 2
   :
         IF(Bedingung) GOTO m
   :  }  Schleifenteil 3
   :
         GOTO n
m        CONTINUE
```

Bei einer reinen Zählschleife mit Endeabfrage ist die Verwendung der Anweisung
DO geboten:

```
         DO n i=m₁,m₂,m₃
   :  }  Schleifeninhalt
   :
n        CONTINUE
```

m_1 = Anfangswert, m_2 = Endwert, m_3 = Schrittweite. i, m_1, m_2 und m_3 sind nichtindizierte ganzzahlige Variable mit dem Wertebereich $0 < m_1 \leq i \leq m_2$ (oder m_1, m_2, m_3 entsprechende Konstante).

Manuelle Implementierung eines Entwurfs mit FORTRAN

Die Aufgabenstellung „Primzahlen" ist umzusetzen in Anweisungen der FORT-
RAN-Sprache[1]. Hierbei sind die Empfehlungen zu verwenden, die für die manuelle
Umsetzung in dieser Lerneinheit dargestellt wurden.

---

[1] Siehe Abschnitt 3.4.

Manuelle Implementierung eines Entwurfs mit FORTRAN

Die dargestellte Codierung stellt eine mögliche Lösung dar. Beim Vergleich mit
der Ausarbeitung des Lesers müßten im Befehlsteil die wesentlichen Teile ziemlich
genau übereinstimmen.

```
 1 I        PROGRAM PRIMZA
 2 I           LOGICAL * 1 ETX
 3 I           INTEGER ANFANG, ENDE, ZAHL, DIV, VERG, REST
 4 IC
 5 I           ETX = .FALSE.
 6 I10        CONTINUE
 7 I             CALL EINGAB (ETX, ANFANG, ENDE)
 8 I           IF (ETX) GO TO 60
 9 I             IF (ANFANG .LT. 3) THEN
10 I               ANFANG = 2
11 I               WRITE (2,100) ANFANG
12 I             END IF
13 I             ZAHL = ANFANG/2 * 2
14 I             IF (ANFANG .EQ. ZAHL) THEN
15 I               ANFANG = ANFANG + 1
16 I             END IF
17 I             ZAHL = ANFANG
18 I20          IF (ZAHL .GT. ENDE) GO TO 50
19 I               DIV = 1
20 I30            CONTINUE
21 I                 DIV = DIV + 2
22 I                 VERG = DIV ** 2
23 I                 IF (VERG .GT. ZAHL) THEN
24 I                   WRITE (2,100) ZAHL
25 I                 ELSE
26 I                   REST = ZAHL - ZAHL/DIV * DIV
27 I                 END IF
28 I               IF (VERG .GT. ZAHL   .OR.  REST .EQ. 0) GO TO 40
29 I                 GO TO 30
30 I40            CONTINUE
31 I               ZAHL = ZAHL + 2
32 I               GO TO 20
33 I50          CONTINUE
34 I             GO TO 10
35 I60        CONTINUE
36 I           WRITE (2,110)
37 I           STOP
38 I100       FORMAT (' ',I6,' IST EINE PRIMZAHL')
39 I110       FORMAT (' NORMALER PROGRAMM-HALT')
40 I        END
```

```
 1 I        SUBROUTINE EINGAB (ETX, ANFANG, ENDE)
 2 I           LOGICAL * 1 ETX, ERROR
 3 I           INTEGER ANFANG, ENDE
 4 IC
 5 I           ERROR = .TRUE.
 6 I10        IF (.NOT. ERROR ) GO TO 60
 7 I             WRITE (2,100)
 8 I             READ  (1,110, END=20, ERR=30) ANFANG, ENDE
 9 I             GO TO 40
10 I20          ETX  = .TRUE.
11 I             ERROR = .FALSE.
12 I             GO TO 50
13 I30          WRITE (2,120)
14 I             GO TO 50
15 I40          CONTINUE
16 I             IF (ENDE .LT. ANFANG  .OR. ENDE .LT. 2) THEN
17 I               WRITE (2,130)
18 I             ELSE
19 I               ERROR = .FALSE.
20 I             END IF
21 I50          CONTINUE
22 I             GO TO 10
23 I60        CONTINUE
24 I           RETURN
25 I100       FORMAT (' EINGEBEN: BEREICH XXXXXX,YYYYYY ODER /* ALS STOP')
26 I110       FORMAT (I6,1X,I6)
27 I120       FORMAT (' *** EINGABEFEHLER: WERTE NICHT NUMERISCH ***')
28 I130       FORMAT (' *** EINGABEFEHLER: ENDE < ANFANG ODER ENDE < 2 ***')
29 I        END
```

5 Weitere Beispiele und Übungen zur Strukturierten Programmierung

Die Beschränkung der Strukturblockarten und das Blockkonzept zwingen zu einer anderen Denkweise, als dies bisher notwendig war. Die nachfolgenden Beispiele und Übungen erleichtern die Einarbeitung in die neue Methode, insbesondere da, wo schon länger frei programmiert wurde. Um den Rahmen dieses Buches nicht zu sprengen, können keine umfassenden Lösungen behandelt werden. Jedoch gehen in der Datenverarbeitung häufig auftretende problembezogene Routinen aus den Beispielen hervor.

Da aus Gründen des Buchumfangs die Lösungen nicht in verschiedenen Darstellungsformen aufgezeigt werden können, wird die in diesem Buch betonte Nassi-Shneiderman-Diagrammtechnik (Struktogramme) vorzugsweise verwendet. Auch der Leser sollte Diagramme gleich in dieser Technik erstellen, denn ein Umsetzen von z.B. DIN-66001-Symbolik in Struktogramme ist, wie schon früher erläutert, nicht sinnvoll.

5.1 Lineare Verarbeitung

Nachstehend eine Problembeschreibung, die in eine Arbeitsweise umzusetzen ist. Es handelt sich um eine einfach[1] zu bearbeitende Aufgabenstellung, die einen Auswahlalgorithmus enthält, auf den in einer anschließenden Übung Bezug genommen wird.

1. Problembeschreibung
   Es sollen von allen Unternehmen eines Landes diejenigen drei herausgefunden werden, die die höchsten Jahresumsätze erzielten.

   Es ist zu ermitteln, welchen Anteil jeder dieser drei Umsätze, gemessen am Umsatz aller Unternehmen des Landes, prozentual ausmacht.

2. Eingabedaten
   Für jedes Unternehmen liegt ein Satz vor, der folgenden Aufbau hat:

‖‖‖‖‖	Firmen-Nummer	Firmen-Name	Umsatz	‖‖‖‖‖
1–6	7–10	11–30	31–40	41–80

3. Ausgabedaten
   Das gewünschte Ergebnis soll gemäß dem folgenden Druckbildentwurf zur Verfügung gestellt werden:

```
                  10        20        30        40        50
        1234567890123456789012345678901234567890123456789012345678
    1
    2
    3
    4   3396      BURGVERKAEUFE AG        2.000.000,02    17,0 %
    5
1"  6   2169      MURMEL-VERTRIEB AG      1.000.000,01     8,5 %
    7
    8   2241      REPUSATIONS-KG            500.000,05     4,3 %
    9
   10
   11
2" 12
   13
```

4. Zusätzliche Bedingungen
   Die Umsätze der Firmen sind in Mark und Pfennig erfaßt. Gleichheit ist daher auszuschließen und nicht zu berücksichtigen.

5. Beschreibung der Feldvorgaben
   Der Satzinhalt ist im folgenden Bereich zur Verfügung zu stellen:

EINB: ‖‖‖‖‖	FIRMNR	NAME	UMS	‖‖‖‖‖
1–6	7–10	11–30	31–40	41–80

---

[1] Da die Lösung der Aufgabe im Prinzip, mit Ausnahme einer Leseschleife, geradlinig verläuft, wurde der Ausdruck „lineare Verarbeitung" gewählt.

Die nachstehenden drei Bereiche sollen zur Sicherstellung der Daten der drei gesuchten Unternehmen dienen.

Bereich für das Unternehmen mit dem höchsten Umsatz:

FE1:		FIRMNR 1	NAME 1	UMS 1	
	1–6	7–10	11–30	31–40	41–80

Bereich für das Unternehmen mit dem zweithöchsten Umsatz:

FE2:		FIRMNR 2	NAME 2	UMS 2	
	1–6	7–10	11–30	31–40	41–80

Bereich für das Unternehmen mit dem dritthöchsten Umsatz:

FE3:		FIRMNR 3	NAME 3	UMS 3	
	1–6	7–10	11–30	31–40	41–80

Der ermittelte Umsatz aller Unternehmen ist in der Variablen mit dem Namen GESUMS zur Verfügung zu stellen. Die prozentualen Anteile sind nacheinander zu ermitteln. Dafür ist die Variable mit dem Namen PROZ zu verwenden.

Nach dieser sehr detaillierten Beschreibung sollte es nicht zu schwer sein, eine Lösung zu finden. Es soll eine Lösung mittels Struktogrammen erstellt werden, bevor mit dem Lesen fortgefahren wird.

Lineare Verarbeitung

Bei jeder Aufgabe stellt sich die Frage nach einer günstigen Vorgehensweise. Diese Übung ließ durch die sehr eng gehaltene Vorgabe nicht viele sinnvolle Möglichkeiten zu; eine davon liefert das gewünschte Ergebnis aufgrund folgender Überlegungen:

1. Arbeitsweise allgemein
   - Dateien ansprechbar machen, damit die Ein- und Ausgabe realisiert werden kann.
   - Versorgen der Variablen, die einen Anfangswert benötigen.
   - Bereitstellen der Daten der ersten zu verarbeitenden Unternehmung.

Damit wird die Voraussetzung für die Suchroutine vorgegeben, die Teil der Verarbeitung ist. Wichtig zu wissen ist, daß in der elektronischen Datenverarbeitung die maschinelle Vorgehensweise oft der manuellen weitgehend nachempfunden wird. Deshalb wird immer ein kompletter Satz vollständig bearbeitet, bevor aus der gleichen Datei ein weiterer Satz gelesen wird.

2. Verarbeitung allgemein
   - In der Verarbeitungsroutine ist zu unterscheiden zwischen dem Teil, der bedingungslos und deshalb zuerst durchzuführen ist (Bilden des Umsatzes aller Unternehmen), sowie dem Teil, der nur unter bestimmten Voraussetzungen und deshalb nach dem erstgenannten durchzuführen ist (Suchvorgang und ggf. die Sicherstellung der Daten).
   - Da keine Daten während der Bearbeitung eines Satzes auszugeben sind, sondern nur ein Sammeln von Daten unter vorgegebenen Voraussetzungen notwendig ist, muß nach der Verarbeitung eines Satzes das Lesen des Folgesatzes stattfinden. Verarbeiten und Lesen der Sätze liegen also in einer Schleife.
   - Diese Schleife darf erst dann nicht mehr durchlaufen werden, wenn keine weiteren Eingabedaten zur Verfügung stehen.

Damit ist das Sammeln von Daten abgeschlossen, und ihre Bearbeitung kann beginnen. Ein Dateiende muß also nicht zwangsläufig ein Programmende nach sich ziehen.

3. Verarbeitung nach Ende der Eingabedatei
   - Durchführen der Berechnungen des prozentualen Anteils für die Unternehmung mit dem höchsten Umsatz.
   - Aufbereitung und Ausgabe der gewünschten Daten für die Unternehmung mit dem höchsten Umsatz.

Anschließend werden die gleiche Verarbeitung und Ausgabe, bezogen auf den zweithöchsten und dritthöchsten Umsatz ausgeführt.

   - Zuletzt werden die Dateien, da sie nicht mehr benötigt werden, als nicht mehr ansprechbar erklärt und das Programm beendet.

Mit diesen Überlegungen könnte bereits die Steuerung für dieses Programm geschrieben werden; sie wird lediglich noch durch den bisher nicht durchdachten Suchvorgang beeinflußt:
- Die zur Verfügung stehenden Felder sind vorgegeben und müssen zunächst nach Steuerungs- und/oder Verarbeitungsvariablen getrennt werden. Dabei stellt

sich heraus, daß alle Variablen außer UMS, UMS1, UMS2 und UMS3 reine Verarbeitungsvariablen sind.
— Die Variablen UMS, UMS1, UMS2 und UMS3 sind zwar Verarbeitungsdaten, steuern jedoch auch die Arbeitsschritte des Suchvorgangs.
— Nach Trennung der Variablenart gilt es, einen Algorithmus (Vorgehensweise) zu finden, nach dem der Suchvorgang ablaufen kann.

Hier einige Betrachtungen zum Finden einer günstigen Vorgehensweise für den Suchvorgang.

Dazu eine Frage: Ist es günstiger, den Umsatz (UMS) des bereitgestellten Satzes zuerst zu vergleichen
a) mit dem höchsten gesuchten Umsatz (UMS1) oder
b) mit dem niedrigsten gesuchten Umsatz (UMS3)?
Bei der Beantwortung dieser Frage soll von folgenden Werten ausgegangen werden:

UMS1 hat den Inhalt 30 ⎫
UMS2 hat den Inhalt 20 ⎬ (es wurden bereits Sätze verarbeitet,
UMS3 hat den Inhalt 10 ⎭ die zu diesen Inhalten geführt haben)

Mit dem Lesen des nächsten Satzes erhält das Feld UMS den Inhalt 40. Unter den beschriebenen Voraussetzungen erscheint es günstiger zu sein, nach der unter Punkt a) beschriebenen Aussage vorzugehen (es kann sofort gehandelt werden: UMS3 wird mit 20 überschrieben, UMS2 durch den Inhalt von UMS1 ersetzt und UMS1 erhält den Inhalt von UMS).

Angenommen, mit dem nächsten zu lesenden Satz erhält das Feld UMS den Inhalt 5.

Erscheint unter dieser Voraussetzung die Aussage unter Punkt a) immer noch als die günstigere? Offensichtlich nicht (es werden zusätzliche Abfragen notwendig, bevor erkannt wird, daß dieser Satz nicht zu den drei gesuchten zählt).

Folglich ist die Vorgehensweise nach Punkt a) immer dann günstig, wenn nach UMS ein höherer Wert eingelesen wird, als der bisher höchste in UMS1 abgespeicherte
ist die Vorgehensweise nach Punkt b) immer dann günstig, wenn nach UMS ein niedrigerer Wert eingelesen wird, als der bisher niedrigste in UMS3 abgespeicherte.

Da es jedoch wahrscheinlicher ist, mit jedem weiteren Lesen eines Satzes einen Umsatzwert einzulesen, der kleiner ist als der bisher kleinste, als das Gegenteil, nämlich einen höheren als den bisher höchsten Umsatzwert, wird es für die Laufzeit des Gesamtprogramms sinnvoller sein, nach Punkt b) zu verfahren.

Um diese Vorgehensweise auch für die ersten drei Sätze mitbenutzen zu können, müssen die Vergleichsfelder UMS1, UMS2 und UMS3 einen Anfangswert erhalten. Da nach höchsten Werten gesucht wird, erhalten sie am Anfang den Inhalt 0, damit richtige, d.h. auswertbare Vergleiche mit UMS durchgeführt werden können. Angenommen, nach dem Lesen des ersten Satzes enthält UMS den Inhalt 30, dann sind Suchvorgang und Sicherstellung der Daten unter dieser Voraussetzung wie folgt durchzuführen:

Ist UMS > UMS 3? (30 > 0?)

— Wenn nein: nächsten Satz lesen
                (der eingelesene Satz zählt nicht zu den gesuchten)
— Wenn ja: EINB übertragen nach FE 3, dann nächster Vergleich
                (der eingelesene Satz löst einen der drei bisher gesuchten ab; jetzt
                enthalten die Vergleichsfelder UMS und UMS 3 den Wert 30)

Ist UMS > UMS 2? (30 > 0?)

— Wenn nein: nächsten Satz lesen
                (EINB wurde bereits in FE 3 sichergestellt)
— Wenn ja: es muß übertragen werden
                zuerst: FE 2 nach FE 3
                        (damit enthalten UMS 2 und UMS 3 den Wert 0)
                dann: EINB nach FE 2
                        (damit enthalten UMS und UMS 2 den Wert 30)
                anschließend durchführen des nächsten Vergleichs.

Ist UMS > UMS 1? (30 > 0?)

— Wenn nein: nächsten Satz lesen
                (EINB wurde bereits in FE 2 sichergestellt; berücksichtigt wurde
                dabei, daß die alten Werte von FE 2 auf den niedrigeren Rang,
                also nach FE 3, übertragen wurden)
— Wenn ja: es muß übertragen werden
                zuerst: FE 1 nach FE 2
                        (damit enthalten UMS 1 und UMS 2 den Wert 0)
                dann: EINB nach FE 1
                        (damit enthalten UMS und UMS 1 den Wert 30)
                anschließend wird der nächste Satz gelesen, der wie alle weiteren
                Sätze diese Suchroutine durchlaufen muß; Ausnahme: der Satz
                mit dem Dateiendekriterium.

Wird also bei diesem Verfahren ein Satz eingelesen, dessen Umsatz größer ist
als der bisher in UMS 3 gespeicherte, wird der Inhalt des Feldes FE 3 auf jeden
Fall überschrieben: entweder durch EINB, wenn UMS nicht größer ist als UMS 2
oder durch FE 2, wenn UMS größer ist als UMS 2. Ist UMS auch größer als
UMS 1, so wird FE 1 nach FE 2 übertragen. Damit ist FE 1 um einen Rang gefallen,
so daß EINB nach FE 1 übertragen werden kann und damit den höchsten Rang
einnimmt. Mit dieser Sicherstellung der Daten aus EINB kann der Folgesatz gelesen
und bearbeitet werden.

Damit sind alle Vorüberlegungen zur beschriebenen Aufgabenstellung kurz ange-
schnitten worden. Der nächste Schritt wird das Programmieren und somit die
Programmstruktur beschreiben.

Programme lassen sich normalerweise grob wie folgt aufteilen:

— Vorlauf: Voraussetzung für den ersten Durchlauf durch das Programm schaffen;
— Eingabe: Bereitstellen von Sätzen, deren Daten zu verarbeiten sind;

— Verarbeitung: Veränderung der bereitgestellten Daten;
— Ausgabe: die gewünschten Ergebnisse zur Verfügung stellen;
— Nachlauf: Durchführung der Endbearbeitung eines Programms.

Von der vorliegenden Problemstellung werden keine Einzelergebnisse gefordert, daher entfällt die mögliche Ausgabe. Die gewünschten Daten können erst durch die Endbearbeitung im Nachlauf erstellt werden, weil erst nach Erkennen des Endes der Eingabedaten die Voraussetzungen dafür gegeben sind. Das Steuerprogramm muß daher wie folgt aussehen:

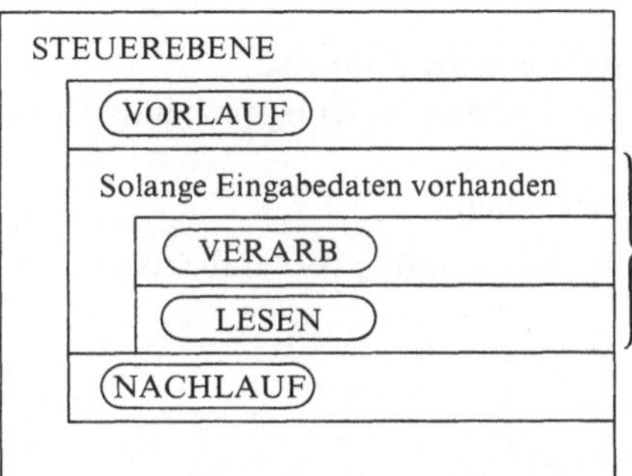

Diese Schleife besteht aus den Unterprogrammen VERARB und LESEN und wird erst beendet, wenn keine weiteren Eingabedaten mehr zur Verfügung stehen, also wenn EOF (End of File) der Eingabedatei erkannt wurde.

Um bereits diese Steuerebene des Programms codieren zu können, ist eine kleine Korrektur vorzunehmen: Die Schleife wird nur unter der Eingangsbedingung EINGABEDATEN VORHANDEN, durchlaufen. Programmtechnisch ist das in der dargestellten Weise nicht lösbar. Ein Ausweg besteht darin, daß einer Variablen der Inhalt NULL zugewiesen und anschließend diese Variable abgefragt wird. Angenommen, diese Variable hat den Namen ENDE, dann muß anstelle der bisherigen Eingangsbedingung SOLANGE EINGABEDATEN VORHANDEN, programmtechnisch SOLANGE ENDE$=\emptyset$ stehen.

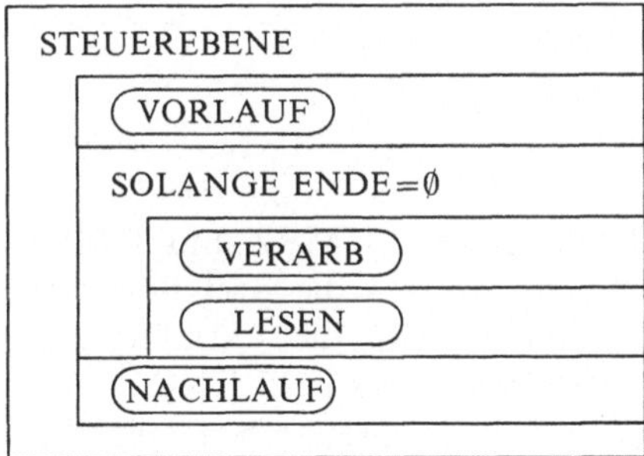

Die Steuerebene ist jetzt zu programmieren und wird sofort in der gewählten Sprache codiert. Um anschließend diese Ebene testen zu können, sind Testanschlüsse zu erstellen für:
— VORLAUF: meldet seinen Aufruf und setzt Schleifeneingangsbedingung ENDE auf $\emptyset$,

— VERARB: meldet seinen Aufruf,
— LESEN: meldet seinen Aufruf und setzt Schleifeneingangsbedingung ENDE auf 1,
— NACHLAUF: meldet seinen Aufruf.

Nachdem die Steuerebene getestet ist, wird die Dokumentation auf den letzten Stand gebracht. Danach beginnt die Erstellung der ersten Ebene, die durch die Steuerebene aufgerufen wird.

Im Unterprogramm VORLAUF sind die Voraussetzungen für den ersten Programmdurchlauf zu treffen:

— Dateien müssen eröffnet werden, um sie ansprechen zu können;
— Variable, die einen Anfangswert benötigen, bekommen die entsprechenden Zuweisungen;
— Ein Datensatz ist für die Verarbeitung bereitzustellen.

Diese drei Aussagen stellen sich in einem Struktogramm problembezogen wie folgt dar:

```
VORLAUF

  ┌─────────────────────────────────┐
  │ DATEIEN EROEFFNEN                │  } Dateien ansprechbar machen
  ├─────────────────────────────────┤
  │ Ø UEBERTRAGEN NACH UMS1          │  ┐
  ├─────────────────────────────────┤  │
  │ Ø UEBERTRAGEN NACH UMS2          │  │
  ├─────────────────────────────────┤  │
  │ Ø UEBERTRAGEN NACH UMS3          │  } Anfangswerte setzen
  ├─────────────────────────────────┤  │
  │ Ø UEBERTRAGEN NACH GESUMS        │  │
  ├─────────────────────────────────┤  │
  │ LOESCHEN DRUCKBEREICH            │  │
  ├─────────────────────────────────┤  │
  │ Ø UEBERTRAGEN NACH ENDE          │  ┘
  ├─────────────────────────────────┤
  │ ( LESEN )                        │  } Ersten Datensatz bereitstellen
  └─────────────────────────────────┘
```

Die Anfangswerte, die hier gesetzt werden, sind mit UMS1, UMS2 und UMS3 vorgegebene Vergleichsfelder, die am Ende des Suchprozesses die drei höchsten Umsatzwerte der Eingabedatei enthalten sollen. Ebenso erhält die Variable GESUMS (Umsatz aller Unternehmen) den Anfangswert Null. Das Feld ENDE wird auf NULL gesetzt, damit die Laufbedingung der Schleife in der Steuerebene gegeben ist. Außerdem wird sichergestellt, daß der Druckbereich gelöscht ist.

Die Schleife selbst enthält in ihrem Schleifenkörper zuerst einen Verarbeitungsteil. Damit eine Bearbeitung stattfinden kann, muß aber bereits ein Satz zur Verfügung stehen. Deshalb ist das Lesen im Vorlauf notwendig.

Damit wäre der erste Unterplan dieser Ebene codierbar. Der Testanschluß VORLAUF wird also durch den echten Programmteil VORLAUF ersetzt.

Beim Codieren des Struktogramms VORLAUF tritt die Frage auf, ob die Anfangs-werte vom Benutzer durch Befehle gesetzt oder ob die Möglichkeit der Daten-deklaration (Definition per Anweisung) verwendet werden soll. Damit die statische Niederschrift weiterhin dem dynamischen Ablauf entspricht, muß bei Anwendung der Deklaration im Struktogramm eine Korrektur vorgenommen werden. Zwei Möglichkeiten bieten sich an:

1. Kennzeichnen der Operation, daß sie per Deklaration bereits realisiert wurde. Die Kennzeichnung ist hierbei eindeutig vorzuschreiben, z.B.:

Ø UEBERTRAGEN NACH UMS 1	Ø UEBERTRAGEN NACH UMS 1 (deklariert)
Ø UEBERTRAGEN NACH GESUMS	Ø UEBERTRAGEN NACH GESUMS (deklariert)
Ø UEBERTRAGEN NACH ENDE	Ø UEBERTRAGEN NACH ENDE (deklariert)

vorher   nachher

Bei dieser Form der Darstellung sollte beachtet werden, daß alle Felder, deren Anfangswert per Deklaration gesetzt werden, auf diese Weise zu beschreiben sind.

2. Herausstreichen der Operationen, da sie nicht im Programm vorhanden sind. Das bedeutet eine nicht vollständige Dokumentation. Guter Ersatz ist eine Daten-matrix, die folgendes Aussehen haben kann:

VERWENDUNG/FORMAT NAME	defi- niert als	An- fangs inhalt	global	lokal	Steuer- pro- gramm	VOR- LAUF	VERARB	LESEN	NACH- LAUF
AUSB	133 C		×						SP, DRU
DFIRMA	20 C		×						EMPF
⋮									
EINB	80 C		×				SEND	EMPF	
GESUMS	12 P	Ø	×				ARITH		ARITH
⋮									
PROZ	3 P			×					ZE, ARITH, SEND

Anzahl Zeichen   Zeichenfolge = C   Gepackt = P

SP   = mit SPACES Löschen,   EMPF   = Empfangsfeld,
DRU   = Ausgeben auf Drucker,   ARITH = Rechenoperation,
SEND = Sendefeld,   ZE   = mit NULL Löschen.

Diese Art der Darstellung bedeutet einen Mehraufwand an Arbeit, da die symboli-schen Adressen (Namen) mit jedem codierten Programmteil zunehmen. Sie sollten sinnvollerweise nach Fertigstellung des Programms in einer neuen Matrix geordnet in das Programm aufgenommen werden. Diese Arbeit vereinfacht spätere War-tungsarbeiten erheblich.

Von beiden aufgeführten Möglichkeiten ist die zweite die bessere, da die Matrix detaillierte und somit aussagefähige Informationen über die Daten zur Verfügung stellt. Leider hat diese Form der Darstellung einen Nachteil, der sofort erkennbar wird, wenn viele Programmteile aufgeführt werden müssen. Eine andere Darstellungsform führt zu einer ähnlich guten Aussage und bietet sich deswegen an:

VERWENDUNG/FORMAT NAME	definiert als	Anfangs- inhalt	global	lokal	verwendet in Prozedur als
AUSB ⋮	133 C		×		NACHLAUF (SP, DRU)
GESUMS ⋮	12 P	∅	×		VERARB (ARITH) NACHLAUF (ARITH)
PROZ ⋮	3 P			×	NACHLAUF (ZE, ARITH, SEND)

Nachdem die Dokumentation der Daten (auf den augenblicklichen Stand bezogen) und die Codierung des Programmteils VORLAUF erledigt sind, muß der Nachweis für den einwandfreien Durchlauf erbracht werden. Dazu ist wiederum ein Testanschluß zu erstellen, der folgende Prüfungen vornimmt:

— Eröffnen der Dateien,
— Prüfen, ob Anfangswerte richtig eingesetzt sind.
  Die Anfangswerte müssen nur ausgedruckt werden, ggf. sind zusätzliche Operationen notwendig, die alle nicht-abdruckbaren Zeichen in abdruckbare umwandeln.
— Prüfen, ob Testanschluß LESEN durchlaufen wird.
  Die Unterroutine LESEN besteht bereits als Testanschluß. Durch Ergänzung eines Lesebefehls, in dessen Dateienderoutine die Operation „ENDE auf Eins setzen" eingebaut wird, ist diese Testroutine wieder vollständig. Durch die Eingabe- und Ausgabeoperationen ist die Dateieröffnung automatisch überprüft.

Nach diesem Testlauf ist die Dokumentation zu vervollständigen und anschließend mit der Erstellung des nächsten Unterprogramms fortzufahren. Dies wäre die Routine VERARB, die jedoch ohne bereitgestellten Satz nicht auf ihre Korrektheit überprüft werden kann. Auch wenn der Testanschluß LESEN schon die LESEN-Funktion realisiert, ist damit nicht gesagt, daß alle Eingabefunktionen bereits erfüllt sind (z.B. Plausibilitätsprüfungen). Im vorliegenden Problem braucht die Unterfunktion LESEN nicht mehr geändert zu werden:

LESEN		
LESEN SATZ AUS EINGABEDATEI		
JA DATEIENDE NEIN		
1 UEBERTRAGEN NACH ENDE		

Die Prüfung für LESEN übernimmt ein Testanschluß, durch den die Inhalte der einzelnen Felder des Satzes ausgegeben werden. Das Schleifenende wird durch das Erkennen von DATEIENDE der Testdatei überprüft. Nach dieser Prüfung wird die Dokumentation wieder vervollständigt.

Jetzt kann der Programmteil VERARB realisiert werden. Der Algorithmus dafür ist bereits am Anfang erläutert worden. Er sieht programmtechnisch wie folgt aus:

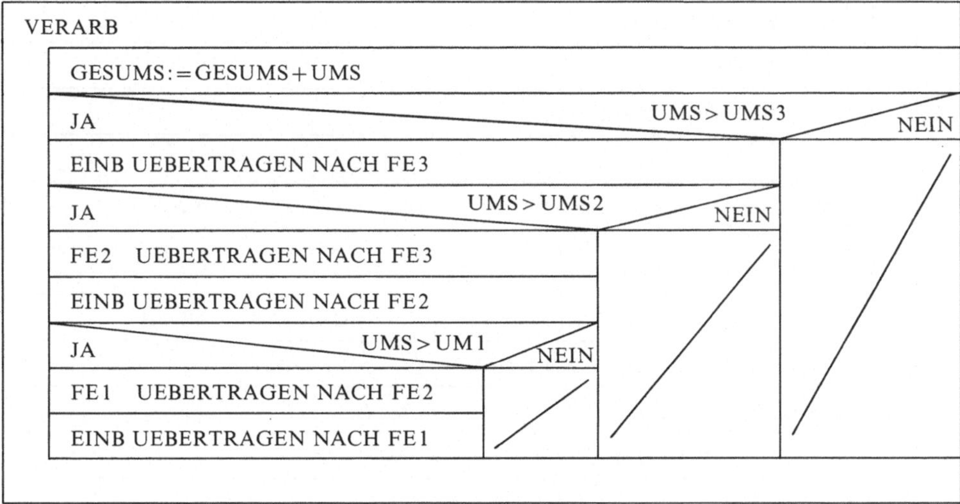

Der bestehende Testanschluß NACHLAUF wird ergänzt, da alle in der Schleife gesammelten Daten im Zugriffsbereich dieses Programmteils liegen müssen.

Der Testanschluß NACHLAUF gibt die Inhalte der Felder GESUMS, FE 1, FE 2, FE 3 aus. Nach positiver Prüfung der ausgegebenen Ergebnisse und nach Fertigstellung der Dokumentation dieses Programmteils muß nur noch dieser Testanschluß in einen echten Programmteil umgesetzt werden.

Im Programmteil Nachlauf wird die Endebearbeitung durchgeführt:

<table>
<tr><td colspan="2">NACHLAUF</td></tr>
<tr><td></td><td>Errechnen prozentualen Anteil für Firma mit höchstem Umsatz und Ausgabe der Daten dieser Firma

PROZ:=UMS1/GESUMS*100

PROZ, DATEN AUS FE1 UEBERTRAGEN NACH DRUCKBEREICH

VORSCHUB NACH KANAL 1 (Blattvorschub)

DRUCKEN ZEILE

LOESCHEN DRUCKBEREICH</td></tr>
<tr><td></td><td>Errechnen prozentualen Anteil für Firma mit dritthöchstem Umsatz und Ausgabe der Daten dieser Firma

PROZ:=UMS3/GESUMS*100

PROZ, DATEN AUS FE3 UEBERTRAGEN NACH DRUCKBEREICH

VORSCHUB VOR DRUCKEN 1 ZEILE

DRUCKEN ZEILE

LOESCHEN DRUCKBEREICH</td></tr>
<tr><td></td><td>Errechnen prozentualen Anteil für Firma mit zweithöchstem Umsatz und Ausgabe der Daten dieser Firma

PROZ:=UMS2/GESUMS*100

PROZ, DATEN AUS FE2 UEBERTRAGEN NACH DRUCKBEREICH

VORSCHUB VOR DRUCKEN 1 ZEILE

DRUCKEN ZEILE

LOESCHEN DRUCKBEREICH</td></tr>
<tr><td></td><td>DATEIEN ABSCHLIESSEN</td></tr>
</table>

Nach dem Test und der Fertigstellung der Dokumentation dieses Programmteils können bereits erste Läufe mit echten Daten durchgeführt werden.

Eine andere Lösung kann über eine Schleife mit Abbruchsbedingung erreicht werden. An den Unterprogrammen ändert sich bis auf den Programmteil VORLAUF nichts:

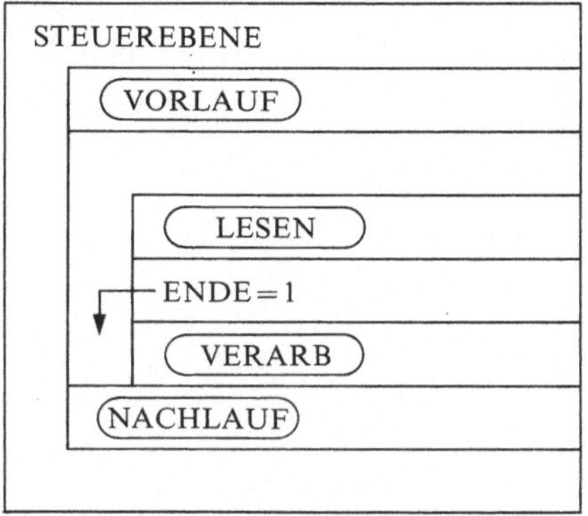

Im Unterprogramm VORLAUF darf nach diesem Steuerprogramm nicht gelesen werden. Auch diese Lösung entspricht der SP.

Ergänzungen

Da ähnlich aufgebaute Datenbestände vorhanden sind, erhält die vorliegende Datei die Kennziffer 93 (Zeichen 1 und 2) zugeordnet. Falsche Sätze sind zu überlesen. Es sollen die notwendigen Änderungen in die zuvor gezeigten Struktogramme eingearbeitet werden.

Die Ergänzung ist dem logischen Programmteil LESEN zuzuordnen. Das Unterprogramm LESEN darf erst verlassen werden, wenn feststeht, daß ein für die Verarbeitung in Frage kommender Satz bereitgestellt ist. Das zwingt innerhalb der Leseroutine zu einer Schleifenbildung:

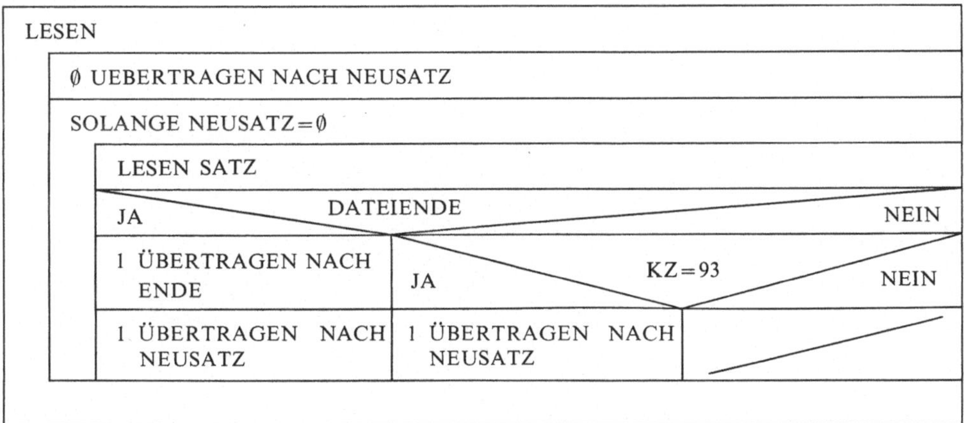

Diese erste Aufgabe einer einfachen Verarbeitung sollte alle Schritte detailliert aufzeigen, die bei der Erstellung eines Programms zu beachten sind, wenn die Regeln der SP eingehalten werden sollen. Dabei wurde bereits eine Programmbeschreibung vorgegeben, wie sie einem Feinentwurf zu entnehmen ist.

Die folgenden Übungen werden nicht in dieser detaillierten Form beschrieben. Die aus den Problembeschreibungen — wiederum auf der Feinentwurfsebene — entwickelten Struktogramme sollen lediglich als Vergleichsmöglichkeit dienen. Zusätzlich werden gezielt Hinweise gegeben, die kritische Stellen bzw. Steuerungsalgorithmen erläutern, um die Programme transparent zu machen.

5.2 Mischen

Die nachfolgende Problembeschreibung enthält das in allen Bereichen der Datenverarbeitung auftretende Problem „Mischen von Dateien".

Die Datensätze zweier oder mehrerer sequentiell von einem Programm zu lesenden Dateien stehen in Abhängigkeit zueinander und sind daher parallel zu bearbeiten. Das setzt voraus, daß alle sequentiell zu bearbeitenden Dateien nach einem gleichen Merkmal in gleicher Folge sortiert vorliegen.

Es sind die Struktogramme zu erstellen, die die nachfolgende verbale Beschreibung fordert:

1. Problembeschreibung

   Das Programm soll die Umsatzdaten (gespeichert in getrennten Dateien) aller drei Filialen eines Unternehmens in eine Datei zu einem gemischten Umsatzbestand zusammenfügen.
   - Filiale 1: vertreibt Holzprodukte,
   - Filiale 2: vertreibt Stahlprodukte,
   - Filiale 3: vertreibt Kunststoffprodukte.

   Die gemischte Umsatzdatei ist für spätere Auswertungen so aufzubauen, daß sie die Daten aller Käufe eines Kunden zusammenhängend speichert. Hat ein Kunde in mehreren Filialen innerhalb eines Erfassungszeitraumes Umsätze getätigt, ist beim gemischten Umsatz zuerst der Satz der niedrigsten Filialnummer auszugeben.

2. Datenflußplan

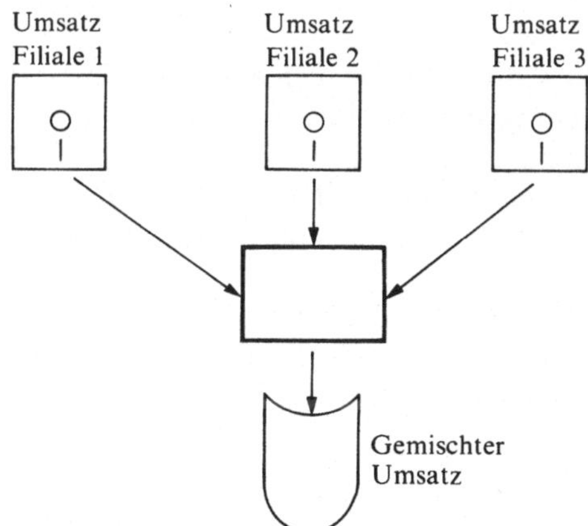

3. Eingabedaten
Die Sätze der Umsatzdateien sind identisch aufgebaut

Zeichen	Inhalt
1– 20	Informationen
21– 26	KUNDENNUMMER (Sortierbegriff)
27–150	Informationen

Die Filialnummer geht nicht aus dem Satz hervor. Für die richtige Dateizuordnung sorgt die Etikettroutine des Betriebssystems.

4. Ausgabedaten
Die Sätze des gemischten Umsatzbestands haben den gleichen Aufbau wie die Umsatzdateien der Filialen.

5. Zusätzliche Bedingungen
a) Allgemeines
Das Programm ist so zu gestalten, daß es
— nur einen Unterprogrammaufruf und das dazugehörende Unterprogramm „EINGABE" enthält. Das Lesen der Dateien Filiale 1, Filiale 2 und Filiale 3 soll in diesem Unterprogramm realisiert sein, deshalb muß es eine Prüfroutine enthalten, mit der festgestellt wird, welche Datei gelesen werden darf.
— nur einen Unterprogrammaufruf und das dazugehörende Unterprogramm „VERARBEIT" enthält. Die hierin notwendige Prüfroutine muß feststellen, welche Eingabedatei den nächsten auszugebenden Satz enthält.
b) Feldbeschreibung
Für die Mischroutinen sind je Datei drei Hilfsfelder notwendig:
— Dateizustandsbyte: FILLES × [1]
  zum Feststellen,
  ob eine Datei gelesen werden darf (Kennung = 0),
  ob eine Datei nicht gelesen werden darf (Kennung = 1),
  ob eine Datei bereits geschlossen ist (Kennung = 2),
  ob eine Datei in einem Programmlauf nicht benötigt wird und somit nicht eröffnet werden soll (Kennung = 3)
— Sortierbegriff: FILKNR × [1]
  zum Feststellen, welche Datei als nächste zu bearbeiten ist (der Satz mit dem niedrigsten Sortierbegriff bei aufsteigend sortierten Dateien)
— Dateirangbyte: FILNR × [1]
  zum Feststellen, welche Datei den nächsten zu bearbeitenden Satz enthält, wenn die Sortierbegriffe in zwei oder mehr bereitgestellten Sätzen gleich sind.

---

[1] × steht für die jeweilige Filiale (Datei).

Diese drei Hilfsfelder je Datei werden zusammengezogen und ergeben dann in ihrem Aufbau einen dateiabhängigen Bereich:

| FIL 1 | FILLES 1 | FILKNR 1 | FILNR 1 |

| FIL 2 | FILLES 2 | FILKNR 2 | FILNR 2 |

| FIL 3 | FILLES 3 | FILKNR 3 | FILNR 3 |

Um den Mischvorgang durchführen zu können, ist ein weiterer Bereich notwendig, der nicht dateiabhängig ist und das Ergebnis der Mischroutine aufnimmt:

| MINI | MINLES | MINKNR | MINNR |

Mittels dieser Bereiche ist der Mischvorgang zu realisieren d.h. aus einer Vielzahl Dateien diejenige heraussuchen, deren bereitgestellter Satz als nächster zu bearbeiten ist: Rückführung aller Dateien auf eine zu bearbeitende.
Die beschriebene Aufgabe sollte in Struktogramme umgesetzt werden. Nachstehend eine mögliche Lösung.

Mischen

STEUERPROGRAMM
Dieses Programm soll die Technik „Mischen von Dateien" aufzeigen.
Die Umsatzdateien von drei Filialen liegen jeweils nach der Kundennummer aufsteigend sortiert
vor und sollen in einer gemischten Datei zusammengefaßt werden.
Das Mischen geschieht in der Weise, daß bei Vorliegen der gleichen Kundennummer in mehreren
Dateien die Reihenfolge Filiale 1, dann Filiale 2, dann Filiale 3 berücksichtigt wird.

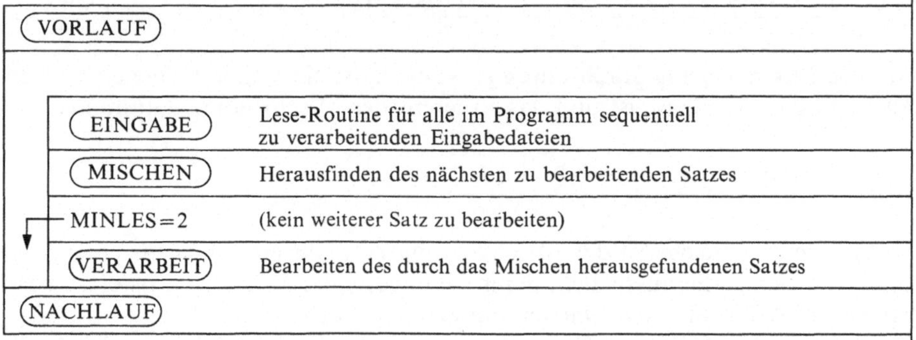

(VORLAUF)	
(EINGABE)	Lese-Routine für alle im Programm sequentiell zu verarbeitenden Eingabedateien
(MISCHEN)	Herausfinden des nächsten zu bearbeitenden Satzes
MINLES = 2	(kein weiterer Satz zu bearbeiten)
(VERARBEIT)	Bearbeiten des durch das Mischen herausgefundenen Satzes
(NACHLAUF)	

VORLAUF
Die Unterroutine VORLAUF schafft die Voraussetzung für den ersten Durchlauf durch die Lese-/
Bearbeitungsschleife. Die einzelnen Funktionen werden auch hier getrennt betrachtet:

> Die Lesesteuerung für alle Dateien auf „die Datei darf gelesen werden" setzen. Kennung
> für diese Aussage ist die Ziffer Null.
>
> | Ø ÜBERTRAGEN NACH FILLES 1 |
> | Ø ÜBERTRAGEN NACH FILLES 2 |
> | Ø ÜBERTRAGEN NACH FILLES 3 |

> Die Datei-Verarbeitungspriorität wird festgelegt für den Fall, daß ein Kunde in mehr als
> einer Datei vorkommt. Da aufsteigende Sortierfolge, bildet der niedrigste Inhalt des Feldes
> die vorrangige Datei.
>
> | 1 ÜBERTRAGEN NACH FILNR 1 |
> | 2 ÜBERTRAGEN NACH FILNR 2 |
> | 3 ÜBERTRAGEN NACH FILNR 3 |

> Eröffnen aller Dateien dieses Programms. Die Eröffnung bestimmter Dateien unter besonderen
> Voraussetzungen entfällt.
>
> | ERÖFFNEN DATEI FILIALE 1 |
> | ERÖFFNEN DATEI FILIALE 2 |
> | ERÖFFNEN DATEI FILIALE 3 |
> | ERÖFFNEN DATEI GEMISCHTE UMSÄTZE |

> Setzen von Anfangswerten/Ausgangswerten
>
> | LÖSCHEN AUSGABEBEREICH (weiteres Löschen grundsätzlich nach jeder Ausgabe) |

EINGABE
Die Routine EINGABE realisiert das Lesen aller Dateien. Welche Datei gelesen oder nachgelesen werden soll, geht aus der Abfrage des Feldes FILLES hervor. Bei Inhalt $\emptyset$ ist der nächste Satz der Datei zu lesen.

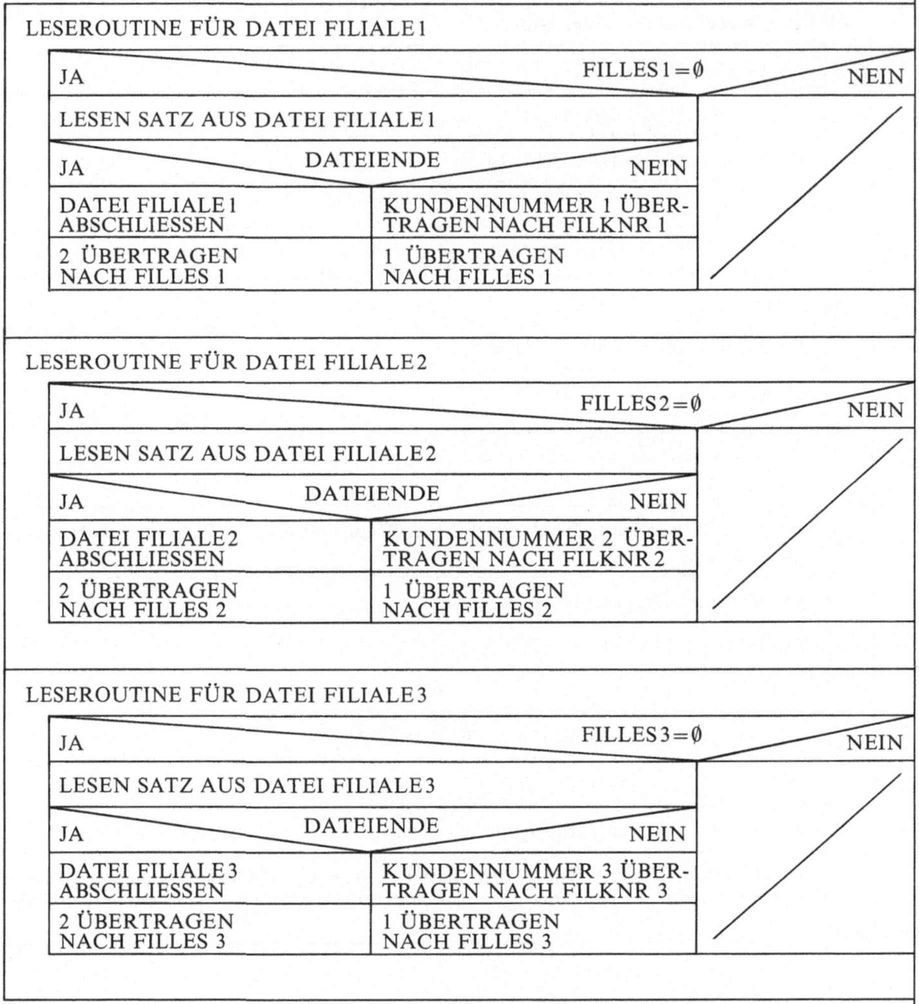

LESEROUTINE FÜR DATEI FILIALE 1

JA		FILLES 1 = $\emptyset$	NEIN

LESEN SATZ AUS DATEI FILIALE 1

JA	DATEIENDE	NEIN

DATEI FILIALE 1 ABSCHLIESSEN	KUNDENNUMMER 1 ÜBER-TRAGEN NACH FILKNR 1
2 ÜBERTRAGEN NACH FILLES 1	1 ÜBERTRAGEN NACH FILLES 1

LESEROUTINE FÜR DATEI FILIALE 2

JA		FILLES 2 = $\emptyset$	NEIN

LESEN SATZ AUS DATEI FILIALE 2

JA	DATEIENDE	NEIN

DATEI FILIALE 2 ABSCHLIESSEN	KUNDENNUMMER 2 ÜBER-TRAGEN NACH FILKNR 2
2 ÜBERTRAGEN NACH FILLES 2	1 ÜBERTRAGEN NACH FILLES 2

LESEROUTINE FÜR DATEI FILIALE 3

JA		FILLES 3 = $\emptyset$	NEIN

LESEN SATZ AUS DATEI FILIALE 3

JA	DATEIENDE	NEIN

DATEI FILIALE 3 ABSCHLIESSEN	KUNDENNUMMER 3 ÜBER-TRAGEN NACH FILKNR 3
2 ÜBERTRAGEN NACH FILLES 3	1 ÜBERTRAGEN NACH FILLES 3

MISCHEN
In der Unterroutine MISCHEN wird über die Vergleichsfelder FIL 1, FIL 2 und FIL 3 der Satz
der Datei herausgefunden, der als nächster bearbeitet werden soll.
Dabei gibt das Feld FILNR dann den Ausschlag, wenn in mehreren Dateien die gleiche Kundennummer vorkommt. Das Feld FILLES enthält während der Mischroutine entweder das Kennzei-
chen für: diese Datei ist bereits abgeschlossen (= 2) oder die Datei darf nicht gelesen werden
(= 1).
Am Ende der Mischroutine enthält das dateineutrale Vergleichsfeld MINI die Daten aus FIL 1
oder FIL 2 oder FIL 3, so daß aus dem Inhalt MINNR anschließend die Ausgabe der zu bearbeitenden Datei hervorgeht.

INHALT FIL 1 ÜBERTRAGEN NACH MINI		
JA	FIL 2 < MINI	NEIN
INHALT FIL 2 ÜBERTRAGEN NACH MINI		
JA	FIL 3 < MINI	NEIN
INHALT FIL 3 ÜBERTRAGEN NACH MINI		

VERARBEIT
In der Routine VERARBEIT wird die Bearbeitung des Satzes durchgeführt, der von der Routine MISCHEN bereitgestellt wurde. Welcher Datei dieser Satz angehört, geht aus der Abfrage des Feldes hervor.

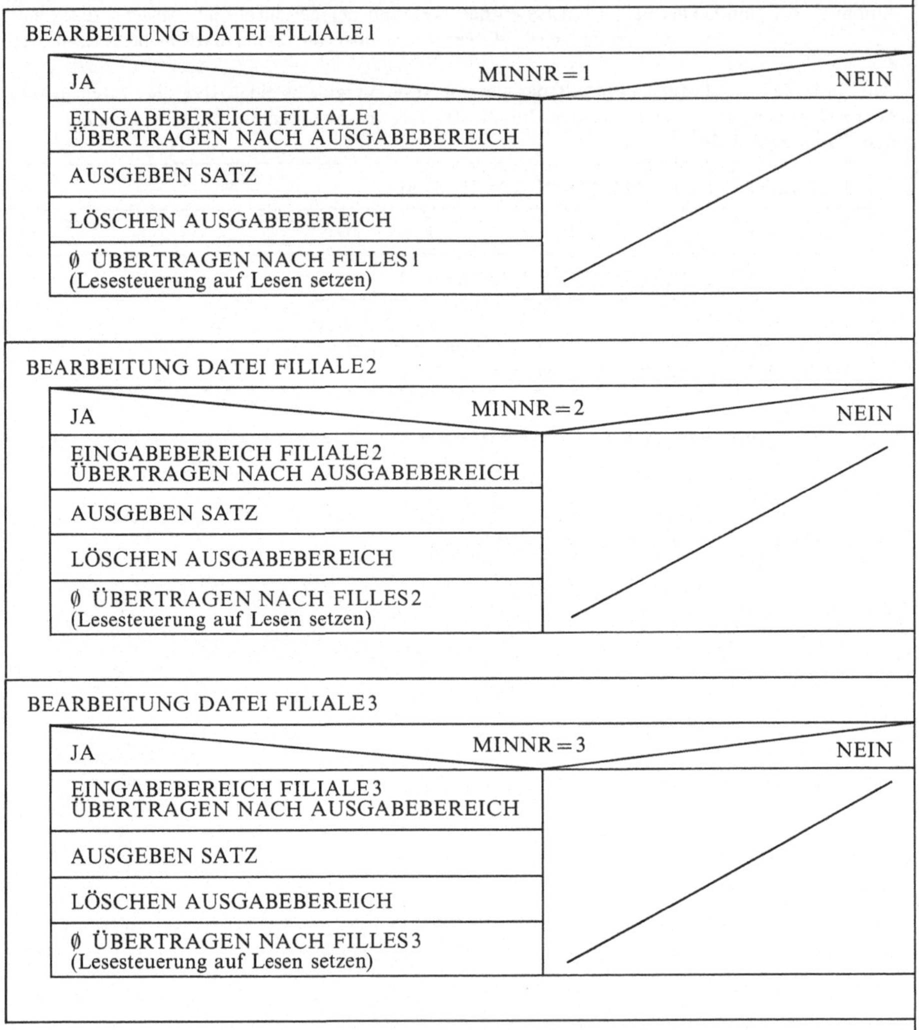

BEARBEITUNG DATEI FILIALE1

JA — MINNR = 1 — NEIN

- EINGABEBEREICH FILIALE1 ÜBERTRAGEN NACH AUSGABEBEREICH
- AUSGEBEN SATZ
- LÖSCHEN AUSGABEBEREICH
- ∅ ÜBERTRAGEN NACH FILLES1 (Lesesteuerung auf Lesen setzen)

BEARBEITUNG DATEI FILIALE2

JA — MINNR = 2 — NEIN

- EINGABEBEREICH FILIALE2 ÜBERTRAGEN NACH AUSGABEBEREICH
- AUSGEBEN SATZ
- LÖSCHEN AUSGABEBEREICH
- ∅ ÜBERTRAGEN NACH FILLES2 (Lesesteuerung auf Lesen setzen)

BEARBEITUNG DATEI FILIALE3

JA — MINNR = 3 — NEIN

- EINGABEBEREICH FILIALE3 ÜBERTRAGEN NACH AUSGABEBEREICH
- AUSGEBEN SATZ
- LÖSCHEN AUSGABEBEREICH
- ∅ ÜBERTRAGEN NACH FILLES3 (Lesesteuerung auf Lesen setzen)

NACHLAUF
In der Routine NACHLAUF wird es notwendig zu prüfen, ob eine Datei bereits geschlossen
ist oder nicht, da in einem Fehlerfall über diese Routine das Programm zu verlassen ist (nur
wenn Programmabbruch erwünscht ist). Die Eingabedateien werden normal in der Leseroutine
abgeschlossen.

JA	FILLES1 <2	NEIN
DATEI FILIALE1 ABSCHLIESSEN		
JA	FILLES2 <2	NEIN
DATEI FILIALE2 ABSCHLIESSEN		
JA	FILLES3 <2	NEIN
DATEI FILIALE3 ABSCHLIESSEN		
DATEI GEMISCHTE UMSÄTZE ABSCHLIESSEN		

Mischen (Erweiterung)

Das bestehende Programm der vorangegangenen Aufgabe soll in größerem Umfang erweitert werden:

1. Das Unternehmen vergrößert sich um eine Filiale. Der Umsatz dieser Filiale ist als Datei FILIALE4 mit niedrigster Dateipriorität in das Programm zu integrieren.

2. Wurden in einem Erfassungszeitraum von einer oder mehreren Filialen keine Umsätze getätigt (Urlaub, Renovierung usw.), so sind diese Filialen mittels Vorlaufsatz vom Verarbeitungslauf auszuschließen.

   Aufbau des Vorlaufsatzes:

Zeichen	Inhalt
1–2	KEZ (gültige Satzart = VS)
3–6	INH
3	· INH1 (E = Datei FILIALE1 eröffnen)
4	· INH2 (Z = Datei FILIALE2 eröffnen)
5	· INH3 (D = Datei FILIALE3 eröffnen)
6	· INH4 (V = Datei FILIALE4 eröffnen)
7–80	nicht belegt

3. Plausibilitäten und Kontrollen
   - Die Umsatzdateien der Filialen sind hinsichtlich aufsteigender Sortierfolge zu prüfen. Nicht in Folge liegende Sätze sind in der Datei FEHLERLISTE aufzulisten.
   Bei Sortierfolgefehler in den Dateien FILIALE1, FILIALE2 und FILIALE3 ist nach Ausgabe der Fehlermeldung der Folgesatz zu lesen.
   (Meldungen A, B und C im Druckbildentwurf der Datei FEHLERLISTE)
   - Bei mehr als 20 Sortierfolgefehlern in einer der Dateien FILIALE, FILIALE2 oder FILIALE3 ist das Programm nach Ausgabe der Fehlermeldung abzubrechen.
   (Meldung D, E und F im Druckbildentwurf der Datei FEHLERLISTE)
   - Der erste Sortierfolgefehler in Datei FILIALE4 führt nach Ausgabe der Fehlermeldung zum Programmabbruch.
   (Meldung G im Druckbildentwurf der Datei FEHLERLISTE)
   - Sofern kein Programmabbruch erfolgte, nachdem die Datei FEHLERLISTE eröffnet wurde, ist das als Meldung auszugeben.
   (Meldung H im Druckbildentwurf der Datei FEHLERLISTE)

```
FEHLERLISTE PROGRAMM:  M I S C H E N  VOM  XX.XX.XX
- - - - - - - - - - - - - - - - - - - - - - - - - - - -

A.  SORTIERFOLGE-FEHLER IN DATEI FILIALE1   XXX Zeichen 1-30 des falschen Satzes  XXX
B.  SORTIERFOLGE-FEHLER IN DATEI FILIALE2   XXX Zeichen 1-30 des falschen Satzes  XXX
C.  SORTIERFOLGE-FEHLER IN DATEI FILIALE3   XXX Zeichen 1-30 des falschen Satzes  XXX
D.  MEHR ALS 20 SORTIERFOLGE-FEHLER IN DATEI FILIALE1 XXX PROGRAMM-ABBRUCH
E.  MEHR ALS 20 SORTIERFOLGE-FEHLER IN DATEI FILIALE2 XXX PROGRAMM-ABBRUCH
F.  MEHR ALS 20 SORTIERFOLGE-FEHLER IN DATEI FILIALE3 XXX PROGRAMM-ABBRUCH
G.  SORTIERFOLGE-FEHLER IN DATEI FILIALE4: -PROGRAMMLAUF WIRD ABGEBROCHEN-
H.  *** NORMALES PROGRAMMENDE ***
```

Meldungsbezeichnungen aus der Beschreibung unter:
Punkt 3 : Plausibilitäten und Kontrollen
(die Meldungsbezeichnungen sind nicht Teil der Fehlerliste)

4. Meldungen an den Systembediener (Ausgabegerät ist der Bedienplatz).
   — Wenn der Vorlaufsatz eine falsche Satzart aufweist, ist folgende Meldung auszugeben:
     VORLAUF PRUEFEN. FALSCHE SATZART! PROGRAMM WIRD ABGEBROCHEN.
   — Wenn der Vorlaufsatz die richtige Satzart aufweist, ist eine zweizeilige Meldung auszugeben, aus der die zu eröffnenden Dateien hervorgehen:
     FOLGENDE DATEIEN WERDEN EROEFFNET:
     FILAUS FILIALE 1 FILIALE 2 FILIALE 3 FILIALE 4
     Dateien, die aufgrund gewünschter oder falscher Angaben im Vorlaufsatz nicht eröffnet werden sollen, werden in dieser Meldung nicht aufgeführt. Dieser Bereich bleibt frei (Leerstellen)
   — Anschließend wird diese Meldung durch zwei weitere Zeilen ergänzt:
     SOLL MIT DEN ANGEGEBENEN DATEIEN DIESER
     PROGRAMMLAUF DURCHGEFÜHRT WERDEN? (J/N)
     Antwort des Bedieners nach Überprüfung, ob der Programmlauf mit diesen Dateien stattfinden soll: J (für „JA") bzw. N (für „NEIN").
   — Wird versehentlich ein Zeichen ungleich „J" oder „N" eingegeben, so erhält der Bediener eine erneute Aufforderung:
     UNZULAESSIGE ANTWORT
     SOLL MIT DEN ANGEGEBENEN DATEIEN DIESER
     PROGRAMMLAUF DURCHGEFUEHRT WERDEN? (J/N)
   — Wird als Antwort „N" eingegeben, beendet sich das Programm mit folgender Meldung:
     PROGRAMM WIRD BEENDET.

5. Datenflußplan

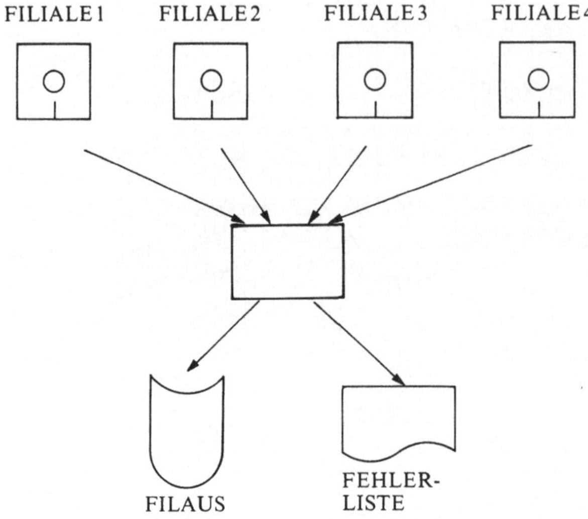

6. Anmerkung

Mit dieser erweiterten Übung soll einerseits aufgezeigt werden, daß trotz einer recht umfangreichen Programmänderung (bezogen auf die Programmgröße) klare Schnittstellen einen gezielten Eingriff erlauben, und andererseits sollen einige häufig auftretende Routinen dargestellt werden für:

— Überlesen eines Satzes, z.B. weil er fehlerhaft ist;

— Ausschließen einer oder mehrer Datei(en) von einem Verarbeitungslauf, z.B. weil diese Datei für einen bestimmten Lauf nicht benötigt wird oder wie in der Übung nicht zur Verfügung steht;

— Programmabbruch unter Einhaltung der Zweipoligkeit, d.h. das Programm ist über den offiziellen Programmendeausgang im Steuerprogramm zu beenden.

Mischen (Erweiterung)

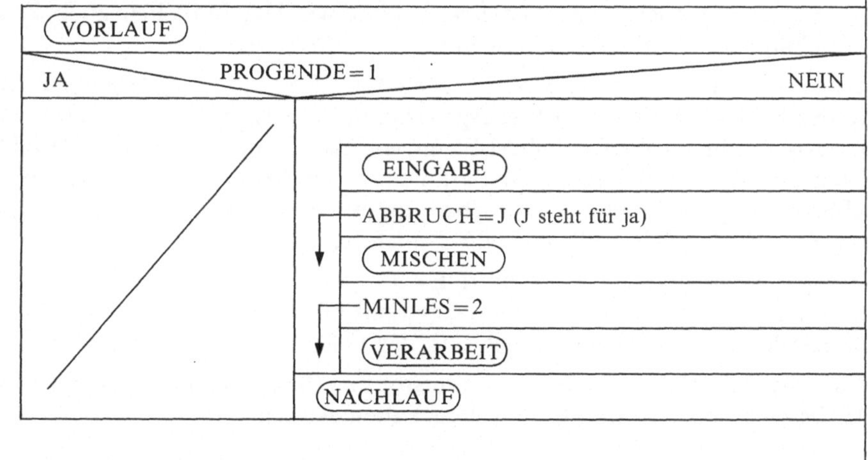

Der Grundsatz, immer über die Unterroutine NACHLAUF ein Programm zu beenden, also auch im Fehlerfall, wurde im vorstehenden Struktogramm eingehalten, wenn von der Abfrage „PROGENDE=1" abgesehen wird. Womit aber ist diese Ausnahme zu begründen?

Das vorliegende Programm kann nur sinnvoll ablaufen, wenn die Parameter des Vorlaufsatzes richtig sind.

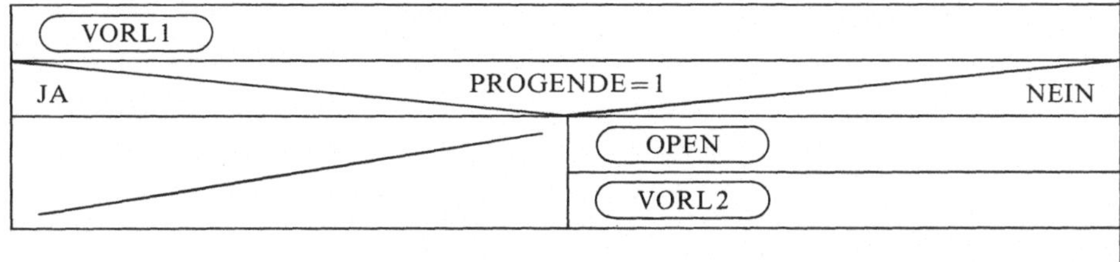

In der Unterroutine VORL 1 wird der Vorlaufsatz gelesen. Vorlaufsätze können, müssen aber nicht eine Datei darstellen, wenn sie vom Programm direkt gelesen werden.

Die Auswertung der als Satz einer Datei eingelesenen Informationen muß unbedingt in der ersten Unterroutine von VORLAUF, also in VORL 1, vorgenommen werden. Stellt sich bei der Überprüfung der Vorlauf-Parameter heraus, daß sie nicht zugelassen sind und zu einem nicht gewünschten Verarbeitungsergebnis führen, so hat jede weitere Verarbeitung zu unterbleiben, d.h. das Programm ist zu beenden. Da jedoch noch keine Dateien eröffnet wurden, brauchen auch keine Datei-Abschlußroutinen durchlaufen werden.

Dem Grundsatz nach mußte die Abfrage „PROGENDE = 1" als erste Abbruchbedingung des Schleifenkörpers im Steuerprogramm aufgeführt sein, und zwar vor dem Unterprogramm-Aufruf EINGABE, um auf die Unterroutine NACHLAUF verzweigen zu können. Bei richtigen Parametern des Vorlaufsatzes würde diese Abbruchbedingung nach jeder Satzbearbeitung erneut abgefragt werden, obwohl durch die Schleife das Feld „PROGENDE" nicht verändert wird.

Das Verlegen der Abfrage „PROGENDE = 1" vor die Schleife stellt also eine Laufzeitoptimierung dar, durch die die Lesbarkeit nicht beeinträchtigt wird. Auch Programmänderungen werden sich nicht auf das Feld PROGENDE auswirken.

Von dem Zeitpunkt an, wo in die Eröffnungsroutine (hier: OPEN) verzweigt wird, sollte der beschriebene Grundsatz stets eingehalten werden.

VORL1

Diese Unterroutine setzt die Merkmale dafür, ob eine Datei eröffnet werden soll. Dies gilt für alle Ein-/Ausgabedateien und ist nur dann im Programm vorzusehen, wenn Dateien nicht in jedem Programmlauf benötigt werden.

LESEN VORLAUFSATZ

LÖSCHEN AUSGABEBEREICH FÜR BEDIENPLATZ (BEDIENAUS)

JA	KEZ≠VS		NEIN
TEXT: „VORLAUFSATZ PRUEFEN. FALSCHE SATZART! PROGRAMM WIRD ABGEBROCHEN." AUSGEBEN AUF BEDIENPLATZ 1 ÜBERTRAGEN NACH PROGENDE	\multicolumn{3}{TEXT: „FILAUS" ÜBERTRAGEN NACH BEDIENAUS}

TEXT: „FILAUS" ÜBERTRAGEN NACH BEDIENAUS

JA	INH=„EZDV"		NEIN

Ø ÜBERTRAGEN NACH FILLES1	JA	INH1=„E"	NEIN

Ø ÜBERTRAGEN NACH FILLES1

Ø ÜBERTRAGEN NACH FILLES1 / 3 ÜBERTRAGEN NACH FILLES1

TEXT: „FILIALE1" ÜBERTRAGEN NACH BEDIENAUS

TEXT: „FILIALE1" ÜBERTRAGEN NACH BEDIENAUS

| Ø ÜBERTRAGEN NACH FILLES2 | JA | INH2=„Z" | NEIN |

Ø ÜBERTRAGEN NACH FILLES2

3 ÜBERTRAGEN NACH FILLES2

TEXT: „FILIALE2" ÜBERTRAGEN NACH BEDIENAUS

TEXT: „FILIALE2" ÜBERTRAGEN NACH BEDIENAUS

| Ø ÜBERTRAGEN NACH FILLES3 | JA | INH3=„D" | NEIN |

Ø ÜBERTRAGEN NACH FILLES3

3 ÜBERTRAGEN NACH FILLES3

TEXT: „FILIALE3" ÜBERTRAGEN NACH BEDIENAUS

TEXT: „FILIALE3" ÜBERTRAGEN NACH BEDIENAUS

| Ø ÜBERTRAGEN NACH FILLES4 | JA | INH4=„V" | NEIN |

Ø ÜBERTRAGEN NACH FILLES4

3 ÜBERTRAGEN NACH FILLES4

TEXT: „FILIALE4" ÜBERTRAGEN NACH BEDIENAUS

TEXT: „FILIALE4" ÜBERTRAGEN NACH BEDIENAUS

TEXT: „FOLGENDE DATEIEN WERDEN EROEFFNET:" AUSGEBEN AUF BEDIENPLATZ

INHALT VON BEDIENAUS AUSGEBEN AUF BEDIENPLATZ

Ø ÜBERTRAGEN NACH FRAGEFELD

SOLANGE FRAGEFELD=Ø

TEXT: „SOLL MIT DEN ANGEGEBENEN DATEIEN DIESER PROGRAMMLAUF DURCHGEFUEHRT WERDEN? (J/N)" AUSGEBEN AUF BEDIENPLATZ

JA	ANTWORT=J		NEIN
Ø ÜBERTRAGEN NACH PROGENDE 1 ÜBERTRAGEN NACH FRAGEFELD	JA	ANTWORT=N	NEIN

	JA	ANTWORT=N	NEIN
	1 ÜBERTRAGEN NACH PROGENDE 1 ÜBERTRAGEN NACH FRAGEFELD TEXT: „PROGRAMM WIRD BEENDET" AUSGEBEN AUF BEDIENPLATZ	TEXT: „UNZULAESSIGE ANTWORT" AUSGEBEN AUF BEDIENPLATZ	

JA	PROGENDE=Ø	NEIN
Dateiprioritäten vergeben durch Setzen der Prioritätsmerkmale in die Rangbytes		

1 ÜBERTRAGEN NACH FILNR1

2 ÜBERTRAGEN NACH FILNR2

3 ÜBERTRAGEN NACH FILNR3

4 ÜBERTRAGEN NACH FILNR4

OPEN
Diese Routine wird nur durchgeführt, wenn in VORL1 die richtigen Dateimerkmale gesetzt werden konnten.
Es werden zunächst die Dateien eröffnet, die von den vorgegebenen Merkmalen abhängig sind, anschließend werden ohne Merkmalsprüfung die Dateien eröffnet, die für jeden Programmlauf zwingend notwendig sind.

JA	FILLES1=$\emptyset$	NEIN
ERÖFFNEN DATEI FILIALE1		
JA	FILLES2=$\emptyset$	NEIN
ERÖFFNEN DATEI FILIALE2		
JA	FILLES3=$\emptyset$	NEIN
ERÖFFNEN DATEI FILIALE3		
JA	FILLES4=$\emptyset$	NEIN
ERÖFFNEN DATEI FILIALE4		
ERÖFFNEN DATEI FILAUS (Gemischtes Umsatzband)		
ERÖFFNEN DATEI FEHLERLISTE		

VORL2

Das Setzen von Anfangswerten/Ausgangswerten wird sinnvoll, wenn feststeht,
daß eine Bearbeitung von Dateien stattfinden soll.

„LOW VALUE" ÜBERTRAGEN NACH HIFE1, HIFE2, HIFE3, HIFE4 [1]
(HIFEx = Hilfsfeld zur Sortierfolgeprüfung einer Datei,
wird hier auf den Ausgangswert gesetzt.)

„N" ÜBERTRAGEN NACH ABBRUCH
(Damit einen definierten Anfangswert setzen, der beim ersten Durchlauf
nicht zum Programmabbruch führt. „N" = kein Abbruch)

$\emptyset$ ÜBERTRAGEN NACH SORTZAE1, SORTZAE2, SORTZAE3
(SORTZAEx = Zähler zum Feststellen der nicht in Folge liegenden Sätze
einer Datei. Die Datei FILIALE4 benötigt diesen Zähler nicht.)

LÖSCHEN AUSGABEBEREICH DER DATEI FILAUS

LÖSCHEN DRUCKBEREICH DER DATEI FEHLERLISTE

Vorbereiten der Datei FEHLERLISTE, damit die erste gewünschte Meldung
direkt ausgedruckt werden kann.

TEXT „FEHLERLISTE PROGRAMM: ... M I S C H E N ... VOM"
ÜBERTRAGEN NACH DRUCKBEREICH

TAGESDATUM (mit dem die Anlage arbeitet)
ÜBERTRAGEN NACH DRUCKBEREICH

VORSCHIEBEN VOR DEM DRUCKEN AUF NEUE SEITE

DRUCKEN ZEILE (Überschriftszeile)

LÖSCHEN DRUCKBEREICH

UNTERSTREICHUNG ÜBERTRAGEN NACH DRUCKBEREICH

VORSCHIEBEN 3 ZEILEN NACH DEM DRUCK

DRUCKEN ZEILE

DRUCKBEREICH LÖSCHEN

---

[1] LOW VALUE entspricht dem Wert sedezimal $\emptyset\emptyset_{(16)}$.

EINGABE

Diese Unterroutine soll grundsätzlich so aufgebaut werden, daß mit Übergabe der Steuerung an die nächsthöhere Ebene überprüfte, gültige und damit zu verarbeitende Sätze zur Verfügung stehen.

Das bedeutet für diese Übung, daß die Sortierfolge-Prüfungen in der nachstehenden Unterroutine durchzuführen sind.

LESEROUTINE FÜR DATEI FILIALE 1

SOLANGE FILLES 1 = ∅

> LESEN SATZ AUS DATEI FILIALE 1
>
> JA ——— DATEIENDE ——— NEIN
>
> **[JA]**
> DATEI FILIALE 1 ABSCHLIESSEN
>
> 2 ÜBERTRAGEN NACH FILLES 1 (Setzen Lesesteuerung auf: Datei ist geschlossen)
>
> **[NEIN]**
> JA ——— KNR 1 > HIFE 1 ——— NEIN
>
> > **[JA]**
> > 1 ÜBERTRAGEN NACH FILLES 1 (Setzen Lesesteuerung auf: Datei darf nicht gelesen werden)
> >
> > KNR 1 ÜBERTRAGEN NACH FILKNR 1
> >
> > KNR 1 ÜBERTRAGEN NACH HIFE 1
> >
> > **[NEIN]**
> > TEXT: „SORTIERFOLGEFEHLER IN DATEI FILIALE 1": ÜBERTRAGEN NACH DRUCKBEREICH
> >
> > ZEICHEN 1 BIS 30 AUS EINGABEBEREICH ÜBERTRAGEN NACH DRUCKBEREICH
> >
> > DRUCKEN ZEILE
> >
> > LÖSCHEN DRUCKBEREICH
> >
> > SORTZAE 1 := SORTZAE 1 + 1
> >
> > JA ——— SORTZAE 1 = 20 ——— NEIN
> >
> > > **[JA]**
> > > TEXT: „MEHR ALS 20 SORTIERFOLGEFEHLER IN DATEI FILIALE 1..." ÜBERTRAGEN NACH DRUCKBEREICH
> > >
> > > DRUCKEN ZEILE
> > >
> > > LÖSCHEN DRUCKBEREICH
> > >
> > > 1 ÜBERTRAGEN NACH FILLES 1 (Setzen Lesesteuerung auf: Datei darf nicht gelesen werden)
> > >
> > > J ÜBERTRAGEN NACH ABBRUCH

LESEROUTINE FÜR DATEI FILIALE 2 UND FÜR DATEI FILIALE 3

> Beide Leseroutinen sind analog zur Leseroutine der Datei FILIALE 1 zu sehen.
> Sie sollen daher hier nicht detailliert aufgezeigt werden.

LESEROUTINE FÜR DATEI FILIALE 4

JA ——— FILLES 4 = ∅ ——— NEIN

> LESEN SATZ AUS DATEI FILIALE 4
>
> JA ——— DATEIENDE ——— NEIN
>
> **[JA]**
> DATEI FILIALE 4 ABSCHLIESSEN
>
> 2 ÜBERTRAGEN NACH FILLES 4 (Setzen Lesesteuerung auf: Datei ist geschlossen)
>
> **[NEIN]**
> JA ——— KNR 4 > HIFE 4 ——— NEIN
>
> > **[JA]**
> > 1 ÜBERTRAGEN NACH FILLES 4 (Setzen Lesesteuerung auf: Datei darf nicht gelesen werden)
> >
> > KNR 4 ÜBERTRAGEN NACH FILKNR 4
> >
> > KNR 4 ÜBERTRAGEN NACH HIFE 4
> >
> > **[NEIN]**
> > TEXT: „SORTIERFOLGEFEHLER IN DATEI FILIALE 4. PROGRAMMLAUF WIRD ABGEBROCHEN" ÜBERTRAGEN NACH DRUCKBEREICH
> >
> > DRUCKEN ZEILE
> >
> > LÖSCHEN DRUCKBEREICH
> >
> > J ÜBERTRAGEN NACH ABBRUCH

MISCHEN
In dieser Unterroutine ist lediglich die Ergänzung der neu hinzukommenden Datei FILIALE4
aufzunehmen.
Die Ergänzung findet im Schema der drei vorhandenen Dateien statt.

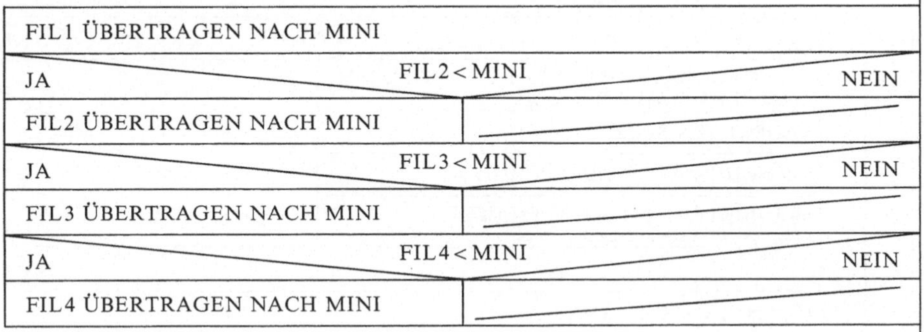

FIL1 ÜBERTRAGEN NACH MINI	
JA FIL2 < MINI NEIN	
FIL2 ÜBERTRAGEN NACH MINI	
JA FIL3 < MINI NEIN	
FIL3 ÜBERTRAGEN NACH MINI	
JA FIL4 < MINI NEIN	
FIL4 ÜBERTRAGEN NACH MINI	

VERARBEIT
Diese Unterroutine ist lediglich um die Bearbeitung der Datei FILIALE 4 zu ergänzen.
Die Ergänzung wird im Schema der drei vorhandenen Bearbeitungsroutinen durchgeführt.

Bearbeitung Datei FILIALE 1

JA   MINNR = 1   NEIN
EINGABEDATEN FILIALE 1 ÜBERTRAGEN NACH AUSGABEBEREICH
AUSGEBEN SATZ
LÖSCHEN AUSGABEBEREICH
Ø ÜBERTRAGEN NACH FILLES 1 (Lesesteuerung auf Lesen setzen)

Bearbeitung Datei FILIALE 2

JA   MINNR = 2   NEIN
EINGABEDATEN FILIALE 2 ÜBERTRAGEN NACH AUSGABEBEREICH
AUSGEBEN SATZ
LÖSCHEN AUSGABEBEREICH
Ø ÜBERTRAGEN NACH FILLES 2 (Lesesteuerung auf Lesen setzen)

Bearbeitung Datei FILIALE 3

JA   MINNR = 3   NEIN
EINGABEDATEN FILIALE 3 ÜBERTRAGEN NACH AUSGABEBEREICH
AUSGEBEN SATZ
LÖSCHEN AUSGABEBEREICH
Ø ÜBERTRAGEN NACH FILLES 3 (Lesesteuerung auf Lesen setzen)

Bearbeitung Datei FILIALE 4

JA   MINNR = 4   NEIN
EINGABEDATEN FILIALE 4 ÜBERTRAGEN NACH AUSGABEBEREICH
AUSGEBEN SATZ
LÖSCHEN AUSGABEBEREICH
Ø ÜBERTRAGEN NACH FILLES 4 (Lesesteuerung auf Lesen setzen)

NACHLAUF
Diese Unterroutine ist lediglich um den Teil für die Datei FILIALE4 zu ergänzen. Diese Ergänzung bleibt wie in den voranstehenden Erweiterungen im Schema der drei vorhandenen Dateien.

JA	FILLES1 < 2	NEIN
DATEI FILIALE1 ABSCHLIESSEN		

JA	FILLES2 < 2	NEIN
DATEI FILIALE2 ABSCHLIESSEN		

JA	FILLES3 < 2	NEIN
DATEI FILIALE3 ABSCHLIESSEN		

JA	FILLES4 < 2	NEIN
DATEI FILIALE4 ABSCHLIESSEN		

DATEI FILAUS ABSCHLIESSEN (gemischter Umsatzband)

JA	ABBRUCH ≠ J	NEIN
TEXT: „...NORMALES PROGRAMMENDE...“ ÜBERTRAGEN NACH DRUCKBEREICH		
VORSCHUB 2 ZEILEN VOR DRUCK		
DRUCKEN ZEILE		
LÖSCHEN DRUCKBEREICH		

DATEI FEHLERLISTE ABSCHLIESSEN

5.3 Gruppenwechsel

Häufig soll in der Datenverarbeitung nach Bearbeitung einer unbestimmten Anzahl hintereinanderliegender Sätze einer Datei eine zusätzliche Bearbeitung stattfinden. Die Sätze müssen bei dieser Problematik mindestens ein gemeinsames Merkmal haben, aus dem erkennbar ist, ob ein zu bearbeitender Satz noch zur gleichen Gruppe von Sätzen gehört oder ob er bereits der erste Satz einer neuen Gruppe ist.

Da es sich hier um die Bearbeitung einer Gruppe von Sätzen handelt, spricht man auch von Gruppenwechselbearbeitung. Merkmal kann jedes Feld eines Satzes sein. Wird für eine bestimmte Bearbeitung ein Feld ausgewählt, spricht man vom Gruppenbegriff. Der Gruppenbegriff muß dann sinnvollerweise auch Sortierbegriff werden, wenn die Datei noch nicht danach sortiert ist. Beim nachstehenden Problem setzt sich der Gruppenbegriff gleich aus 3 Merkmalen zusammen:

1. Problembeschreibung

   Das Programm soll eine Umsatzliste erstellen, aus der die Umsätze je Kunde, je Vertreter und je Bezirk entnommen werden können. Darüber hinaus soll jeder Einzelposten —Artikelbezeichnung und Umsatzwert — aufgelistet werden. Jeder Bezirk soll auf einer neuen Seite beginnen. Es soll die Gesamtsumme gebildet und auf einer neuen Seite am Schluß ausgegeben werden.
   Die drei Umsatzsummen:
   — Kunden-Summe,   mit einem Stern zu kennzeichnen,
   — Vertreter-Summe, mit zwei Sternen zu kennzeichnen,
   — Bezirks-Summe,   mit drei Sternen zu kennzeichnen
   dürfen nicht allein am Anfang eines Textteiles einer neuen Seite stehen. Sie sind ggf. noch auf der Seite aufzulisten, auf der die letzte zugehörige Postenzeile steht. Es sind nur Sätze mit der Satzart (SA = 7) zu verarbeiten. Fehlerhafte Sätze sollen überlesen werden.

2. Datenflußplan

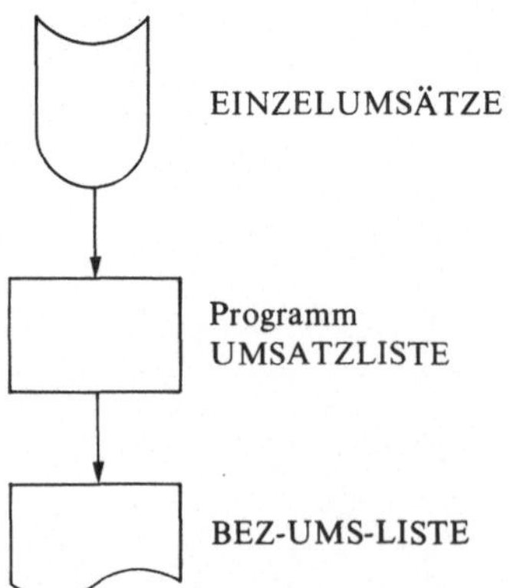

3. Eingabedaten

Aus der Datei EINZELUMSAETZE wird nach einem Lesevorgang je ein Satz
mit folgendem festen Aufbau zur Verfügung gestellt:

Zeichen	Inhalt
1	Satzart (gültige SA = 7)
2– 4	Vertreter-Nr.
5– 9	Kunden-Nr.
10– 29	Artikel-Bezeichnung
30– 35	Umsatzwert
36–177	Informationen
178–180	Bezirksnummer

Die Sätze sind aufsteigend
— nach Bezirks-Nr.,
— nach Vertreter-Nr. je Bezirk,
— nach Kunden-Nr. je Vertreter
sortiert. Eine Folgeprüfung soll nicht durchgeführt werden.

4. Ausgabedaten

Der Aufbau der Umsatzliste ist den Druckbildentwürfen zu entnehmen.
Kanal 1 der Druckersteuerung entspricht der ersten zu bedruckenden Zeile einer
Druckseite. Es ist ein Seitenwechsel durchzuführen, wenn die 56ste Zeile des
Blattes überschritten wird und sich keine weiteren Summenzeilen anschließen.
Summenzeilen sind noch auf dem gleichen Blatt zu drucken, auch wenn die
56ste Zeile die letzten Postendaten einer Gruppe enthält.

```
          10        20        30        40        50        60        70
   1234567890123456789012345678901234567890123456789012345678901234567890
 1
 2
 3
 4                             UMSATZLISTE
 5                             -----------
1" 6
 7     BEZIRK    VERTRETER    KUNDE    ARTIKELBEZEICHNUNG        UMSATZ
 8
 9
10     001       001         00002    XXXXXXXXXXXXXXXXXXXX       XXØX,XX
11                                    XXXXXXXXXXXXXXXXXXXX       XXØX,XX
2" 12                                                          XXXØX,XX  *
13
14                           00003    XXXXXXXXXXXXXXXXXXXX       XXØX,XX
15                                    XXXXXXXXXXXXXXXXXXXX       XXØX,XX
16                                                             XXXØX,XX  *
17                                                            XXXXØX,XX  **
3" 18
19               002         00001    XXXXXXXXXXXXXXXXXXXX       XXØX,XX
20                                                            XXXØX,XX   *
21
22                           00002    XXXXXXXXXXXXXXXXXXXX       XXØX,XX
23                                                            XXXØX,XX   *
4" 24                                                         XXXXØX,XX   **
25
               003         00002    XXXXXXXXXXXXXXXXXXXX       XXØX,XX
                                                             XXXØX,XX   *
                                                            XXXXØX,XX   **
"                                                          XXXXXØX,XX   ***
```

Ø = Nullunterdrückung bis einschließlich dieser Schreibstelle

```
                        UMSATZLISTE
                        -----------

BEZIRK    VERTRETER    KUNDE    ARTIKELBEZEICHNUNG              UMSATZ

 002       004         00001    XXXXXXXXXXXXXXXXXXXXXXX         XXØX,XX
                                XXXXXXXXXXXXXXXXXXXX            XXØX,XX
                                                               XXXØX,XX    *
                                                               XXXXØX,XX   **

           005         00001    XXXXXXXXXXXXXXXXXXXX            XXØX,XX
                                                               XXXØX,XX    *
                                                               XXXXØX,XX   **
                                                               XXXXXØX,XX  ***
```

```
                        UMSATZLISTE
                        -----------

BEZIRK    VERTRETER    KUNDE    ARTIKELBEZEICHNUNG              UMSATZ

 003       005         00001    XXXXXXXXXXXXXXXXXXXXXXX         XXØX,XX
                                XXXXXXXXXXXXXXXXXXXX            XXØX,XX
                                                               XXXØX,XX    *
                                                               XXXXØX,XX   **

           006         00002    XXXXXXXXXXXXXXXXXXXXXXX         XXØX,XX
                                                               XXXØX,XX    *
                                                               XXXXØX,XX   **
                                                               XXXXXØX,XX  ***
```

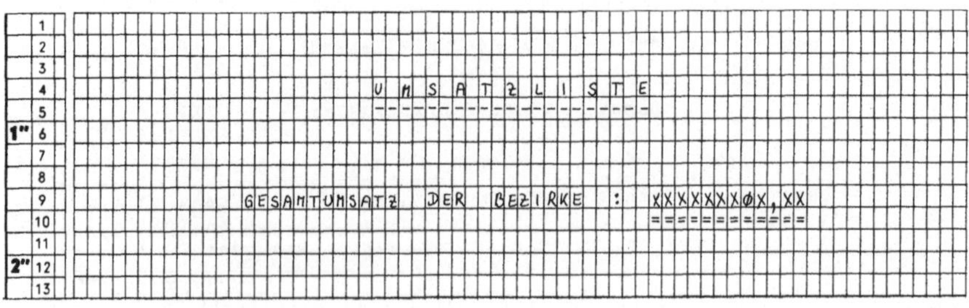

```
                        UMSATZLISTE
                        -----------




            GESAMTUMSATZ  DER  BEZIRKE  :  XXXXXXXØX,XX
                                           ============
```

∅ = Nullunterdrückung einschließlich dieser Schreibstelle

5. Zusätzliche Bedingungen
Feldbeschreibungen

SA	Vertr.-Nr.	Kunden-Nr.	Artikel- bezeichnung	Umsatzwert	|||||||||	Bezirk
1	2 —— 4	5 —— 9	10 —— 29	30 —— 35		178 —— 180
	VNR	KNR				BEZNR

Eingabesatz-Bereich

ENDE	G3N	G2N	G1N
	BEZNR	VNR	KNR

GgN = Gruppe g Neu

VN = Vergleichsfeld Neu

	G3A	G2A	G1A

GgA = Gruppe g Alt

VA = Vergleichsfeld Alt

Der Eingabesatz enthält neben den Gruppenbegriffen auch die zur Verarbeitung
gehörenden Daten, die jedoch keinen Einfluß auf die Gruppenwechselsteuerung
haben.
Nach dem Lesen eines Satzes in den Eingabesatz-Bereich werden die Gruppenbegriffe ihrer Priorität entsprechend geordnet. Dazu ist ein Hilfsbereich notwendig, wenn man nicht umständlich die Felder des Eingabesatz-Bereiches verschieben will. Dieser Hilfsbereich ist das Vergleichsfeld Neu (VN), das auch
gleichzeitig die Programmendekennung (ENDE = 1) enthält. Gruppe 1 in Vergleichsfeld Neu (G1N) ist das Feld, das den Gruppenbegriff niedrigster Priorität
übertragen bekommt (KNR). G2N, also Gruppe 2 repräsentiert die nächst höhere
Gruppe (VNR), während schematisch nach links fortfahrend sich die weiteren
Gruppenbegriffsfelder anschließen (BEZNR).
Nach Verarbeitung eines Satzes kann dieses Vergleichsfeld Neu (VN) dann über-
tragen werden nach Vergleichsfeld Alt (VA), so daß nach dem anschließenden
Lesen des nächsten Satzes das Vergleichsfeld Neu wieder mit den neuen Daten
aus dem Eingabesatz-Bereich gefüllt werden kann. Über den Vergleich der neuen
Sortierbegriffe mit den vorher bearbeiteten kann dann festgestellt werden, welche
Gruppe wechselt.
Bei einem Gruppenwechsel sind, vom niedrigstrangigen bis zum wechselnden
Gruppenbegriff in dieser Folge, die alten Gruppen zu beenden. Dieser Vorgang
ist der Gruppennachlauf, bei dem z.B. die Gruppensumme ausgegeben wird.
Daran anschließend folgt der Gruppenvorlauf, mit dem dann die neue Gruppe
beginnt. Dort sind die Vorbereitungen zur Bearbeitung der neuen Gruppe zu
treffen, wie z.B. das Rücksetzen der Gruppensumme auf den Anfangswert ($= \emptyset$).
Die Technik der Gruppenwechselbearbeitung wird mit wenigen Abweichungen
nach dem hier kurz skizzierten Prinzip häufig durchgeführt. Eine mögliche
Arbeitsweise wird aus der nachstehenden Lösung erkennbar.

Gruppenwechsel

STEUERPROGRAMM
Das Programm soll die Technik der „Gruppenwechselbearbeitung" aufzeigen.
Drei Gruppen werden im vorliegenden Beispiel entsprechend ihrer Rangstufe bearbeitet. Im Gruppenvorlauf wird die Bearbeitung einer Gruppe eingeleitet, im Gruppennachlauf wird die Endbearbeitung einer Gruppe durchgeführt.

(VORLAUF)

(LESEN)

JA   ENDE=$\emptyset$ [1]   NEIN

VN UEBERTRAGEN NACH VA

SOLANGE VN = VA

(GRP-BEARB 3)   Aus diesem Aufruf geht hervor, daß drei Gruppen zu bearbeiten
                    sind. Gruppenvorlauf und Gruppennachlauf für die dritte Gruppe
                    werden, wenn erforderlich, durchgeführt.

(NACHLAUF)

[1] Im Vorlauf wird das Feld ENDE auf $\emptyset$ gesetzt, damit nach Bereitstellung des ersten Satzes durch die Übertragung von VN nach VA ein erster Schleifendurchlauf stattfinden kann. Soll der erste gelesene Satz zum Abbruch des Programms führen (EOF-Satz, Plausibilität nicht in Ordnung, usw.), muß in der Leseroutine lediglich ein Wert ungleich $\emptyset$ nach Feld ENDE übertragen werden.

VORLAUF
Anfangs-/Ausgangswerte für das Steuerprogramm setzen

DATEIEN EROEFFNEN

$\emptyset$ UEBERTRAGEN NACH ENDE

$\emptyset$ UEBERTRAGEN NACH GESUMS

LOESCHEN DRUCKBEREICH

LESEN
Nach dem Lesen eines Satzes sind die drei Gruppenbegriffe entsprechend ihrer Rangstufe zusammenzusetzen.

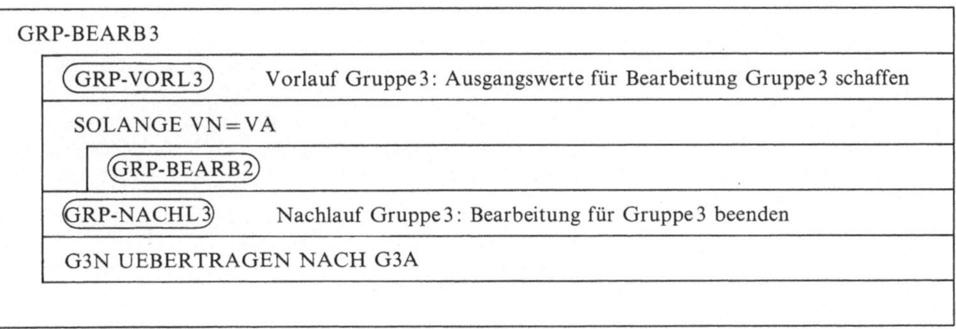

GRP-BEARB3

| (GRP-VORL3) | Vorlauf Gruppe 3: Ausgangswerte für Bearbeitung Gruppe 3 schaffen |

SOLANGE VN = VA

(GRP-BEARB2)

(GRP-NACHL3)   Nachlauf Gruppe 3: Bearbeitung für Gruppe 3 beenden

G3N UEBERTRAGEN NACH G3A

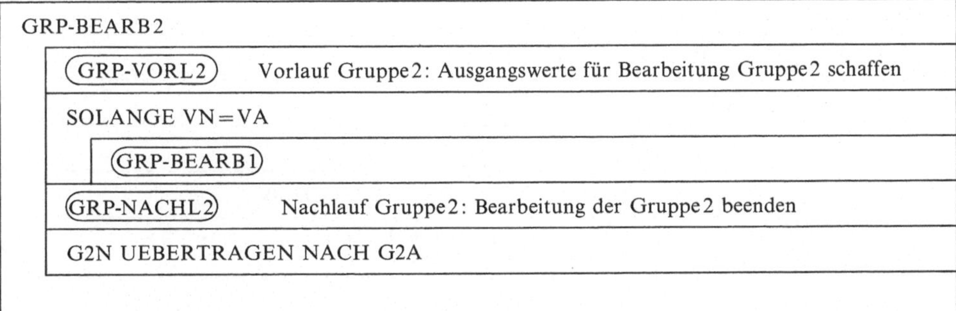

GRP-BEARB2

(GRP-VORL2)   Vorlauf Gruppe 2: Ausgangswerte für Bearbeitung Gruppe 2 schaffen

SOLANGE VN = VA

(GRP-BEARB1)

(GRP-NACHL2)   Nachlauf Gruppe 2: Bearbeitung der Gruppe 2 beenden

G2N UEBERTRAGEN NACH G2A

GRP-BEARB1

| (GRP-VORL1)   Vorlauf Gruppe 1: Ausgangswerte für Bearbeitung Gruppe 1 schaffen |

SOLANGE VN = VA

| (EINZELBEARB)   Einzelbearbeitung eines Satzes und Ausgabe einer Postenzeile unter Berücksichtigung eines Blattwechsels. Lesen aller Sätze, mit Ausnahme des ersten. |

| (GRP-NACHL1)   Nachlauf Gruppe 1: Bearbeitung der Gruppe 1 beenden |

| G1N UEBERTRAGEN NACH G1A |

GRP-VORL3

Die gruppenspezifischen Felder dieser Gruppe 3 (Gruppe BEZIRK) sind, soweit notwendig, auf Anfangswerte zu setzen.
Mit Beginn dieser Gruppe soll auch eine neue Seite beginnen, deshalb ist die Seitensteuerung (ZEILZAE) entsprechend zu setzen.

| $\emptyset$ UEBERTRAGEN NACH BEZSUM (Bezirkssumme auf $\emptyset$ setzen) |

| 57 UEBERTRAGEN NACH ZEILZAE (Einleiten Blattwechselsteuerung) |

GRP-VORL2

Die gruppenspezifischen Felder dieser Gruppe 2 (Gruppe VERTRETER) sind, soweit erforderlich, auf Anfangswerte zu setzen. Da mit Beginn dieser Gruppe nicht grundsätzlich ein Seitenwechsel durchzuführen ist, sondern nur der Gruppenbegriff in der ersten Zeile gedruckt werden soll, ist hierfür die Vorbereitung zu treffen.

| $\emptyset$ UEBERTRAGEN NACH VSUM (Vertretersumme auf Null setzen) |

| VNR UEBERTRAGEN NACH DRUCKBEREICH
(wird nur in der ersten Gruppenzeile gedruckt) |

GRP-VORL1

Die niedrigste Gruppe 1 (Gruppe KUNDE) muß auch wechseln, wenn die höheren Gruppen wechseln. In jedem Fall soll die erste Postenzeile hinter der Summenzeile durch eine Leerzeile getrennt stehen.

| VORSCHUB 1 ZEILE VOR DEM DRUCKEN |

| DRUCKEN LEERZEILE |

| ZEILZAE: = ZEILZAE + 1 |

| $\emptyset$ UEBERTRAGEN NACH KSUM (Kundensumme auf $\emptyset$ setzen) |

| KNR UEBERTRAGEN NACH DRUCKBEREICH
(wird nur in der ersten Gruppenzeile gedruckt) |

GRP-NACHL1
Es sind alle Arbeiten, die zum Beenden der Gruppe 1 (Gruppe KUNDE) notwendig sind, durchzuführen. Dazu gehören das Ausdrucken der Gruppensumme Kunde, das Addieren dieser Summe
in die nächste höhere Gruppensumme Vertreter, sowie die Berücksichtigung der Zeilensteuerung.

KSUM UEBERTRAGEN NACH DRUCKBEREICH
* UEBERTRAGEN NACH DRUCKBEREICH (zur Kennzeichnung der Kundensumme)
VORSCHUB 1 ZEILE NACH DEM DRUCKEN
DRUCKEN ZEILE (Kundensumme)
ZEILZAE:=ZEILZAE+1 (Zeilenzähler um 1 erhöhen)
VSUM:=VSUM+KSUM (Kundensumme aufaddieren auf Vertretersumme)

GRP-NACHL2
Es werden alle Arbeiten analog zu GRP-NACHL1 durchgeführt

VSUM UEBERTRAGEN NACH DRUCKBEREICH
** UEBERTRAGEN NACH DRUCKBEREICH (zur Kennzeichnung der Vertretersumme)
VORSCHUB 1 ZEILE NACH DEM DRUCKEN
DRUCKEN ZEILE (Vertretersumme)
ZEILZAE:=ZEILZAE+1 (Zeilenzähler um 1 erhöhen)
BEZSUM:=BEZSUM+VSUM (Bezirkssumme bilden aus Vertretersummen)

GRP-NACHL3
Die Arbeiten der Gruppennachläufe der beiden vorangegangenen Gruppen sind analog auch hier
durchzuführen. Die Bezirkssumme ist jedoch von der Vertretersumme um eine Zeile abzusetzen.
Eine Kontrolle der Zeilensteuerung entfällt, da mit dem Wechsel dieser Gruppe ein Blattwechsel
durchgeführt werden soll.

BEZSUM UEBERTRAGEN NACH DRUCKBEREICH
*** UEBERTRAGEN NACH DRUCKBEREICH (zur Kennzeichnung der Bezirkssumme)
VORSCHUB 1 ZEILE VOR DEM DRUCKEN NAECHSTER ZEILE
DRUCKEN ZEILE (Bezirkssumme)
GESUMS:=GESUMS+BEZSUM (Gesamtumsatzsumme bilden)

EINZELBEARB
In dieser Routine müssen alle Arbeiten durchgeführt werden, die mit der Ausgabe einer Postenzeile in Verbindung stehen. Das betrifft auch den bedingten Blattwechsel.

JA   ZEILZAE > 56   NEIN

(BLATTWECH)   Durchführen des Blattwechsels
                und des Druckens der Überschriften

(POSTENZEILE)   Aufbereiten und Drucken der Postenzeilen. Vor der Aufbereitung
                  Druckbereich nicht löschen, da Gruppenbegriffe aufbereitet sein
                  können.

(LESEN)   Aufrufen der gleichen Leseroutine, wie im Steuerprogramm nach
            dem Vorlauf.

BLATTWECH
Durchführen eines Blattwechsels und Drucken der Überschriftszeilen. Zeilensteuerung auf Anfangswert setzen. Gruppenbegriffe in den Druckbereich bringen, damit sie in der ersten Postenzeile mit ausgedruckt werden.

VORSCHUB AUF NEUE SEITE (Blatteinstellung Zeile 4)
UEBERSCHRIFT 1 UEBERTRAGEN NACH DRUCKBEREICH (Inhalt Kopfzeile)
VORSCHUB 1 ZEILE NACH DEM DRUCKEN
DRUCKEN ZEILE
UEBERSCHRIFT 2 UEBERTRAGEN NACH DRUCKBEREICH (Unterstreichung)
VORSCHUB 2 ZEILEN NACH DEM DRUCKEN
DRUCKEN ZEILE
LOESCHEN DRUCKBEREICH
UEBERTRAGEN SPALTENUEBERSCHRIFT NACH DRUCKBEREICH
VORSCHUB 3 ZEILEN NACH DEM DRUCKEN
DRUCKEN ZEILE
LOESCHEN DRUCKBEREICH
UEBERTRAGEN GRUPPENBEGRIFFE (G1N, G2N, G3N) NACH DRUCKBEREICH
ZEILENZAEHLER (ZEILZAE) AUF 10 SETZEN (augenblicklicher Zeilenstand)

POSTENZEILE
Errechnen der Summe der niedrigsten Gruppe; Aufbereiten der Daten einer Postenzeile und Ausgabe der Postenzeile bilden die durchzuführenden Schritte dieser Unterroutine.

ART-BEZ. UEBERTRAGEN NACH DRUCKBEREICH
UMSATZ UEBERTRAGEN NACH DRUCKBEREICH
VORSCHUB 1 ZEILE NACH DEM DRUCKEN
DRUCKEN ZEILE
LOESCHEN DRUCKBEREICH
ZEILZAE:=ZEILZAE+1 (Zeilenzähler um 1 erhöhen)
KSUM:=KSUM+UMSATZ (Kundensumme bilden)

NACHLAUF
Durchführen der Arbeiten, die zum Beenden des Programms notwendig sind.

VORSCHUB AUF NEUE SEIE
UEBERSCHRIFT UEBERTRAGEN NACH DRUCKBEREICH
1 ZEILE VORSCHIEBEN NACH DEM DRUCKEN
DRUCKEN ZEILE
LOESCHEN DRUCKBEREICH
UNTERSTREICHUNG UEBERTRAGEN NACH DRUCKBEREICH
4 ZEILEN VORSCHIEBEN NACH DEM DRUCKEN
DRUCKEN ZEILE
LOESCHEN DRUCKBEREICH
TEXT DER ENDZEILE UEBERTRAGEN NACH DRUCKBEREICH
GESUMS UEBERTRAGEN NACH DRUCKBEREICH
1 ZEILE VORSCHIEBEN NACH DEM DRUCKEN
DRUCKEN ZEILE
LOESCHEN DRUCKBEREICH
SUMMENUNTERSTREICHUNG UEBERTRAGEN NACH DRUCKBEREICH
1 ZEILE VORSCHIEBEN NACH DEM DRUCKEN
DRUCKEN ZEILE
DATEIEN SCHLIESSEN

Zusammenfassend eine Übersicht der Prozeduren, die zur Lösung der gestellten Aufgabe entworfen wurden:

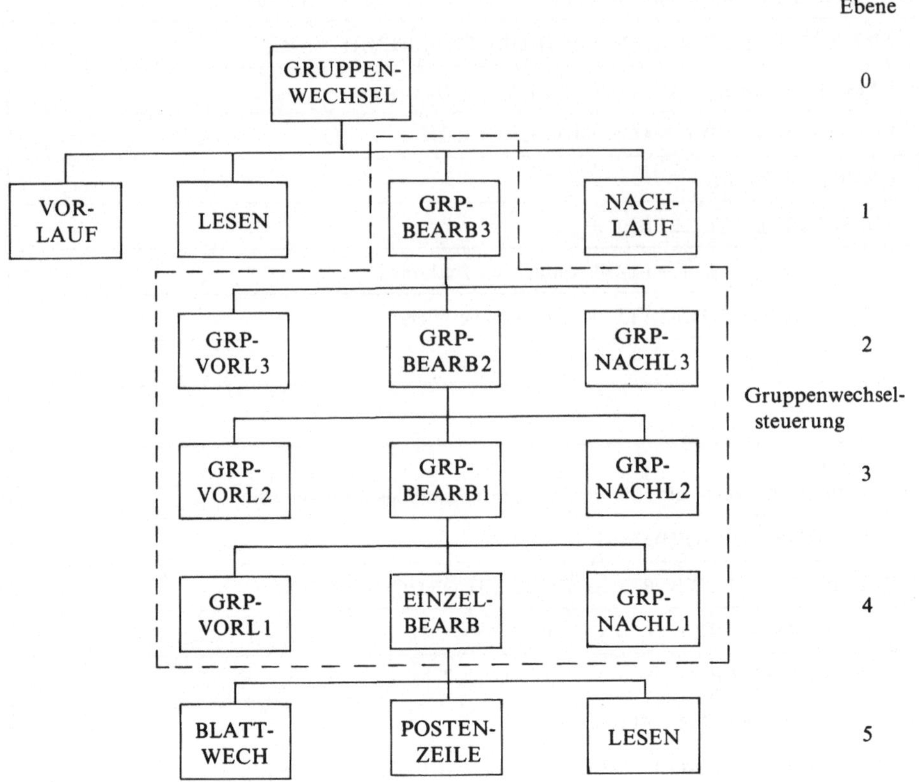

5.4 Tabellenverarbeitung

Die Tabellenverarbeitung mit ihren Algorithmen wird in der Datenverarbeitung oft angewandt. Man versteht unter dem Begriff Tabelle eine unbestimmte Anzahl hintereinanderliegender, gleich großer Bereiche, genannt Tabellenelemente. Jedes Tabellenelement ist ansprechbar über eine fortlaufende Nummer, z.B.: 5. Element der Tabelle

Diese fortlaufende Nummer (Index) ist nicht identisch mit dem Inhalt eines Tabellenelements und dient einzig dazu, ein bestimmtes Tabellenelement ansprechen zu können.

Jedes Tabellenelement kann in mehrere Felder unterteilt werden.

Um bei einem Tabellensuchvorgang feststellen zu können, ob das richtige Tabellenelement angesprochen wurde, muß je Element ein Feld vorhanden sein, das darüber Auskunft gibt. Es wird als Argument bezeichnet. Alle diesem Argument zugeordneten Felder enthalten die gewünschte Information für die weitere Verarbeitung. Alle Felder eines Elements werden gleichermaßen mit der diesem Element zugeordneten fortlaufenden Nummer, also mit gleichem Index angesprochen.

Bei der Tabellenverarbeitung sind drei Problemkreise zu unterscheiden:
— Einlesen/Aufbauen von Tabellen,
— Verarbeiten von Tabelleninhalten,
— Sortieren von Tabellenelementen.

Einlesen und Aufbauen einer Tabelle

Ein zu realisierendes, nicht näher bezeichnetes Problem soll mit Hilfe einer Tabelle gelöst werden. Dazu soll eine Unterroutine zum Einlesen der Tabelle geschrieben werden.

1. Problembeschreibung
   Es ist eine Unterroutine mit dem Namen TABLES zu erstellen, die aus einzulesenden Daten eine Tabelle im Hauptspeicher aufbaut. Der Speicherbereich für diese Tabelle ist auf die Größe von 1000 Tabellenelementen zu begrenzen.

2. Eingabedaten
   Aus einer Datei ARTIKELDATEN sind die Inhalte ARTNR und VPREIS zur Verfügung zu stellen. Aufbau eines Datensatzes:

Zeichen	Inhalt
1–10	nicht relevante Daten
11–15	ARTNR
16–20	nicht relevante Daten
21–26	VPREIS
27–115	nicht relevante Daten

   Die aufsteigende Folge der Artikelnummern ist zu prüfen, mehrfach auftretende Artikelnummern sind nicht erlaubt. Bei Folgefehler und bei mehr als 1000 Datensätzen sind die entsprechenden Meldungen auf dem Bedienungsplatz auszugeben:
   — FOLGEFEHLER IN DER DATEI ARTIKELDATEN.
     PROGRAMM WIRD ABGEBROCHEN.
   — MEHR ALS 1000 SAETZE IN DATEI ARTIKELDATEN.
     PROGRAMM WIRD ABGEBROCHEN.
   Nach Ausgabe der jeweiligen Meldung ist die Abbruchbedingung zu setzen.

3. Ausgabedaten
   Die Unterroutine TABLES hat dem übergeordneten Programm über die Variable mit dem Namen TLANG die in der Tabelle tatsächlich belegte Anzahl der Tabellenelemente mitzuteilen. Über die Variable mit dem Namen PROGRAMM-ENDE ist dem übergeordneten Programm mitzuteilen:
   — Inhalt 1 gesetzt: das Programm ist abzubrechen,
   — Inhalt $\emptyset$ gesetzt: keine Abbruchbedingung in TABLES erkannt.

4. Besondere Bedingungen
   Die aus den Eingabedaten aufzubauende Tabelle darf 1000 Tabellenelemente nicht überschreiten; jedes Tabellenelement hat folgenden Aufbau:
   — 5 Zeichen: TARTNR (Argument/Sortierbegriff),
   — 6 Zeichen: TVPREIS (Funktion).

Die aufsteigende Sortierfolge in der Tabelle ergibt sich aus den Eingabedaten.

Tabellen- element	Argument (TARTNR)	Funktion (TVPREIS)
1	210	3,80
2	230	5,16
3	271	1,12
4	318	0,57
5	2811	149,20
⋮	⋮	⋮
998	14496	0,02
999	14498	3121,49
1000	—	—

Einlesen und Aufbauen einer Tabelle

TABLES
Diese Unterroutine entnimmt aus einer Datei ARTIKELDATEN die Inhalte der Felder Artikelnummer (ARTNR) und Verkaufspreis (VPREIS) und baut daraus eine auf maximal 1000 Elemente begrenzte Tabelle auf.
Eingabe-Datensätze und Tabellenelemente sind aufsteigend sortiert. Liegt ein Folgefehler in den Eingabesätzen vor, bzw. werden mehr als 1000 Sätze zur Verfügung gestellt, wird nach Ausgabe einer entsprechenden Meldung ein Programmabbruchmerkmal gesetzt. Die Tabellenelemente bestehen aus TARTNR (Tabelle Artikelnr.) und TVPREIS (Tabelle Verkaufspreis). Die von den maximal 1000 Tabellenelementen tatsächlich belegte Anzahl wird über TLANG dem übergeordneten Programm mitgeteilt.

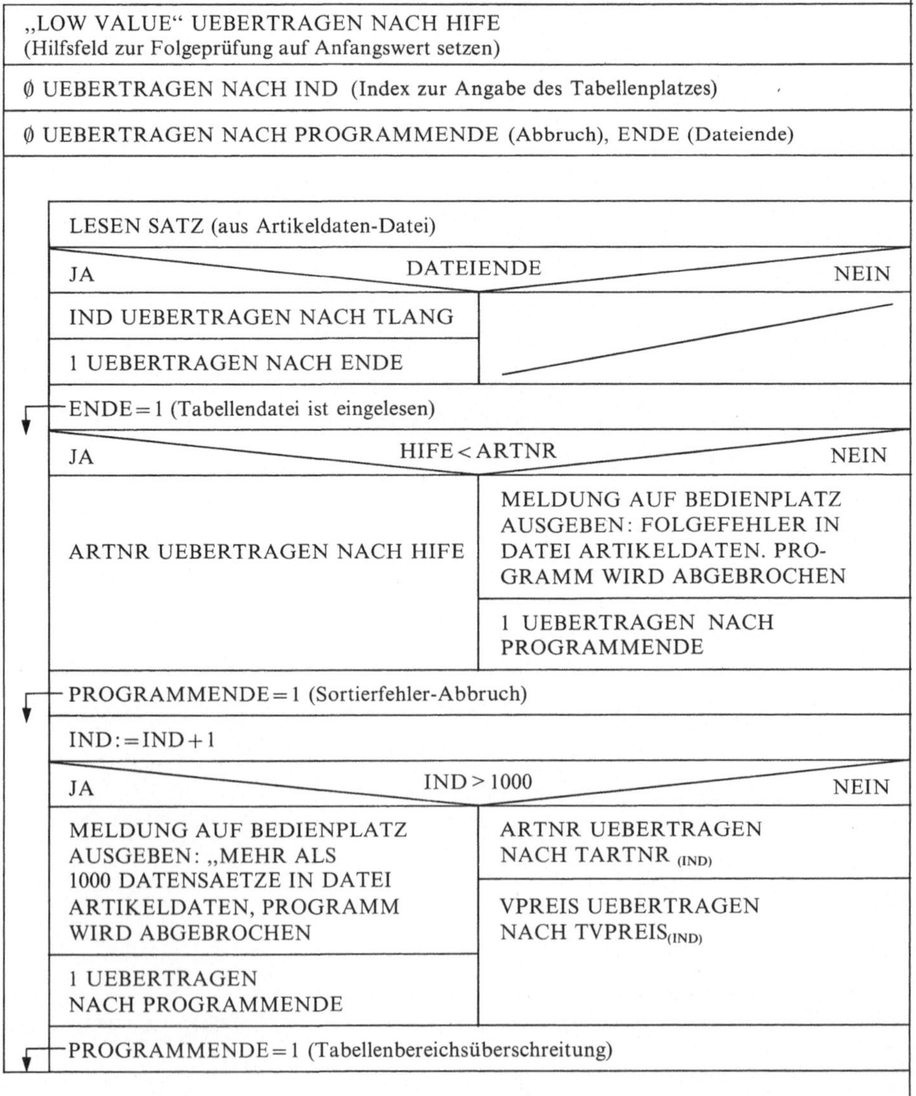

„LOW VALUE" UEBERTRAGEN NACH HIFE
(Hilfsfeld zur Folgeprüfung auf Anfangswert setzen)

∅ UEBERTRAGEN NACH IND (Index zur Angabe des Tabellenplatzes)

∅ UEBERTRAGEN NACH PROGRAMMENDE (Abbruch), ENDE (Dateiende)

LESEN SATZ (aus Artikeldaten-Datei)

JA — DATEIENDE — NEIN

IND UEBERTRAGEN NACH TLANG

1 UEBERTRAGEN NACH ENDE

ENDE = 1 (Tabellendatei ist eingelesen)

JA — HIFE < ARTNR — NEIN

ARTNR UEBERTRAGEN NACH HIFE

MELDUNG AUF BEDIENPLATZ AUSGEBEN: FOLGEFEHLER IN DATEI ARTIKELDATEN. PROGRAMM WIRD ABGEBROCHEN

1 UEBERTRAGEN NACH PROGRAMMENDE

PROGRAMMENDE = 1 (Sortierfehler-Abbruch)

IND := IND + 1

JA — IND > 1000 — NEIN

MELDUNG AUF BEDIENPLATZ AUSGEBEN: „MEHR ALS 1000 DATENSAETZE IN DATEI ARTIKELDATEN, PROGRAMM WIRD ABGEBROCHEN

ARTNR UEBERTRAGEN NACH TARTNR $_{(IND)}$

VPREIS UEBERTRAGEN NACH TVPREIS$_{(IND)}$

1 UEBERTRAGEN NACH PROGRAMMENDE

PROGRAMMENDE = 1 (Tabellenbereichsüberschreitung)

Verarbeiten von Tabellendaten

Das nachstehende Programm berücksichtigt bereits das Einlesen einer Tabelle, wie es die Unterroutine TABLES realisierte. Die Daten dieser Tabelle sollen in die hier anschließende Verarbeitung mit einbezogen werden.

1. Problembeschreibung
   Über die Unterroutine TABLES wird eine maximal 1000 Tabellenelemente umfassende Tabelle zur Verfügung gestellt. Die tatsächlich belegte Anzahl Tabellenelemente wird im Feld TLANG mitgeteilt. Das Programm ist abzubrechen, wenn in dem von TABLES übergebenen Feld PROGRAMMENDE eine 1 gesetzt ist.

   Die Tabelle ist aufsteigend sortiert, jedes Tabellenelement besteht aus TARTNR (Tabelle-Artikelnr./Argument) und TVPREIS (Tabelle-Verkaufspreis/Funktion).

   Eine Kunden-Bestelldatei ist nach Kundennummern sortiert. Bei der Bearbeitung dieser Datei ist für die jeweils eingelesene Artikelnummer der Verkaufspreis der Tabelle zu entnehmen.

   Das Durchsuchen der Tabelle nach der gewünschten Artikelnummer soll in der Unterroutine TABSUCH durchgeführt werden. Kann zu der eingelesenen Artikelnummer das entsprechende Argument in der Tabelle nicht gefunden werden, so ist dies dem übergeordneten Programm durch das Setzen von HIGH VALUE in das Ablieferfeld für den Preis aus der Tabelle APREIS mitzuteilen. Ist das Argument gefunden, so wird die Funktion nach APREIS übertragen und darin übergeben.

   Die inneren Arbeitsweisen für VORLAUF 1, TABLES, OPEN, VORLAUF 2, LESEN (Satz aus Kunden-Bestelldatei), VERARBEITUNG und NACHLAUF sind nicht aufzuführen. Sie sollen nur den Rahmen des übergeordneten Programms aufzeigen. Die innere Arbeitsweise von TABSUCH ist dagegen detailliert darzustellen.

2. Eingabedaten (für TABSUCH)
   Die Unterroutine TABSUCH darf zugreifen auf:
   — den ganzen Bereich der Tabelle: ansprechbar mit TAB,
   — Elemente der Tabelle: ansprechbar mit $TAB_{(IND)}$,
   — das Argument eines Tabellenelements: ansprechbar mit $TARTNR_{(IND)}$,
   — die Funktion eines Tabellenelements: ansprechbar mit $TVPREIS_{(IND)}$.
   Der Unterroutine TABSUCH steht zur Verfügung:
   — Die Variable IND. Diese ist mit der laufenden Nummer des Tabellenelements zu versorgen, auf das zugegriffen werden soll. (Ein Zugriff auf Teile der Tabelle ist nur mit Hilfe dieser Variablen IND möglich.)
   — Die Artikelnummer ARTNR. Sie bildet während des Suchvorganges den Vergleichsbegriff zu dem das passende Argument in der Tabelle zu suchen ist.
   — Die tatsächliche Tabellenelement-Anzahl TLANG. Wurde die Tabelle mit weniger als 1000 Tabellenelementen belegt, so ist das Suchen in der Tabelle auch nur auf diesen tatsächlich belegten Bereich zu beschränken.

3. Ausgabedaten (für TABSUCH)
   Die Unterroutine TABSUCH stellt über die Variable APREIS (Ablieferfeld
   für den Preis aus der Tabelle) dem übergeordneten Programm zur Verfügung:
   — entweder den Preis aus der Tabelle, wenn er der Tabelle zu entnehmen war,
   — oder HIGH VALUE, wenn der Preis der Tabelle nicht zu entnehmen war.
   Die Variable APREIS ist vom übergeordneten Programm auszuwerten.

4. Besondere Bedingungen
   Besondere Vorgehensweisen werden nach der Lösung des Steuerprogramms genannt (unter „Verarbeiten von Tabellendaten").

Es ist zunächst das Steuerprogramm zu den gemachten Angaben zu erstellen, bevor
im Stoff weitergegangen wird.

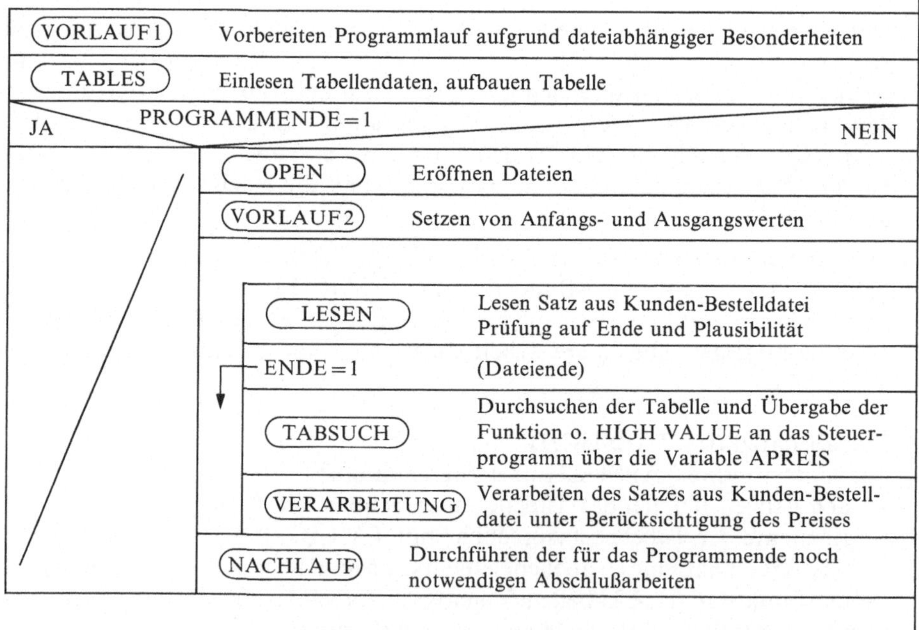

Nachdem der Rahmen für das Zugreifen auf die Tabelle durch das Steuerprogramm
bekannt ist, soll auf die besondere Vorgehensweise eingegangen werden, die das
Finden der gewünschten Tabellenelemente beschreibt. Aus einer Vielzahl von Algorithmen sollen zwei herausgegriffen und hier dargestellt werden. Der Leser versuche
aber zunächst, die nachstehenden beiden Algorithmen in Struktogramme umzusetzen,
bevor er die Lösungen betrachtet. Die Aufgabenbeschreibung, die vor dem Steuerprogramm steht, hat noch ihre Gültigkeit.

Erster Algorithmus

| Element 1 | Element 2 | Element 3 | Element 4 | | | Element n−1 | Element n |

Das Argument des ersten Tabellenelements wird verglichen mit dem Suchbegriff, der eingelesen wurde. Bei Gleichheit des Vergleichsergebnisses wird dem Tabellenelement die Funktion(en) entnommen und dem übergeordneten Programm zur Verfügung gestellt. Kann keine Gleichheit festgestellt werden, so wird nach Heraufsetzen des INDEX um 1 das folgende Element der Tabelle angesprochen, mit dem der Vergleich wiederholt wird. Ist ein Suchbegriff nicht in der Tabelle als Argument vorhanden, so wird der Suchvorgang nur so lange fortgesetzt, bis die aktuell belegte Anzahl von Elementen abgefragt wurde (TLANG darf nicht überschritten werden).

Liegt eine Tabelle sortiert vor (z.B. aufsteigend), so kann der Suchvorgang nach einem nicht in der Tabelle enthaltenen Argument bereits abgebrochen werden, wenn ein Argument der Tabelle wertmäßig größer ist als der Suchbegriff (bei fallend sortierten Tabellen ist die Abfrage umgekehrt vorzusehen).

Bevor ein weiterer Algorithmus beschrieben wird, sollte dieser in ein Struktogramm umgesetzt, d.h. die Unterroutine TABSUCH erstellt werden. Nachstehend eine mögliche Lösung der Unterroutine TABSUCH.

TABSUCH
Diese Unterroutine durchsucht sequentiell eine Tabelle, bis das gesuchte Tabellenelement gefunden wurde oder bis Tabellenende erreicht ist.
Bei einem Wert, der innerhalb der Tabelle zu finden sein müßte, aber nicht enthalten ist, kann abgebrochen werden, wenn ein Argument in der Tabelle gelesen wurde, das größer ist als der Suchbegriff. Voraussetzung hierfür ist eine aufsteigende Folge aller Tabellenelemente.
Dem übergeordneten Programm wird entweder der TVPREIS (Funktion des Tabellenelementes) über die Variable APREIS übergeben oder, wenn das gewünschte Argument nicht gefunden werden konnte, wird HIGH VALUE in der Variablen APREIS übergeben. APREIS ist vom übergeordneten Programm auszuwerten.

$\emptyset$ UEBERTRAGEN NACH IND

$\emptyset$ UEBERTRAGEN NACH SUCHENDE

SOLANGE SUCHENDE $= \emptyset$

IND$:=$IND$+1$

JA ____ IND$>$TLANG ____ NEIN

HIGH VALUE UEBERTRAGEN NACH APREIS	JA ___ ARTNR$=$TARTNR$_{(IND)}$ ___ NEIN		
1 UEBER-TRAGEN NACH SUCHENDE	TVPREIS$_{(IND)}$ UEBERTRAGEN NACH APREIS	JA ___ ARTNR$<$TARTNR$_{(IND)}$ ___ NEIN	
		HIGH VALUE UEBERTRAGEN NACH APREIS	
	1 UEBER-TRAGEN NACH SUCHENDE	1 UEBER-TRAGEN NACH SUCHENDE	

Zweiter Algorithmus

Die Tabelle ist die gleiche wie beim ersten Algorithmus, jedoch muß eine aufsteigende Sortierfolge gewährleistet sein. Diese Vorgehensweise ist bei Tabellen mit vielen Elementen anzuwenden, da hierbei eine Berechnung des INDEX vorgenommen wird. Die Zugriffsmethode unterscheidet sich dadurch, daß im ersten Algorithmus durch Erhöhung des INDEX um 1 das nächste Tabellenelement angesprochen werden konnte und so bei Tabellen, auf deren letztes Element oft zugegriffen wird, viele Vergleiche notwendig sind. In diesem Algorithmus wird die Anzahl der belegten Tabellenelemente halbiert. Diese Zahl wird als erster Index benutzt. Tabellenelement 1 ist im allgemeinen der Anfangsindex, TLANG z.B. in unserem Fall der Endindex. Die erste Einsprungstelle in die Tabelle errechnet sich gemäß

$$(\text{Anfangsindex} + \text{Endindex}) : 2 = \text{Einsprungstelle},$$
$$(\quad \text{ANF} \quad + \quad \text{END} \quad) : 2 = \quad \text{IND}.$$

Der errechnete Wert für die Einsprungstelle ist grundsätzlich abzurunden.

Ist der Suchbegriff nicht gleich dem Argument in der Tabelle, so wird in dem Teil der Tabelle weitergesucht, in dem der Suchbegriff liegen müßte. Dieser Teil wird dann als neue Tabelle aufgefaßt. Der Einsprung wird über die schon aufgeführte Formel neu errechnet.

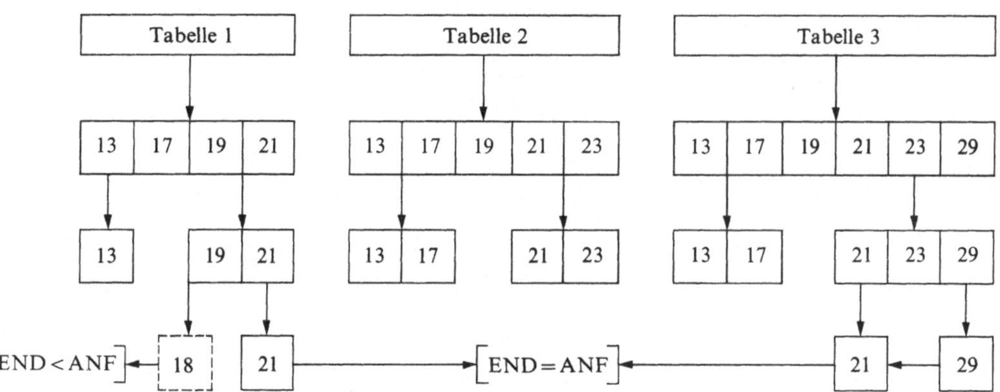

- Tabelle 1 hat vier Tabellenelemente, daher ergibt sich ein erster Zugriff auf $(1 + 4) : 2 = 2$ (abgerundet), d.h. zweites Element.
- Tabelle 2 hat fünf Tabellenelemente, daher ergibt sich ein erster Zugriff auf $(1 + 5) : 2 = 3$, d.h. drittes Element.
- Tabelle 3 hat sechs Tabellenelemente, daher ergibt sich ein erster Zugriff auf $(1 + 6) : 2 = 3$ (abgerundet), d.h. drittes Element.

Auf den Zugriff folgt der Vergleich, und es wird, sofern nicht gleich auf das gesuchte Argument zugegriffen wurde, mit der Resttabelle so verfahren, als wäre sie eine neue Tabelle. Dabei muß aber entweder der Endindex modifiziert werden, nämlich wenn mit der ersten (unteren) Tabellenhälfte die Suche fortzuführen ist, oder es ist der Anfangsindex zu verändern, wenn in der anderen (oberen) Tabellenhälfte weitergesucht werden soll.

Folgende Modifizierung ergibt sich:
- Endindex $END = IND - 1,$
- Anfangsindex $ANF = IND + 1.$

Nach dieser Veränderung wird die neue Einsprungstelle errechnet.

Die Abfrage $END < ANF$ ist vorzusehen, weil Begriffe gesucht werden könnten, die kleiner sind als der kleinste der jeweiligen Resttabelle. Bei einer Tabelle mit zwei Elementen kann nach oben keine Überschreitung eintreten, weil bei Ermittlung von IND der Rest immer entfällt.

TABSUCH

Diese nachstehende Arbeitsweise arbeitet nach der Halbierungsmethode, wie sie im zweiten Algorithmus prinzipiell beschrieben wurde.

INDEX DES TABELLENANFANG: 1 UEBERTRAGEN NACH ANF

INDEX DES TABELLENENDES: TLANG UEBERTRAGEN NACH END

$\emptyset$ UEBERTRAGEN NACH SUCHENDE

SOLANGE SUCHENDE $= \emptyset$

> $(ANF + END):2 = IND$ abgerundet
>
> SUCHBEGRIFF $=$ TARTNR$_{(IND)}$
>
> **JA:**
> TVPREIS$_{(IND)}$ UEBERTRAGEN NACH APREIS
> 1 UEBERTRAGEN NACH SUCHENDE
>
> **NEIN:**
> END $=$ ANF
>
> > **JA:**
> > HIGH VALUE UEBERTRAGEN NACH APREIS
> > 1 UEBERTRAGEN NACH SUCHENDE
> >
> > **NEIN:**
> > SUCHBEGRIFF $>$ TARTNR$_{(IND)}$
> >
> > > **JA:**
> > > ANF $:=$ IND $+ 1$
> > >
> > > **NEIN:**
> > > END $:=$ IND $- 1$
> > > ANF $>$ END
> > >
> > > > **JA:**
> > > > HIGH VALUE UEBERTRAGEN NACH APREIS
> > > > 1 UEBERTRAGEN NACH SUCHENDE
> > > >
> > > > **NEIN:**
> > > > —

Sortieren von Tabellenelementen

Es soll davon ausgegangen werden, daß eine relativ kleine Datei mit Tabellendaten besteht, die von verschiedenen Programmen benötigt wird und deren Aufbau unverändert bleiben soll. Die Tabellenelemente bestehen jedoch aus Feldern, von denen mal das eine, mal das andere als Argument angesprochen werden soll, während die restlichen jeweils als Funktionen dienen.

Um in einem Programmlauf eine nach Argumenten geordnete Folge der Tabellenelemente verarbeiten zu können, wird eventuell ein Sortierlauf notwendig. Dieser kann mit einem vom Hersteller geschriebenen Programm, aber auch mit einem selbst erstellten durchgeführt werden. Aus der Vielzahl der für diese Funktion „Sortieren" bestehenden Algorithmen seien zwei einfache herausgegriffen. Sie sollen an einer ganz allgemein gefaßten Problemstellung erläutert werden.

1. Problembeschreibung
   Eine Datei XYZ enthält Tabellendaten, die im Vorlauf eines Verarbeitungsprogramms einzulesen und anschließend zu sortieren sind. Jeder Satz der Tabellendatei XYZ entspricht einem Tabellenelement.
   Die Datei liegt nach FELD 1 fallend sortiert vor (Beschreibung unter Eingabedaten). Das Verarbeitungsprogramm setzt eine nach FELD 3 steigend sortierte Tabelle voraus.
   In der Unterroutine TABAUFBAU sind Tabellendaten einzulesen, daraus ist eine Tabelle zu erstellen und diese nach dem gewünschten Argument zu sortieren. Das Feld TLANG gibt die tatsächlich belegte Anzahl der Tabellenelemente bekannt.

2. Eingabedaten
   Aufbau des Satzes der Tabellendatei XYZ:
   — Zeichen 1– 4 (numerisch)   FELD 1 (Sortierbegriff, fallende Folge),
   — Zeichen 5–10 (alphanumerisch) FELD 2,
   — Zeichen 11–15 (alphabetisch)   FELD 3,
   — Zeichen 16–25 (numerisch)   FELD 4.

3. Ausgabedaten
   Die Unterroutine TABAUFBAU stellt dem übergeordneten Programm in der Variablen TLANG die aktuell belegte Anzahl der Elemente der Tabelle zur Verfügung.

4. Besondere Bedingungen
   Es sind zum Sortieren (übungshalber) die beiden nachstehenden Algorithmen zu verwenden:

Erster Algorithmus

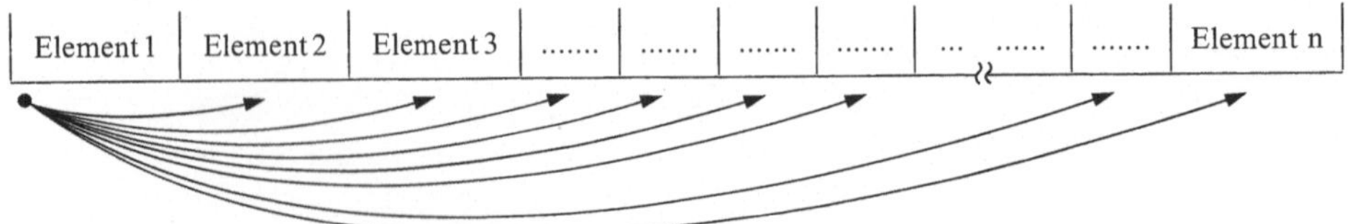

Das Argument des ersten Tabellenelements wird mit dem Argument des zweiten
Tabellenelements verglichen. Ist das Argument des ersten Tabellenelements kleiner (und es wird eine aufsteigende Sortierfolge gewünscht), so bleiben beide
Elemente mit ihrem Inhalt erhalten. Ist das Argument des ersten Tabellenelements größer, so werden die Inhalte beider Elemente vertauscht. In beiden Fällen
wird anschließend in gleicher Weise das Argument des ersten Tabellenelements
mit dem des dritten, dann vierten bis n-ten verglichen und ggf. ein Tausch
der Inhalte vorgenommen. Damit enthält das erste den Inhalt des Tabellenelements mit dem niedrigsten Wert im Argument.

Dieser Vorgang ist jetzt mit dem zweiten Tabellenelement genauso wie beim
ersten vorzunehmen. Die weiteren Sortiergänge beziehen sich dann auf das dritte,
vierte bis zum (n-1)ten Tabellenelement. Dieses muß nur noch mit dem n-ten
verglichen, und deren Inhalte müssen ggf. vertauscht werden. Erst damit kann
eindeutig gesagt werden, daß die Tabelle sortiert ist. Ein vorzeitiges Erkennen,
ob bereits die gewünschte Folge vorliegt, ist durch diesen Algorithmus nicht
gegeben.

```
TABAUFBAU

     ( TABAUFLES )    Entspricht der beschriebenen Unterroutine TABLES
   ( TABAUFSORT1 )
```

Entsprechend den vorher gemachten Angaben soll nun die Unterroutine TAB-
AUFSORT1 erstellt werden. Eine mögliche Lösung ist nachstehend aufgezeigt.

TABAUFSORT 1
Diese Unterroutine realisiert die unter dem ersten Algorithmus beschriebene Arbeitsweise. Eine Sortiervorgangsunterbrechung ist hierbei nicht möglich. Da auf zwei Tabellenelemente zugegriffen werden muß, sind auch zwei INDEX-Felder nötig: IND 1 und IND 2.

$\emptyset$ UEBERTRAGEN NACH IND 1
SORTIERT:=TLANG−1

SOLANGE IND 1 < SORTIERT

    IND 1:=IND 1+1

    IND 1 UEBERTRAGEN NACH IND 2

    SOLANGE IND 2 < TLANG

        IND 2:=IND 2+1

        JA $FELD\,3_{(IND\,1)} > FELD\,3_{(IND\,2)}$ NEIN

        $ELEMENT_{(IND\,1)}$ UEBERTRAGEN NACH TAUSCH

        $ELEMENT_{(IND\,2)}$ UEBERTRAGEN NACH $ELEMENT_{(IND\,1)}$

        TAUSCH UEBERTRAGEN NACH $ELEMENT_{(IND\,2)}$

Zweiter Algorithmus

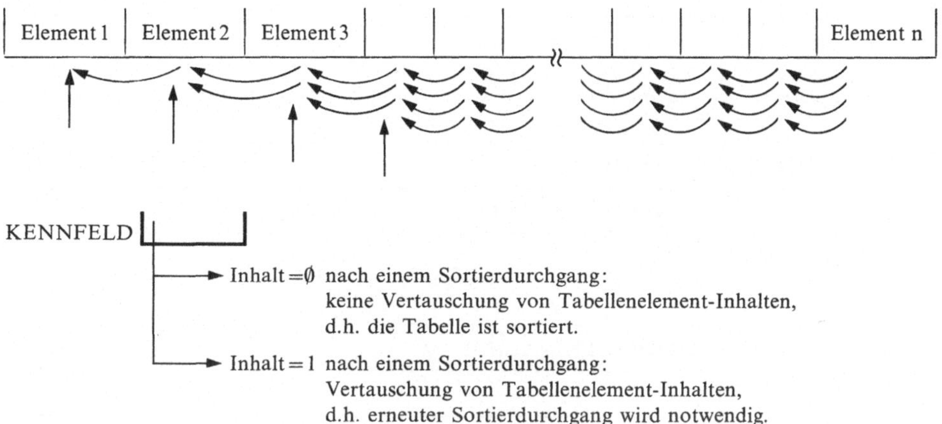

Vor jedem Sortierdurchgang durch die Tabelle wird ein Merkmal gesetzt (z.B. ∅ nach KENNFELD), das bei einem Vertauschen von Tabellenelement-Inhalten geändert wird, (z.B. 1 nach KENNFELD). Damit kann nach einem Sortiergang festgestellt werden, ob eine Vertauschung durchgeführt wurde oder nicht. Ergab sich keine, so ist die Tabelle sortiert.

Die Sortierung geschieht durch den Vergleich des Arguments vom letzten Tabellenelement mit dem des vorletzten. Wird aufgrund des Vergleichsergebnisses ein Vertauschen notwendig, ist das unter Berücksichtigung des Setzens von KENNFELD durchzuführen. In jedem Fall wird anschließend das Argument des vorletzten Tabellenelements mit seinem davorliegenden verglichen und aufgrund dieses Vergleichsergebnisses auch hier eventuell getauscht. Dieser Vorgang wiederholt sich so oft, bis beim ersten Sortierdurchgang das erste, beim zweiten das zweite usw. Tabellenelement erreicht wird bzw. bis erkannt wird, daß das KENNFELD während eines Sortierdurchganges nicht umgesetzt wurde.

Während eines Sortierdurchganges wird mit diesem Algorithmus — (gewünschte Sortierfolge aufsteigend) — der Tabellenelement-Inhalt des wertniedrigsten Argumentes nach vorn gezogen.

Es soll nun dieser Algorithmus in ein Struktogramm umgesetzt werden. Das Einlesen der Tabelle ist bereits beschrieben worden. Es ergibt sich also nur für das Sortieren eine neue Unterroutine.

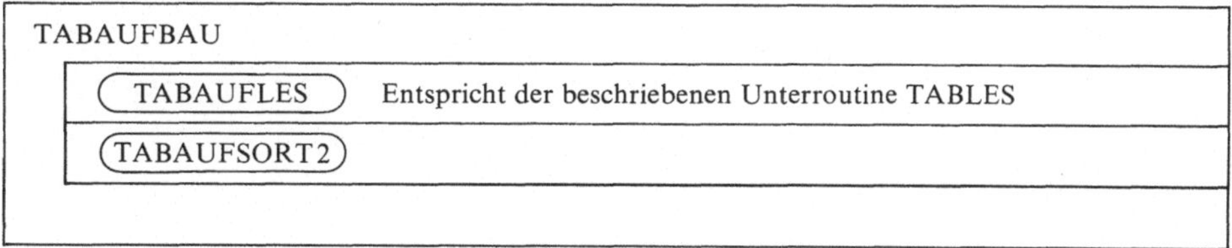

TABAUFSORT2

Diese Unterroutine realisiert die unter dem zweiten Algorithmus beschriebene Arbeitsweise. Eine Unterbrechung des Sortiervorganges wird über das Feld KENNFELD gesteuert. Es werden drei INDEX-Felder benutzt. Der niedrigste Wert eines Arguments (FELD 3) bestimmt das Mitziehen seines Elements bis zum Index IND1. Die Vergleiche, welches Argument das niedrigere ist, werden wie das evtl. notwendige Tauschen mit IND2 und IND3 durchgeführt. Als Zwischenfeld beim Tauschen wird das Feld TAUSCH benutzt.

| $\emptyset$ UEBERTRAGEN NACH IND1 |
| 1 UEBERTRAGEN NACH KENNFELD |
| SOLANGE KENNFELD = 1 |

> IND1 := IND1 + 1
>
> TLANG UEBERTRAGEN NACH IND2
>
> IND3 := TLANG − 1
>
> $\emptyset$ UEBERTRAGEN NACH KENNFELD
>
> SOLANGE IND1 < IND2
>
> > JA — FELD 3$_{(IND\,3)}$ > FELD 3$_{(IND\,2)}$ — NEIN
> >
> > ELEMENT$_{(IND\,3)}$ UEBERTRAGEN NACH TAUSCH
> >
> > ELEMENT$_{(IND\,2)}$ UEBERTRAGEN NACH ELEMENT$_{(IND\,3)}$
> >
> > TAUSCH UEBERTRAGEN NACH ELEMENT$_{(IND\,2)}$
> >
> > 1 UEBERTRAGEN NACH KENNFELD
> >
> > IND2 := IND2 − 1
> >
> > IND3 := IND3 − 1

6 Strukturierte Programmierung und Software-Entwicklung

Die bisherigen Ausführungen befaßten sich mit der Methode und den Darstellungsmitteln der SP sowie der maschinellen und manuellen Implementierung. Beispiele und Übungen halfen, Grundfertigkeiten zu erwerben.

Dieses Kapitel faßt noch einmal wesentliche Punkte des Erlernten zusammen und stellt das grundsätzliche Vorgehen nach der Methode der SP bei der Entwicklung von Software dar. Wegen des begrenzten Buchumfangs werden die einzelnen Themen allerdings nur kurz angerissen.[1]

Bei der Erstellung von Software kann man mehrere Funktionen unterscheiden:[2]

— Entwerfen,
— Implementieren,
— Testen,
— Dokumentieren,
— Verwalten,
— Messen und Bewerten,
— Konvertieren.

Entwerfen: Es wird eine Softwarelösung für ein bereits definiertes Problem gefunden. Sie besteht im Aufteilen der Funktionen des gesamten Softwareprodukts in kleinere Einheiten und der Organisation ihres Zusammenwirkens.

Implementieren: Der Entwurf wird in ablauffähige — nicht unbedingt bereits fehlerfreie — Programme übergeführt.

Testen: Das entstehende Produkt wird geprüft, ob es ablauffähig ist und den gestellten Anforderungen entspricht.

Dokumentieren: Die das Softwareprodukt kennzeichnenden Unterlagen (relevante Daten und Informationen) werden schriftlich niedergelegt.

Verwalten: Darunter werden alle allgemeinen Maßnahmen zusammengefaßt, die mit der Erstellung, Weiterentwicklung und Wartung eines Produkts zusammenhängen.

---

[1] Siehe End, W.; Gotthardt, H.; Winkelmann, R.: Software-Entwicklung. Leitfaden für Planung, Realisierung und Einführung von DV-Verfahren. 4. Aufl. Berlin, München: Siemens 1983.
[2] Siehe Fußnote auf Seite 4.

Messen und Bewerten: Das Verhalten des Programms beim Ablauf wird quantitativ untersucht (Messen), und daraus werden Rückschlüsse auf die Leistungsfähigkeit gezogen (Bewerten).

Konvertieren: Das Programm wird von der Soft- und Hardwareumgebung, für die es ursprünglich geplant war, in eine andere umgesetzt.

Alle diese Funktionen treten während der einzelnen Phasen der Softwareentwicklung in unterschiedlicher Gewichtung auf. Generell kann folgende Phaseneinteilung gelten:

Phase	Inhalt
Projektvorschlag	Entwicklungsantrag
Planungsphase I	Fachliches Grobkonzept
Planungsphase II	Fachliches Feinkonzept DV-Grobkonzept
Realisierungsphase I	DV-Feinkonzept Implementierung Test
Realisierungsphase II	Probebetrieb
Einsatzphase	Produktiveinsatz

Auch beim Einsatz der SP behalten die genannten Funktionen und Entwicklungsphasen ihre Gültigkeit. Allerdings ergibt sich gegenüber der freien Programmierung eine Akzentverschiebung: Die Funktion des Entwerfens nimmt an Bedeutung zu; dabei wird das methodische Vorgehen durch die Strukturierte Programmierung geprägt. Daher kann man allgemein sagen, daß der zweite Teil der Planungsphase II (DV-Grobkonzept) und besonders der erste Teil der Realisierungsphase I (DV-Feinkonzept) an Gewicht zunehmen, wogegen der Rest der Realisierungsphase II (Implementierung und Test) sich vereinfacht und im Aufwand reduziert.

6.1 DV-Grobkonzept

Projekte aus der Datenverarbeitung können sehr unterschiedlichen Umfang haben. Er reicht von einer Änderung des Listenbildes bis zur integrierten Lösung bereichsübergreifender Aufgaben eines Betriebs. Je umfangreicher die Projekte sind, desto mehr Aufwand ist beim Entwurf seitens der Organisation (fachliches Konzept) und der Datenverarbeitung (DV-Konzept) erforderlich.

Das DV-Konzept befindet sich an der Übergangsstelle zwischen fachlichem und DV-technischem Entwurf. Organisatoren und Software-Entwickler arbeiten in dieser Phase eng zusammen. Dies zeigt sich auch darin, daß die Leistungsbeschreibung, die die Planungsphase II abschließt, Fach- und DV-Anforderungen eines Programms enthält:

Leistungsbeschreibung

I. Fachliches Feinkonzept
   1. Gesamtproblematik
   2. Beschreibung der Prozesse, Prozeßablauf, Prozeßstruktur
   3. Beschreibung der Daten, fachliches Speicherkonzept
      Beschreibung der Datenströme
      Datenlexikon
      Kriterien zur Auswahl der Speichermedien
      Datenstruktur
   4. Schlüsselsysteme
   5. Anforderungen an die Belege
   6. Anforderungen an die Datenerfassung
   7. Beschreibung der Auswertungen
      Auswertungsinhalt, Auswertungsform
      Auswertungsträger, Auswertungshäufigkeit
   8. Organisatorische und technische Anforderungen
   9. Datensicherheits- und Datenschutzanforderungen
 10. Offene Punkte

II. DV-Grobkonzept
   1. Datenflußplan
   2. Verfahrensstruktur
   3. Speicherkonzept
      Dateibeschreibung
      Speichermedien
      Speicherungsform
      Satzstruktur
   4. Beschreibung der Komponenten
   5. Festlegung der DV-technischen Bedingungen
      Betriebsart
      Betriebssystem
      Hardwarekonfiguration
      Softwaretechniken
   6. Anlagen (z.B. Beispiele)

In der Planungsphase I (fachliches Grobkonzept) wurde festgelegt, welche Teilaufgaben zur Lösung der Gesamtaufgaben erforderlich sind. Zusammengefaßt können diese Komponenten in einem Aufgabenbaum dargestellt werden.

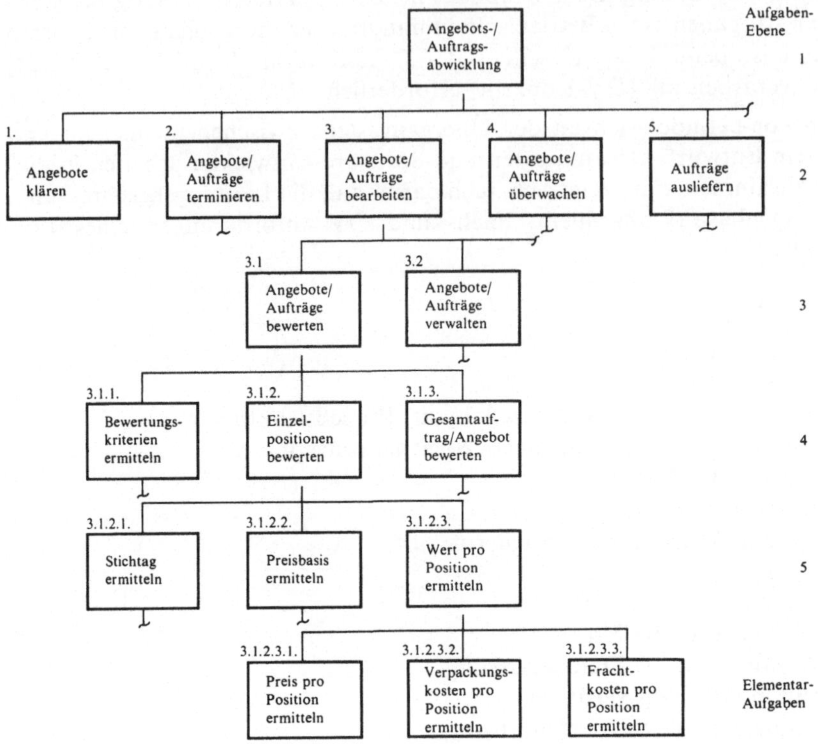

Zu jeder Komponente gibt es eine detaillierte Beschreibung. Sie kann z.B. entsprechend dem nachfolgenden Beschreibungsblatt aufgebaut sein:

(ELEMENTAR-) PROZESS: ①	
(ELEMENTAR-) AUFGABE: ②	
DST: ③	
EINGABE (DATEN, BELEGE, DATEIEN) ④	VORANGEGANGENE (ELEMENTAR-) PROZESSE ⑤
EINFLUSSGRÖSSEN ⑥	METHODEN/(ELEMENTAR-) PROZESSE ⑦
AUSGABE (DATEN, BELEGE, DATEIEN) ⑧	NACHFOLGENDE (ELEMENTAR-) PROZESSE ⑨
TERMINE, HÄUFIGKEIT: ⑩	
ZUORDNUNG: ⑪	

Erläuterungen zum Beschreibungsblatt für Prozesse [1]

① Prozeßname aus Prozeßbaum (z.B. Bewertung Angebot/Aufträge).

② Wenn die Aufgabe durch einen Prozeß gelöst wird, gleicher Name wie bei 1.

③ Dienststelle, für die dieser Prozeß bestimmt ist.

④ Angabe der Daten, bzw. Hinweis, welche Daten der Datenbeschreibung zu verwenden sind. Unter diese Gruppe fallen auch Steuerungsdaten.

⑤ Angabe der Prozesse, die den zu beschreibenden Prozeß mit den erforderlichen Daten versorgen.

⑥/⑦ Angabe der Bedingungen ⑥ und der daraus resultierenden Aktionen ⑦. Bei komplexeren Bedingungen empfiehlt sich die Darstellung in einer Entscheidungstabelle. Bei umfangreicheren Aktionen auch Angabe der geplanten Unterprozeduren.

⑧ Siehe ④.

⑨ Angabe des Nachfolgeprozesses, der mit Ausgangsdaten versorgt wird.

⑩ Termine und Häufigkeit, zu denen der Prozeß benötigt wird.

⑪ Steuerprozedur, der der beschriebene Prozeß zugeordnet ist.

---

[1] Prozeß kann mit dem Begriff Aufgabe/Komponente auf der fachlichen Seite sowie Modul/Block auf der DV-technischen gleichgesetzt werden.

Die zur Verarbeitung kommenden Daten wurden bereits gesammelt. Auch hierzu soll ein Muster eines Beschreibungsblattes gezeigt werden.

DATENBESCHREIBUNG

NAME :	①
KURZBEZEICHNUNG :	②

VERANTWORTUNG :	③	EINSATZ-BEREICH :	④
BENUTZUNGS-BERECHTIGTE(R) :	⑤	STELLEN :	⑥

AUFBAU:	⑦
DIMENSION	⑧
DATENINHALT:	⑨
QUERVERWEIS:	⑩
ZUORDNUNG OBERBEGRIFF:	⑪
ZUORDNUNG UNTERBEGRIFF:	⑫
BEMERKUNGEN:	⑬

fachliche Beschreibung

Erläuterungen zum Beschreibungsblatt für Daten

①   Datenname Langtext.

②   DV-technische Abkürzung.

③   Verantwortliche Stelle für Pflege.

④   Hinweis, welche Abteilungen Daten brauchen.

⑤   Berechtigter Benutzerkreis für Lesen oder Lesen und Ändern.

⑥   Anzahl der Zeichen.

⑦   Numerisch, alphabetisch, Stellenwert usw.

⑧   Maßeinheit.

⑨   Eventuelle Zuordnung von Datenschlüssel zu verbalen Inhalt (z.B. Ø1 = ZUGANG).

⑩   Angabe miteinander verwandter Daten (aus anderen Programmkreisen).

⑪⑫   Soweit das Datum in einer Datenhierarchie ist, Angabe der zugehörigen Daten.

⑬   Zusätzliche Erläuterungen, auch für Hinweise auf Plausibilität.

Entwürfe für die Belege und Auswertungen stehen in der bisher üblichen Form
zur Verfügung:

Siemens-Datenverarbeitung — Bildschirmschema

Programm: *KURSBUCHUNG*
Bearbeiter: *Sauer* ☎ 405   Datum: *1.11.77*
Blatt:

Zeile	Inhalt
1	KURSBUCHUNG AMMELDUNG
3	ZM :XX
4	TEILM.-ART :X
5	KUND.-NR. :XXXX
6	STORNO-DATUM :XX.XX.XX
8	ANREDE :X AKAD. GRAD: XXXXXXXX
9	NAME :XXXXXXXXXXXXXXXXXXXX
10	VORNAME :XXXXXXXXXXXXXXX
11	FIRMA :XXXXXXXXXXXXXXXXXXXX
13	KURSBEZ.: XXXXXXXX .XXX TERMIN: XX.XX.XX
15	ZIMMERRESERVIERUNG VOM: XX.XX.-XX.XX.
16	HOTEL:X PENSION:X PRIVAT.:X GAD.:X DUSCHE.:X
17	VORZUGSWEISE: XXXX

Bestell-Nr. 7-2600-593 87520. (0003)

Beispiel für ein Bildschirm-Formular

```
            TAGESUHSAETZE NACH UUNDEN   VOM  XX.XX.XX

1"  KUUNDEN-NR.    ERZEUGNIS-GR. 1      ERZEUGNIS-GR. 2      ERZEUGNIS-GR. 3      SUMME
    NR.1           X'XXX.XXX,XX         X'XXX.XXX,XX         X'XXX.XXX,XX         XX'XXX.XXX,XX
    NR.2
    NR.3
2"


    SE TOTAL       XX'XXX.XXX,XX        XX'XXX.XXX,XX        XX'XXX.XXX,XX        XXX'XXX.XXX,XX
3"
```

Beispiel für eine Druckausgabe in Listenform

Im Anschluß an diese fachliche Konzeption der Planungsphasen I und II wird
das Verfahren festgelegt, wie das Problem durch die Datenverarbeitungsanlage
gelöst werden soll. Hierzu werden für die Aufgabenstruktur die geplanten Programme und ihr Zusammenwirken entworfen.

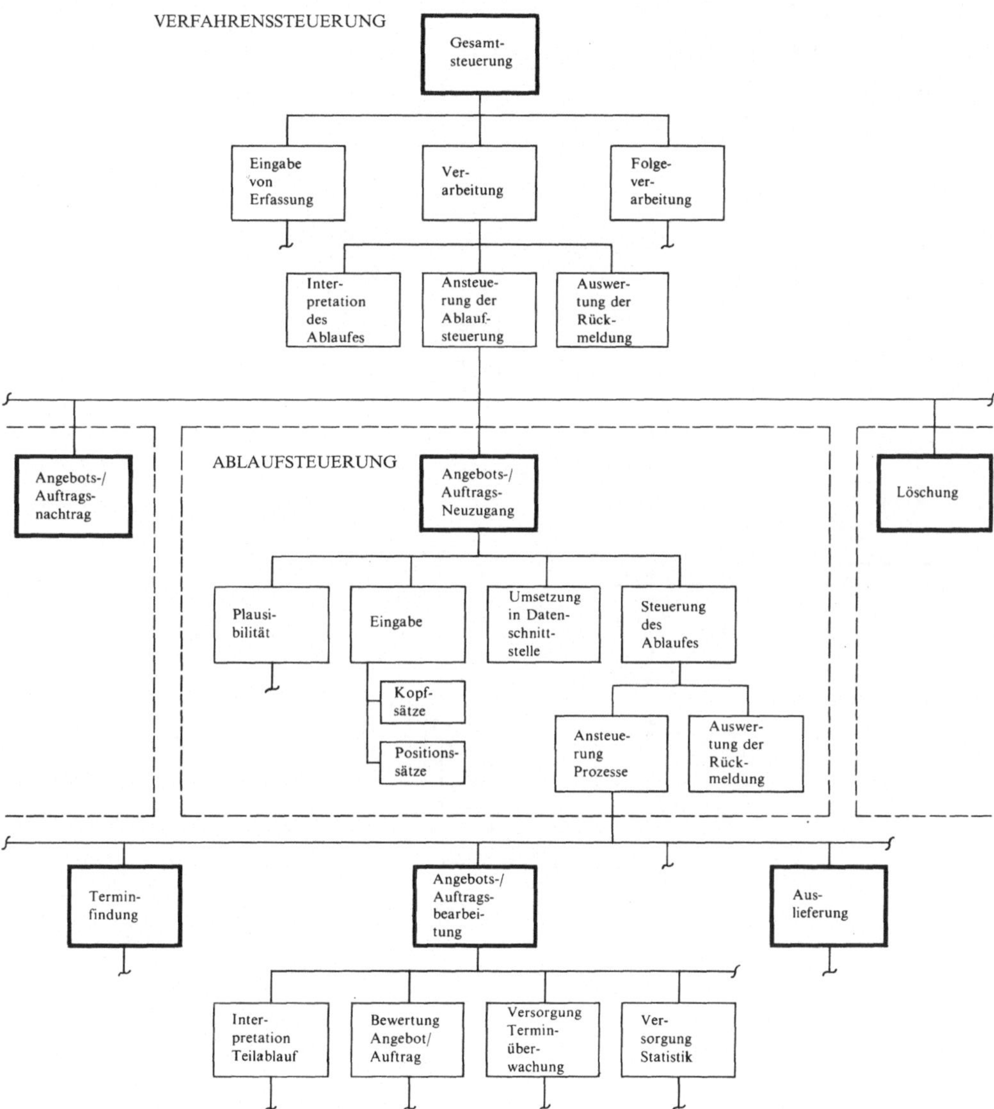

Ergänzt wird diese Darstellung häufig um die Darstellung des Datenflusses.

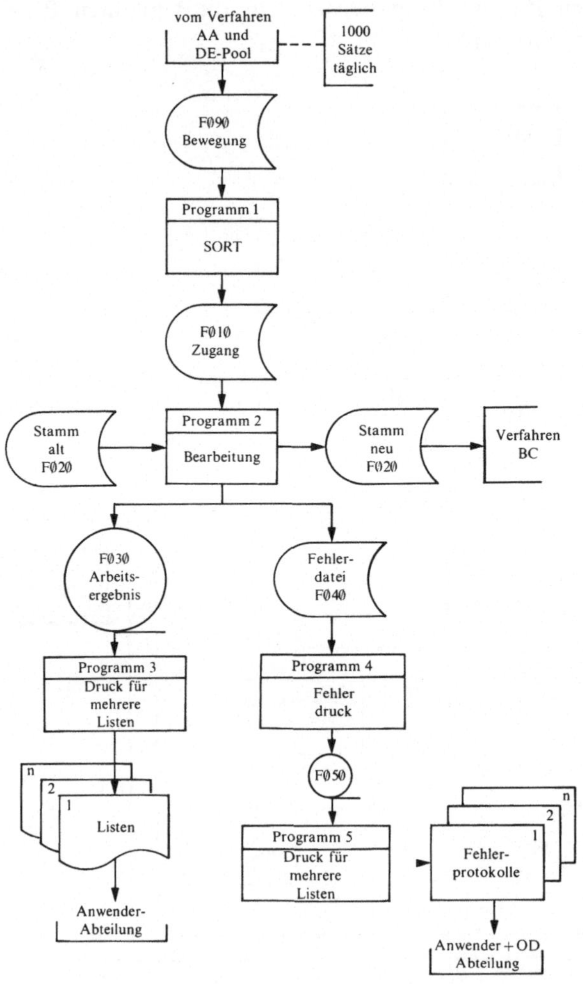

Zusätzlich zur Steuerstruktur muß das Speicher- und Zugriffskonzept der Daten
festgelegt werden. Ihre logische und physikalische Speicherungsform wird beschrieben und dargestellt:

Dateiname:	**Auftragsdatei-Kopfsatz**		
Satzformat (F. V. U) **Länge: 512**	**Format für Feld:** a alphabetisch an alphanumerisch b binär n numerisch entpackt p numerisch gepackt g1 Gleitpunkt einfach g2 Gleitpunkt doppelt		**Format für Bearbeitung:** B Bedingung E Entscheidungstabelle S Satzadresse Fn Fehler-Nr. **Definition gilt für mehrere Komponenten**

Feld-Nr.	Stelle von	bis	Länge (Bytes)	Format	Bearbeitungs-hinweis	Feldname	Erläuterungen
1	1	10	10	an	s	Auftragsnummer	Ordnungs-begriff
2	11	11	1	an	s	Satzart	
3	12	18	7	n	s	Positionierung	
4	19	20	2	an	s	Kettung	
5	21	23	3	n	s	Kundennr.	
6	24	25	2	n		Wunsch-Monat	Wunsch-liefertermin
7	26	27	2	n		Wunsch-Jahr	

Den Entwurf einer Programmstruktur beeinflußt der Rahmen, unter dem das geplante System ablaufen soll, sowie die Randbedingungen der Entwicklung. Dazu
zählt z.B.:

— Welche Anlage soll mit welcher Konfiguration verwendet werden?
— Welches Betriebssystem und welche Betriebsarten stehen bereit?
— Sollen Datenbanken und andere Systemsoftwareprodukte mit verwendet werden?
— Werden bereits vorhandene Anwendersoftwareprodukte mit eingesetzt?
— Welche Vorgaben bezüglich Terminen, Kosten und Programmkonventionen
  sind vom Management gesetzt?

Beim Entwurf der Struktur kann nach der Methode der Strukturierten Programmierung vorgegangen werden. Ein strenges Vorgehen entsprechend der schrittweisen
Verfeinerung wird jedoch in neuerer Zeit vor allem auf die Realisierungsphase I,
d.h. auf die Entwicklung der einzelnen Programme, bezogen.

6.2 DV-Feinkonzept

Während der Entstehung des DV-Feinkonzepts (Teil der Realisierungsphase I), werden die Programme, die sich aus dem DV-Grobkonzept ergeben haben, weiterentwickelt. Das Ergebnis spiegelt sich in den Spezifikationen für die einzelnen Programme wider:

Spezifikationen

1. Zielsetzung
2. Detaillierung der DV-Lösung
    2.1 Programmorganisationsplan
    2.2 Externe Datenschnittstellen
        Satzaufbau
        Satzstruktur
        Datenformate (einschl. Länge und Name)
    2.3 Beschreibung der Strukturblöcke
        Beschreibung Strukturblock 1
        Eingabe
        Verarbeitung
        Ausgabe
        Beschreibung Strukturblock 2
        Eingabe
        Verarbeitung
        Ausgabe
        :
        Beschreibung Strukturblock n
        Eingabe
        Verarbeitung
        Ausgabe
3. DV-technische Voraussetzungen
    Betriebssystem, Betriebsart
    Hardwarekonfiguration
    Softwaretechniken
    Verwendung vorhandener Software
    Normen und Vorschriften
    Datensicherheit
4. Anwendungsbeispiele

Während der Realisierungsphase I, die DV-Feinentwurf, Implementierung und Test umfaßt, wird nach den Regeln der schrittweisen Verfeinerung vorgegangen. Auf jeder Entwicklungsstufe wiederholen sich Entwurf, Implementierung, Test und Dokumentation. Es entsteht ein hierarchischer Aufbau, bei dem in den oberen Ebenen Steuerfunktionen überwiegen, während in der unteren Schicht die Verarbeitungsaufgaben den Schwerpunkt bilden.

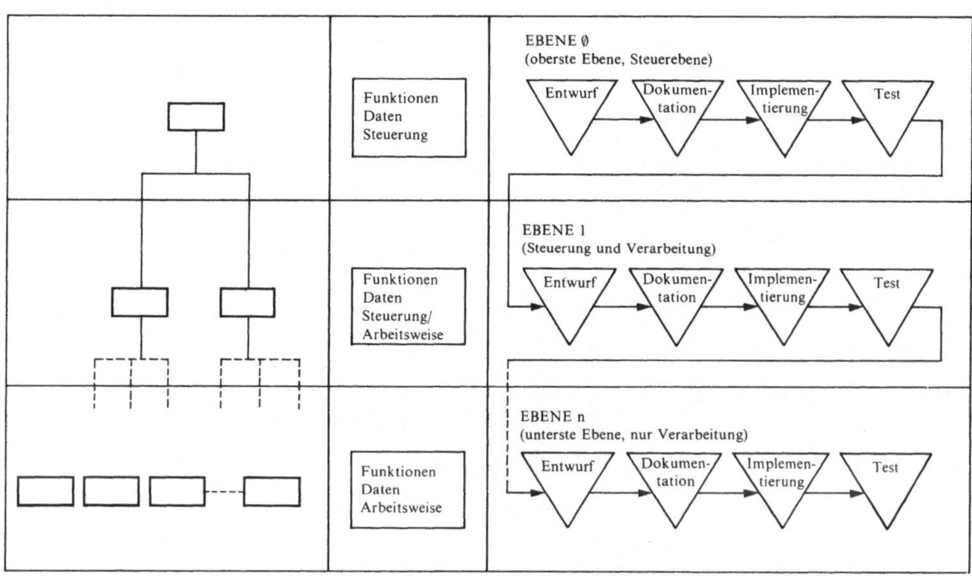

Eine Entwicklung nach dieser Methode, auch „Top-Down-Entwicklung" genannt, bedeutet zunächst einmal erheblich mehr Aufwand beim Entwurf. Sie bietet allerdings auch die Gewähr, lesbarere und zuverlässigere Produkte als bisher zu erhalten. Dennoch gibt es Situationen, in denen andere Methoden aus Zeit-, Kosten-, Personal- oder anderen Gründen zweckmäßiger sein können. So ist es z.B. möglich, erst Prozeduren unterer Ebenen zu entwickeln und sie dann anschließend zusammenzufügen zu immer größeren Einheiten („bottom up"). Ähnlich geht man vor, wenn zunächst einmal besonders schwierige oder kritische Teile vorab entworfen und codiert werden („hardest first").

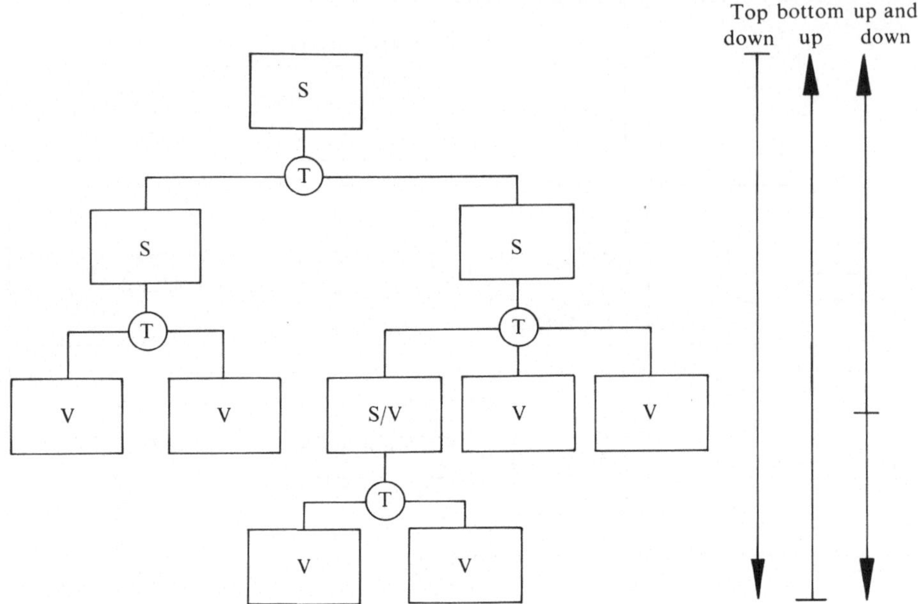

S: Block/Prozedur mit Steuerfunktionen
V: Block/Prozedur mit Verarbeitungsfunktionen
T: Test der Ablaufsteuerung (top down) bzw. Integrationstest (bottom up)

Eine Verbindung zwischen den Methoden „top down" und „bottom up" bildet das Verfahren „up and down". Es bedeutet, daß man beide Verfahren für einzelne Teile des Systems einsetzt.

Die Vorteile beim Vorgehen „top down" liegen vor allem in der Entwicklung einer übersichtlichen, streng hierarchischen Steuerstruktur. Damit ist auch der Aufwand für die Implementierung und den Test geringer als bei den anderen Verfahren. Außerdem lassen sich Änderungen leichter einbauen.

Welche Vorgehensweise aber letztendlich zweckmäßig ist, hängt von der individuellen Aufgabenstellung und den Bedingungen ab, unter denen das Projekt realisiert werden soll. Unabhängig davon hat es sich als sinnvoll erwiesen, folgende Punkte zu beachten:
— Funktionen und Prozeduren sollen so genau und vollständig wie möglich beschrieben werden. Damit reduzieren sich Rückfragen, Zusatzarbeiten und Planungsfehler aufgrund angenommener oder vermuteter Fakten.
— Prozeduren sind überschaubar zu gestalten. Jede Aufgabe wird schrittweise in Komponenten zerlegt. Um übersichtlich zu bleiben, gilt die Empfehlung, eine Prozedur nicht größer als eine Druckseite oder 50 bis 100 Anweisungen werden zu lassen.
— Die einzelnen Entwicklungszweige sollen so gestaltet werden, daß sie voneinander unabhängig sind. Damit wird erreicht, daß bei Änderungen einer Prozedur die Folgen auf den zugeordneten Zweig beschränkt bleiben. Es gelingt beim

ersten Entwurf nicht immer, Funktionen und Prozeduren so zu gestalten, daß sie intern voneinander unabhängig sind. Diese Überschneidungen werden erst auf den nächsten Ebenen entdeckt. Es findet dann in dem betroffenen Zweig eine Rückkehr und Neuentwicklung ab der Ebene statt, in der der Planungsfehler enthalten ist.

— Die Steuerung der Prozeduren ist zu zentralisieren. Nach der Vorgehensweise der schrittweisen Verfeinerung und des Blockkonzepts wird eine Prozedur stets von der direkt übergeordneten aufgerufen. Die gerufene Prozedur wird abgearbeitet, zur aufrufenden zurückgekehrt und mit der nächsten Anweisung fortgefahren. Je tiefer eine Prozedur in der Struktur steht, desto geringer sind ihre Steuerfunktionen und um so größer die Verarbeitungsaufgaben. Die unterste Ebene enthält dann nur mehr reine Verarbeitungsstrukturen.

In diesen Zusammenhang gehört auch die Empfehlung, eine Prozedur übersichtlich zu gliedern. Eine Beschränkung auf sechs bis sieben Ebenen, wobei je Ebene bis zu acht Prozeduren gebildet werden können, unterstützt dieses Ziel.

6.3 Implementierung und Test

Die Implementierung besteht in der Umwandlung der Prozedurentwürfe in einen Programmcode. Im Test wird die tatsächliche Funktionsfähigkeit und Übereinstimmung von Anforderungen aus der Spezifikation und dem Maschinenprogramm nachgewiesen.

Bei der Implementierung unterscheidet man mehrere Arten von Prozeduren:

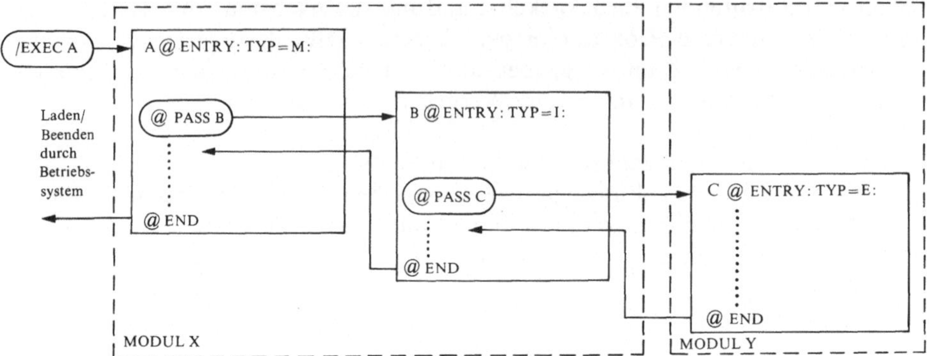

— Hauptprozeduren (A) sind Steuerprogramme, die über das Betriebssystem aufgerufen und zum Ablauf gebracht werden.
— Interne Prozeduren (B) sind Programmabschnitte, die in den einzelnen Programmiersprachen unterschiedlich gebildet werden. Zum Beispiel handelt es sich bei COBOL um Kapitel oder Paragraphen.
— Externe Prozeduren (C) sind Programme, die in eine Hauptprozedur mit eingebunden (Programmverknüpfung beim Binden) oder während des Ablaufs nachgeladen werden können (Overlay).

Um in jedem Fall — unabhängig von der verwendeten Programmiersprache — lesbare und zuverlässige Programme zu erhalten, soll noch einmal auf folgende Punkte hingewiesen werden:

Blockkonzept: Jeder Strukturblock hat nur einen Ein- und Ausgang. Zusätzlich ist die Datenschnittstelle eindeutig zu klären: Wo werden Daten sichergestellt? Welche Daten stehen in welcher Form zu Verfügung? Sind sie vollständig, und ihr Inhalt richtig? Sind für die interne Ablaufsteuerung alle Parameter vorhanden, und werden sie beim Ablauf richtig gesetzt?

Beschränkte Ablaufsteuerung: Es sind nur die drei Grundstrukturen Sequenz, Auswahl und Wiederholung erlaubt. Daher sollten auch bei Programmiersprachen, die andere Konstruktionen zulassen, nur solche Sprachelemente verwendet werden, die diesen Forderungen genügen. So kann z.B. der unbedingte Sprungbefehl (GO TO) weiter verwendet werden, jedoch nur in Übereinstimmung mit den beschriebenen Einschränkungen.

Weiterhin sollten auch die Daten in Funktion und Art klar getrennt sein. Soweit es die Programmiersprache erlaubt, ist ihr Gültigkeitsbereich auf die Prozeduren zu beschränken, die sie benötigen.

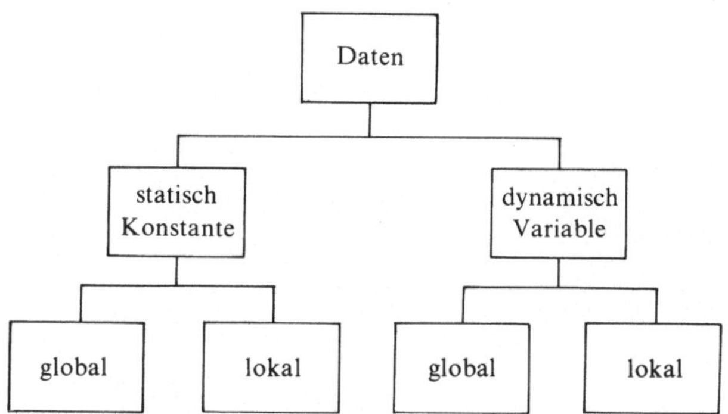

Global: Für alle Prozeduren verfügbar
Lokal: Nur für eine Prozedur/Prozedurzweig verfügbar

Um in der Dokumentation schritthaltend zu bleiben, sollte jede Prozedur im Kopf eine kurze Funktionsbeschreibung enthalten.

Das Testen eines Systems geschieht bei einem Vorgehen nach den Regeln der SP mehrfach, nämlich nach jedem Entwicklungsschritt. Hierbei beginnt die Prüfung nicht erst beim erstellten Primärprogrammcode. In Form von „structured walk throughs", d.h. als systematisches kritisches Gespräch zwischen dem Ersteller und den Prüfern, beginnt es bereits beim Grobentwurf. Damit können frühzeitig Planungsfehler erkannt und falsche Folgeplanungen vermieden werden. Ein Muster der Prüfliste und des Gesprächsprotokolls folgt auf der nächsten Seite.

Sobald eine Prozedur fertiggestellt ist, kann sie sofort einem Funktionstest unterzogen werden. Er vollzieht sich wie bisher
— als Schreibtischtest anhand des Entwurfs/Codes und
— als Maschinentest mit ausgewählten Testdaten oder echten Verarbeitungsdaten.

Sobald alle Prozeduren einer Ebene fertig sind, werden sie einem Funktionstest unterworfen. Ist die unterste Ebene erreicht, so gilt das Programm als ausgetestet.

Bei dem Test einzelner Prozeduren ist es erforderlich, die angeschlossenen, aber noch nicht fertiggestellten Prozeduren zu simulieren. Dies kann auf mehrfache Weise geschehen:
— Die Unterprozedur wird nur „scheinbar" aufgerufen. Statt des Aufrufs wird lediglich eine Meldung als Hinweis darauf gegeben, daß die Stelle durchlaufen wurde, an der der Aufruf erfolgte.
— Die Unterprozedur wird echt aufgerufen, aber ihre Verarbeitung nur simuliert. Es werden Daten (Konstante oder Zufallswerte) bereitgestellt und dann sofort wieder zurückgesprungen. Durch das gezielte Wiederholen einer Leerschleife kann hierbei auch ein Zeitverhalten vorgegeben werden.

Eine gezielte Verbesserung des Programmverhaltens hinsichtlich Laufzeit und Speicherbedarf wird durch die übersichtliche, hierarchisch gegliederte Prozedurstruktur sehr unterstützt. Damit können Meßwerte (Zeitbedarf, Anzahl Durchläufe usw.) für einzelne Prozeduren oder ganze Zweige einfach ermittelt werden. Ebenso ist der Austausch von ganzen Programmteilen durch verbesserte Komponenten leichter als bisher möglich.

„Structured walk through"

Check-Liste   Rahmen-Spezifikation

Produkt   vom
Projekt
Tätigkeitsbezeichnung
Moderator   Protokollführer
Teilnehmer

Prüfpunkte	Ja	Nein	Aktion
1. Systementwurf Sind die im Pflichtenheft geforderten Funktionen in der Rahmen-Spezifikation abgedeckt? Sind alle Funktionen erklärt? Stimmt der logische Ablauf? Sind die TOP-DOWN-Design-Regeln eingehalten? — nur vertikale Ablaufwege — ein Einsprung/ ein Ausgang pro Prozedur 2. Schnittstellen Sind alle externen Schnittstellen definiert? Sind alle internen Schnittstellen definiert? 3. Entspricht der Systementwurf den Anforderungen für den Ablauf? Hardware-Konfiguration Systemsoftware-Konfiguration leichte Montierbarkeit 4. Integrationstestplan Ist die Teststrategie definiert? Sind die Testhilfen erläutert?			

Protokoll

Produkt   vom
Projekt
Tätigkeitsbezeichnung
Moderator   Protokollführer
Teilnehmer

Aktion	Problemerläuterung	Lösung vorhanden (wer)	behoben bis

Dynamische Testhilfen, wie das Dialogtestsystem IDA des Siemens-Betriebssystems BS 2000, unterstützen die Testphase und die Meßwerterfassung.

Von einer Dialogstation aus kann einfach und jederzeit in das laufende Programm beliebig eingegriffen werden:
— Protokollieren der erreichten Befehle und Adressen,
— Ausgabe von Feldinhalten, Registerzuständen usw.,
— Ändern von Feldinhalten,
— Modifizierung des Ablaufs durch Veränderung der Sprungadressen in Abhängigkeit von logischen Bedingungen,
— frei wählbarer Programmhalt und Weiterlauf an beliebigen Adressen.

Nach Abschluß dieser Arbeiten wird dann der Probebetrieb aufgenommen. Ist er erfolgreich, so kann das Programm für den Produktiveinsatz freigegeben werden.

Sachregister